# 치문경훈주 중권

緇門警訓註 卷中

| 동국대학교 불교기록문화유산아카이브사업단(ABC)
본서는 문화체육관광부 지원으로 동국대학교 불교학술원에서 간행하였습니다.

한글본 한국불교전서 조선 70
## 치문경훈주 중권

2021년 4월 20일 초판 1쇄 인쇄
2021년 4월 30일 초판 1쇄 발행

**지은이** 백암 성총
**옮긴이** 선암(이선화)
**발행인** 성우
**발행처** 학교법인 동국대학교 출판문화원

**출판등록** 제2020-000110호(2020.7.9)
**주소** 04626 서울시 중구 퇴계로36길2 신관1층 105호
**전화** 02-2264-4714
**팩스** 02-2268-7851
**Homepage** http://dgpress.dongguk.edu
**E-mail** abook@jeongjincorp.com

**편집디자인** 다름
**인쇄처** 네오프린텍(주)

© 2021, 동국대학교(불교학술원)

**ISBN** 979-11-91670-01-1  93220

값 19,000원

이 책의 무단 전재나 복제 행위는 저작권법 제98조에 따라 처벌받게 됩니다.

한글본 한국불교전서 조선 70

# 치문경훈주 중권
緇門警訓註 卷中

백암 성총栢庵性聰
선암 옮김

동국대학교 불교학술원

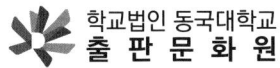

# 차례

## 치문경훈주 중권 緇門警訓註 卷中

대교에서는 비단이나 가죽으로 된 물건들을 영원히 끊다 大敎永斷繒綿皮物 ......... 11
나타난 사례를 들어서 망령된 행동을 배척하다 擧現事以斥妄行 ......... 15
의복과 재물의 바탕이 여법한 것과 그릇된 것을 보이다 示衣財體如非 ......... 17
삼의와 발우를 공경히 보호하는 법을 보이다 示敬護三衣鉢具法 ......... 22
열어서 제정한 본래의 인연을 보이다 示開制本緣 ......... 25
발우를 제정한 뜻 鉢制意 ......... 29
좌구에 대한 가르침의 뜻 坐具敎意 ......... 32
거름망에 대한 가르침의 뜻 漉囊敎意 ......... 36
대교에서 청정을 설한 것을 인용하여 넘침을 배척하다 引大敎說淨以斥倚濫 ......... 39
청정치 못한 여덟 가지 재물에 오래 탐착하여 도를 무너뜨리다 八財不淨長貪壞道 ......... 43
널리 마음을 열고 도법을 따라 옹호하여 이익 얻기를 권면하다 勸廣開懷利隨道擁 ......... 46
손가락을 태움에 대·소승이 서로 어긋남을 밝히다 辨燒身指大小相違 ......... 50
잡학이 정업을 방해함을 율장에서 제정하다 律制雜學以妨正業 ......... 56
견해와 행실에 실다움이 없고 도리어 계율을 경시하다 解行無實反輕戒律 ......... 61
삼보에 귀의하여 공경하는 뜻을 일으키다 歸敬三寶興意 ......... 65
삼보에 귀의하는 공덕의 이익을 구하다 求歸三寶功益 ......... 70
삼보의 이름과 모습을 나열해 보이다 列示三寶名相 ......... 73
계법에 따라 삼보를 주지한다 三寶住持全由戒法 ......... 77
이치삼보의 공덕이 높아서 귀의하는 이익이 크다는 것을 밝히다 明理三寶功高歸之益大 ......... 79
주지삼보住持三寶 ......... 83
화상삼보化相三寶 ......... 89
인종 황제가 삼보를 찬탄한 글 仁宗皇帝讚三寶文 ......... 92
대혜선사의 간경회향문 大慧禪師看經回向文 ......... 95
나암 도추 화상의 법어 懶庵樞和尙語 ......... 97
사구게四句偈 ......... 100

비구에게 자기의 덕행이 공양을 받을 만한지 여부를 헤아릴 것을 보이다 示比丘忖己德行受食 ......... 101

비구에게 삼가 방일하지 말 것을 보이다 示比丘愼勿放逸 ......... 102

보살은 세 가지 일에 싫증이 없어야 한다 菩薩三事無厭 ......... 105

계정혜 戒定慧 ......... 107

단월의 네 가지 공양이 고통으로부터 연기하여 나온 것임을 살피도록 경계하다 誡觀檀越四事從苦緣起出生法 ......... 108

말법 중에 심행을 헤아리는 법을 살피도록 경계하다 誡觀末法中校量心行法 ......... 114

파계한 승니는 출세간법을 닦지 못함을 살피도록 경계하다 誡觀破戒僧尼不修出世法 ......... 117

육난을 스스로 기뻐하며 수도하는 법을 살피도록 경계하다 誡觀六難自慶修道法 ......... 121

계현논사의 관음기도문 戒賢論師祈禱觀音文 ......... 124

영가 진각 선사의 발원문 永嘉眞覺禪師發願文 ......... 128

수주 대홍산 수수 선사의 화엄경예찬문 隨州大洪山邃禪師禮華嚴經文 ......... 138

동강 영 법사의 관심명 桐江瑛法師觀心銘 ......... 142

동산 양개 화상이 부모님과 하직하며 쓴 편지 洞山良介和尙辭親書 ......... 145

양개 화상이 뒤에 또 보낸 편지 後書 ......... 150

양개 화상의 모친이 답한 글 娘廻答 ......... 152

장로산 자각 종색 선사의 귀경문 長蘆慈覺賾禪師龜鏡文 ......... 154

자수 선사가 대중에게 보인 가르침 慈受禪師示衆箴規 ......... 170

소옹 화상의 가훈 笑翁和尙家訓 ......... 184

황룡사 사심 오신 선사의 소참법문 黃龍死心新禪師小參 ......... 189

포선산 혜공선원의 법륜장 기문 褒禪山慧空禪院輪藏記 ......... 198

양주 석문사에 머무는 자조 온총 선사가 사대제에게 승당기를 지어 줄 것을 요청하다 慈照聰禪師住襄州石門請査待制爲撰僧堂記 ......... 200

응암 담화 선사가 법제자인 수전장로에게 답한 글 應庵華禪師答詮長老法嗣書 ......... 204

이산 연선사 발원문 怡山然禪師發願文 ......... 208

개선사 밀암 도겸 선사가 진 지승에게 답한 글 開善密庵謙禪師答陳知丞書 ......... 215

사마온공이 선을 풀이한 게송 司馬溫公解禪偈 ......... 218

앙산의 밥 仰山飯 ......... 221

백 시랑의 찬탄 게송 여섯 수【서문을 병기함】白侍郎六讚偈【幷序】 ......... 228

천태 지원 법사가 스스로를 경계하다 天台圓法師自戒 ......... 234

부용산 도해 선사의 소참법문 芙蓉楷禪師小參 ......... 240

황벽 선사가 대중에게 법어를 보이다 黃蘗禪師示衆 ......... 246

서학로가 어린 행자에게 부지런히 공부할 것을 권장한 글 徐學老勸童行勤學文 ......... 251

월굴 혜청 선사가 어린 행자에게 훈계하다 月窟淸禪師訓童行 ......... 255

산곡거사 황태사의 발원문 山谷居士黃太史發願文 ......... 262

운봉 문열 화상의 소참법문 雲峰悅和尙小參 ......... 266

월림 관 화상의 체도명 月林觀和尙體道銘 ......... 270

자수 회심 선사의 소참법문 慈受深禪師小參 ......... 274

분주 대달 무업 국사의 상당법문 汾州大達無業國師上堂 ......... 277

법창 의우 선사의 소참법문 法唱遇禪師小參 ......... 287

고경 화상이 분양 태수에게 회답하다 古鏡和尙回汾陽太守 ......... 292

찾아보기 / 294

## 일러두기

1 '한글본 한국불교전서'는 문화체육관광부의 지원을 받아 동국대학교 불교학술원에서 수행하고 있는 '불교기록문화유산아카이브(ABC)사업'의 결과물을 출간한 것이다.

2 이 책은 『한국불교전서』(동국대학교출판부 간행) 제8책에 수록된 『치문경훈주緇門警訓註』를 저본으로 번역하였다.

3 번역문에 이어 원문을 병기하고 상세한 표점 부호를 삽입하였다.

4 『치문경훈』 본문에 대한 성총의 주註는 번역문 하단에 각주로 처리하였고, 성총의 주에 대한 출전을 밝히거나 보충 설명이 필요한 경우 해당 각주 아래에 *, ** 등으로 표시한 뒤 역자의 주석을 기술하였다. 이 밖에 역자의 주석이 필요한 곳은 원문의 뒤에 i, ii, iii…… 형식의 미주로 처리하였다.

5 원문의 교감 사항은 번역문의 각주와 별도로 원문 아래 부분에 제시하였다.
   ㉠은 『한국불교전서』 편찬자가 교감한 내용이다.
   ㉡은 번역자가 교감한 내용이다.

6 약물은 다음과 같다.
   『 』 : 서명
   「 」 : 편명, 산문 작품
   〈 〉 : 시 작품
   T : 『대정신수대장경』
   X : 『만속장경』
   ZW : 『장외불교문헌』

# 치문경훈주 중권

| 緇門警訓\*註\*\* 卷中 |

해동 승려 성총이 주해를 달다
海東 釋性聰 註

---

\* 웹 제목과 찬자撰者의 이름이 없는 곳도 있다.
\*\* 웹 '주註'는 원문에는 없으나 편집자가 보입補入하였다.

# 대교에서는 비단이나 가죽으로 된 물건들을 영원히 끊다[1]

『사분율산번보궐행사초四分律刪繁補闕行事鈔』에서는 또『앙굴마라경』을 인용하여 다음과 같이 말하였다.

"비단이나 가죽으로 된 물건은 그 짐승을 죽인 자의 손을 떠나 여러 곳을 거쳐서 계를 지키는 사람에게 보시된다 하더라도 응당 받지 않는 것이 비구의 법이지만, 받더라도 자비는 아니지만 계를 깨트리는 것은 아니다.[2]『열반경』에서는 '가죽(皮革)[3]으로 만든 신발(履屣)과 교사야憍奢耶옷 같은 것은 모두 받아 두지 않는다.'라고 하였으니,[4] 이것이 바른 경과 율이

---

1 대교는『央掘魔羅經』·『涅槃經』등이다.
2 『央掘魔羅經』제2권에서는 다음과 같이 말하였다. "부처님께서 말씀하시기를, '가죽이나 비단 제품이 나온 곳은 접근해서는 안 되지만 그 짐승을 죽인 자의 손을 떠나 전해져 온 것이라면 접근해도 된다.'라고 하셨고 또 문수에게 말씀하시기를, '만약 소 주인이 직접 소를 죽여서 그 가죽으로 가죽신을 만들어 계를 지키는 사람에게 보시하는 경우, 이를 응당 받아야 하는가? 만약 받지 않는다면 이는 비구의 법이지만, 받더라도 자비는 아니지만 계를 깨트리는 것은 아니다.'라고 하셨다."*
  *『央掘魔羅經』권4(T2, 541a2~11)에는 다음과 같이 나온다. "若習近者是方便法, 若物展轉來者則可習近, 若物所出處不可習近, 若展轉來離殺者手則可習近. 文殊師利白佛言: 今此城中有一皮師能作革屣, 有人買施, 是展轉來, 佛當受不? 復次世尊! 若自死牛, 牛主從旃陀羅取皮, 持付皮師使作革屣, 施持戒人, 此展轉來可習近不? 佛告文殊師利: 若自死牛, 牛主持皮用作革屣, 施持戒人, 爲應受不? 若不受者, 是比丘法; 若受者, 非悲, 然不破戒."
3 피피는 부혁膚革의 통칭이니, 부膚는 가죽 표면의 얇은 껍질이고, 혁革은 표면 안쪽의 두꺼운 껍질이다.
4 『涅槃經』「四相品」에서는 "교사야옷과 가죽, 금·은 등의 물건은 또한 받지 않아야 한다."*라고 하였다.『名義集』에서는 "교사야는 한역하면 벌레옷(蟲衣)이니 들판의 누에에서 나온 실로 만든 것이다."**라고 하였고, 또『諸經音義』에서는 "범어로 고세야高世耶이고, 한역하면 들판의 누에에서 나온 실(野蠶綿)이다."라고 하였으니 범음梵音에 경중이 있을 뿐이다. 이履는『說文解字』에서는 "발이 의지하는 것이다. 또 '예禮'라 하니 발을 꾸며서 예를 삼는 것이다. 또 풀로 만든 것은 비屝라 하고, 삼(麻)으로 만든 것은 구屨라 하며, 가죽으로 만든 것은 이履라 한다. 사屣 또한 이履이다."라고 하였다.
  *교사야옷과 ~한다 :『大般涅槃經』권4「四相品」7-1(T12, 626a22~23)에는 다음과 같

다. 지금 한 곳의 선객들이 모두 쑥과 베로 만든 옷을 입고 있는데, 어찌 가르침을 따르는 것이 아니겠는가?"ⁱ

『사분율행사초자지기四分律行事鈔資持記』에서는 다음과 같이 말하였다.

"이전의 계율은⁵ 다만 누에치기하는 집에 근거했을 뿐이지만 대교가 전해지고부터는 이를 받아서 쓰는 것을 허용하지 않았으니, 성문聲聞은 수행이 낮아서 그저 잘못된 곳을 떠나기만 하면 취하였고,⁶ 보살은 자비심이 깊어서 물건이 온 곳까지 멀리 미루어 보았음을 알 수 있다. 비록 그 짐승을 죽인 자의 손을 떠났다 해도 죽이지 않고 온 것이 없어서 족답足踏⁷과 옷⁸이 모두 업의 몫을 적셔 보살도 차마 받아들일 수 없는데, 어찌 비구에게 마땅한 물건이겠는가? 청컨대 경문을 살펴보라. 신앙심에 관한 것은 적게 서술하고 이로움과 해악에 관한 것은 많이 서술한 것이『석문장복의釋門章服儀』에 보인다. 짐승을 죽인 자의 손을 떠났다 해도 누에치기하는 집을 떠난 것은 아니니 그러므로 받지 않는 것이 법에 마땅하다. 대승과 소승이 모두 따르니 그러므로 받는 것은 자비가 아니며, 대승을 어기고 소승을 따르니 그러므로 소승은 대승으로부터 나온다. 제정된 것을 엿보면 비록 따르는 것이지만, 의미를 기준해서 보면 도리어 어기는 것이 된다. 그러므로 계를 지키면서 자비를 행하여야 성인聖人의 뜻에 비로소 부합하고 마음대로 받아서 쓴다면 도인의 위의에 온전히 어긋남을

---

    이 나온다. "酥·熟酥·胡麻油等, 及諸衣服·憍奢耶衣·珂貝·皮革·金銀盃器, 如是等物亦不應受."

    \*\*교사야는~것이다 : 『翻譯名義集』권7(T54, 1172a7~8)에는 다음과 같이 나온다. "憍奢耶, 應法師翻蠶衣, 謂用野蠶絲綿作衣."

5  바로 앞 단락의『四分律刪繁補闕行事鈔』에서 소승의 율교律敎를 밝혔기 때문이다.
6  죽인 자의 손을 떠났음을 말한 것이다.
7  앉는 도구들이다.*
    \*앉는 도구들이다 : 이 주는 성화본『緇門警訓』에도 그대로 나온다.
8  삼의三衣이다.*
    \*삼의三衣이다 : 이 주는 성화본『緇門警訓』에도 그대로 나온다.

알 수 있다. 그러므로 『석문장복의』에서는 '우선 자비가 아니라는 말로 시작하여 영원히 끊으라는 말로 그친다.'iii라고 하였으니, 이에 근거하여 논의하건대 깊고도 간절함이 잘 드러나 있다. 다음으로 『열반경』을 인용하여 끝까지 누차 부촉하여 바른 가르침을 결정지었다. 끊는 것을 제정한 것이 문장에 분명하니, 어찌 지체하고 의심할 수 있겠는가?"iii

**大敎永斷繒綿皮物【**大敎者, 『央掘』·『涅槃』等經.】
『鈔』又引『央掘經』: "繒綿皮物, 若展轉來, 離殺者手, 施持戒人, 不應受者, 是比丘法; 若受者, 非悲, 不破戒.【『央掘摩羅經』第二云: "佛言: '若皮革繒綿所出處, 則不可習近; 若展轉來, 離殺者手, 則可習近.' 又告文殊: '若自死牛, 牛主持皮, 用作革屧, 施持戒人, 爲應受不? 若不受者, 是比丘法; 若受者, 非慈悲, 然不破戒.'"】『涅槃』云: '皮革【皮, 膚革之通稱. 膚, 革外薄皮. 革, 膚內厚皮也.】履屧, 憍奢耶¹⁾衣, 如是衣服, 悉皆不畜',【『涅槃經』『四相品』云: "憍奢耶衣, 皮革金銀等物, 亦不應受."『名義集』: "憍奢耶, 此翻蟲衣, 用野蠶絲綿." 又『諸經音義』: "梵云高世耶, 此云野蠶綿." 梵音有輕重耳. 履, 『說文』云: "足所依也. 又云禮也, 餙足以爲禮. 又草作曰屝, 麻作曰屨, 皮作曰履, 屧亦履也."】是正經律. 今有一方禪衆, 皆着艾布, 豈非順敎?"『記』云: "已前律制,【『鈔』次前文, 明小乘律敎故.】但據蠶家, 大敎轉來, 不許受用, 乃知聲聞行劣, 但取離非.【謂離殺者手也.】菩薩慈深, 遠推來處, 雖離殺手, 無非殺來, 足踏【坐具也.】²⁾身披【三衣也.】³⁾皆霑業分, 非大士可忍, 豈比丘所宜? 請考經文. 少懷信仰, 廣叙利害, 見『章服儀』. 離殺手者, 非蠶家, 故不受應法; 大小俱順, 故受者非悲; 違大順小, 故小從大出. 望制雖順, 約義還違. 故知持戒行慈, 方符聖旨. 縱情受用, 全乖道儀. 故『章服儀』云: '且自非悲之語, 終爲永斷之言.' 據此爲論, 頗彰深切. 次引『涅槃』, 乃終窮囑累, 決了正敎, 明文制斷, 何得遲疑?"

---

1) ㉑ '耶'는 '即'으로 되어 있는 곳도 있다. 2) ㉑ 坐具也 : 이 글자들은 원문의 협주이다. 3) ㉑ 三衣也 : 이 글자들은 원문의 협주이다.

# 주

i   비단이나 가죽으로~것이 아니겠는가 : 『四分律刪繁補闕行事鈔』 권중(T40, 69a9~13).
ii   우선 자비가~말로 그친다 : 『釋門章服儀』(T45, 836c10)에는 다음과 같이 나온다. "且自無悲之誡, 終爲永斷之言."
iii   이전의 계율은~수 있겠는가 : 『四分律行事鈔資持記』(T40, 297c4~15)에는 다음과 같이 나온다. "三中已前律制但據蠶家, 大教轉來不許受用, 乃知聲聞行劣但取離非, 菩薩慈深遠推來處. 雖離殺手無非殺來, 足踏身披皆沾業分, 非大士可忍豈比丘所宜, 請考經文. 少懷信仰, 廣敘利害章服儀備矣. 經文前明能施如法, 離殺手者非蠶家故, 不下明所施可否. 初不受應法, 大小俱順故受者非悲, 違大順小故, 小從大出, 望制雖順, 約義還違, 故知持戒行慈方符聖旨. 縱情受用, 全乖道儀, 故『章服儀』云 : '且自非悲之語, 終爲永斷之言.' 據此爲論頗彰深切. 次引涅槃乃終窮囑累, 決了正教, 明文制斷, 何得遲疑?"

# 나타난 사례를 들어서 망령된 행동을 배척하다

『사분율행사초자지기』에서는 다음과 같이 말하였다.

"승전僧傳에 서술된 것에 의거해 보면, 남악南嶽·도휴道休 두 스님은 비단으로 만든 옷을 입지 않았고 모두 쑥이나 풀솜으로 만든 옷을 입었다. 그러므로 남산율사가 '불법佛法이 동쪽으로 전해진 지 거의 6백 년이나 오직 이 형악衡嶽에게만 자비로운 수행을 귀결시킬 만하다.'라고 하였다. 요즘의 선사나 강사들은 스스로 대승이라 하면서 행위에 구애받지 않으니 비단으로 아름다움을 다투고 자줏빛과 푸른색으로 고운 모습을 다투어 멋대로 탐욕스런 마음을 부려 성인의 가르침을 위배하고 있다. 어찌 듣지 못했는가? 형악은 다만 쑥과 풀솜으로 옷을 만들어서 바람과 서리를 막았고, 천태는 40여 년 동안 오직 한 벌의 납의만 입었고, 영가永嘉는 호미질하지 않은 음식을 먹고 누에에서 뽑은 실로 만든 옷을 입지 않았으며, 형계荊谿는 큰 베로 옷을 삼고 한 선상禪床에만 머물렀으니, 이들은 참으로 대승의 뜻을 깊이 이해하고서 고행을 오롯이 숭상한 분들이다. 청컨대 조사의 덕을 관찰하고 삿된 풍속에 물들지 말라. 그래야만 가르침을 받아 몸을 닦는 참된 불자佛子이다."[i]

**擧現事以斥妄行**

『記』云: "據僧傳中所叙, 南嶽·道休二師, 不衣綿帛, 並服艾絮. 故南山律師云: '佛法東漸, 幾六百載, 唯斯衡嶽, 慈行可歸.' 今時禪講, 自謂大乘, 不拘事相, 綾羅鬪美, 紫碧爭鮮, 肆恣貪情, 背違聖敎. 豈不聞? 衡嶽但服艾絮, 以御風霜. 天台四十餘年, 唯披一衲. 永嘉食不耕鋤, 衣不蠶口. 荊谿大布而衣, 一床而居. 良由深解大乘, 方乃專崇苦行. 請觀祖德, 勿染邪風, 則禀敎修身, 眞佛子矣."

# 주

i 승전僧傳에 서술된~참된 불자佛子이다 : 『四分律行事鈔資持記』(T40, 297c16~24).

# 의복과 재물의 바탕이 여법한 것과 그릇된 것을 보이다

『업소』에서는 다음과 같이 말하였다.

"그저 삿된 마음으로 탐욕에 물들어 이익을 위해 법을 팔면서 예불하고 독경하며 단식한 모든 업으로 획득한 장물과 뇌물(贓賄)은 모두 삿된 생계의 물건이니, 이는 부처님의 교화와 정면으로 어긋나므로 특별히 제정하였다.[1] 예컨대『보량경寶梁經』에서는 '비구가 분소의糞掃衣를 가지고 와서 강에서 빨면 여러 하늘신들이 땟물을 얻어 자기의 몸을 씻으면서도 더러움을 사양하지 않는다. 반면 외도들이 깨끗한 모포를 가지고 와서 그 뒤를 이어 빨면 여러 하늘신들이 멀리하고 막으면서 강을 오염시키지 말라고 한다.'라고 하였으니, 삿된 생계로 얻은 것은 본질이 청정하지 못하기 때문이다.[2] 이상의 문장으로 청정한 마음이 바른 근본임을 증명할 수 있다. 비록 청정함을 추구할지라도 재물의 본질이 법에 합당해야 하니 비단 같은 것은 모두 합당하지 않기 때문이다. 세간에서 명주를 많이 쓰는데, 명주의 바탕은 생명을 해친 것이기 때문에 특별히 제정해서 단속해야 한다. '지금 오천축국과 여러 오랑캐의 승려들 중에 비단으로 가사를 짓

---

1 무릇 비리로 얻은 것에서 재물은 모두 장물(贓)이라 하고 베와 비단은 뇌물(賄)이라 한다.
2 대가섭大迦葉의 두타행법頭陀行法에 의하면 네 가지 분소의糞掃衣를 소유할 수 있으니 다음과 같다. 첫째, 간의間衣(사이의 옷)이다. 둘째, 왕환의徃還衣(갔다가 돌아온 옷)인데, 속인이 죽고 기증한 옷을 화장터로 보냈다가 다시 갖고 와서 승복으로 보시한 것이다. 셋째, 무주의無主衣(주인 없는 옷)이다. 넷째, 폐구의弊垢衣(해지고 때묻은 옷)이다. 이와 같은 네 가지 옷을 갖출 수 있으니, 이를 가져와 일곱 번 씻어서 검은색으로 물들여 보완해서 대가사 승가리僧伽黎를 만든다. 다섯 가지 분소의는 갖출 수 없으니 다음과 같다. 첫째, 화분의火焚衣(불에 탄 옷)이며, 둘째, 우작의牛嚼衣(소가 씹은 옷)이며, 셋째, 서교의鼠咬衣(쥐가 물어뜯은 옷)이며, 넷째, 가녀부정의嫁女不淨衣(시집간 여인의 청정치 못한 옷)이며, 다섯째, 산의産衣(임산부의 옷)이다. 이와 같은 다섯 가지 청정치 못한 옷은 갖추어서는 안 된다. 이상은『馨律』에 있는 것과 같다.

는 자는 없는가?'라고 직접 묻자, 이에 대답하기를, '청정한 의복을 입고서 사무량심四無量心을 행하니 살생을 해서 그것을 입는 것은 이치에 합당하지 않은 줄 압니다. 법복으로 도를 따르니 아름다운 색이 섞인 비단은 심신心神을 어지럽히고, 청황靑黃 등 다섯 가지 색이나 짙은 자색으로 채색한 옷은 유속流俗[3]이 탐하는 바이므로 모두 없애는 것입니다.'라고 하였다."

『사분율행사초자지기』에서는 다음과 같이 말하였다.

"『감통전感通傳』에서는 말하였다. '천인天人이 물었다. 「불법이 동쪽으로 전해진 지 6~7백 년이 되었습니다. 남북의 율사들에게 일찍이 이런 뜻이 없었는데, 어째서 살생한 재물을 써서 자비를 실천하는 승려의 옷을 만든단 말입니까? 스님께서는 어째서 홀로 이 뜻을 없애는 것입니까?」 남산율사가 대답하였다. 「내가 『대지도론』을 읽다가 부처님이 거친 베로 만든 승가리를 입으셨다는 것을 알고는 마음에 두었는데, 어찌 이것을 어길 수 있겠습니까? 율장을 들고는 설령 이미 완성된 비단옷과 침구들일지라도 바로 모두 자르고 망가뜨려서 부수어 버렸습니다(塗墁).[4] 이로 말미암아 경모하는 마음이 더해졌습니다.」 또 말했다. 「또 서쪽에서 온 인도 승려가 베로 된 모포(布氎)[5]를 입은 것을 보고서 자세히 묻습니다.」 답하였다. 「오천축국에서는 비단옷을 입는 경우가 없는데, 이로 말미암아 생각을 일으켜 장복章服을 입는 예의가 생겼습니다.」'[i] 의정 삼장

---

**3** 풍속이 무너져 쓰러짐이 마치 물이 아래로 흐르는 것과 같으니 대중들도 그렇게 되지 않음이 없다.
**4** (타타는) 음이 타柁이며 또는 음이 대隊이니 단단한 흙이다. 도塗는 진흙(泥)이며 또는 흙손으로 문지른 것이다. 도끼로 잘게 꺾어 베고 부수어 진흙과 합쳐서 벽에 칠하고 바닥에 칠하듯 한 것이다.
**5** 고창국高昌國에 풀이 있는데, 그 열매가 누에고치와 같다. 그 안의 실로 가는 무명실(細纑)을 만든 것을 백첩白氎이라 한다. 이것으로 베를 만들면 매우 부드럽다. 또 파리국婆利國에서 나오는 거친 것을 길구吉貝라 하고 가는 것을 백첩白氎이라 한다. 『두시杜詩』에서는 "백첩 두건처럼 밝게 빛난다."라고 하였다. 로纑는 음이 로盧이며 베로 된 실이다.

義淨三藏은 『남해기귀내법전南海寄歸內法傳』에서 도리어 더욱 헐뜯고 비방하였는데, 그는 소승의 유부有部를 배웠기 때문에 고집을 부리는 경우가 많았다. 지금은 대승의 요의了義를 근본으로 하므로 그가 알 수 있는 것이 아니다."[ii]

### 示衣財體如非

『業疏』云: "但以邪心有涉貪染, 爲利賣法, 禮佛·讀經·斷食諸業, 所獲贓賄, 皆曰邪命物, 正乖佛化, 故特[1)]制也.【凡非理所得, 財物皆曰贓. 布帛曰賄.】 如經中說: '比丘持糞掃衣, 就河所洗, 諸天取汁, 用洗自身, 不辭穢也; 外道持淨氎, 次後將洗, 諸天遙遮, 勿污池也.' 由邪命得體不淨故.【大迦葉頭陀行法, 四種糞掃衣應畜: 一間衣. 二往還衣, 俗亡贈衣, 送葬還歸, 將此施僧. 三無主衣. 四弊垢衣. 如是四種衣應畜, 將來洗七次, 染皀色補作僧伽黎大衣. 五種糞掃衣不應畜: 一火焚衣, 二牛嚼衣, 三鼠咬衣, 四嫁女不淨衣, 五產衣. 如是五種不淨衣, 不應畜, 見如『馨律』.】 以此文證心淸淨者是正本也. 雖求淸淨, 財體應法, 綾羅錦繡, 俱不合故. 世多用絹紬者, 以體由害命, 特須制約. '今五天及諸胡僧, 俱無用絹作袈裟者?' 親問. 彼云: '以衣爲梵服, 行四無量, 審知行殺而故服之義不應也. 以法衣順道, 錦色班綺, 耀動心神, 青黃五綵, 眞紫上色, 流俗【風俗頹靡, 如水下流, 衆莫不然也.】所貪, 故齊削也.'" 『資持』云: "『感通傳』中: '天人云:「佛法東傳, 六七百載, 南北律師, 曾無此意, 安用殺生之財, 而爲慈悲之服? 師何獨拔此意?」 南山答曰:「余因讀『智論』, 見佛着麤布伽黎,[2)] 因懷在心, 何得乖此? 及聽律後, 便見蠶衣臥具, 縱得已成, 並斬壞塗墐,【音朶, 又音隊, 堅土也. 塗, 泥也, 又圬抹也. 以斤斧細挫, 斬碎和泥, 若塗壁塗墐.】 由此重增景仰.」 又云:「復見西來梵僧咸着布氎【高昌國有草, 其實如繭, 中絲爲細纑, 名曰白氎, 取以爲布, 甚軟. 又出婆利國, 粗者名吉貝, 細者名曰白氎. 「杜詩」: "光明白氎巾." 纑, 音盧, 布縷也.】具問.」 答云:「五天竺國無着蠶衣, 由此興念, 著章服儀等.」' 義淨三藏『內法傳』中, 反加毀誹, 彼學小乘有部, 故多偏執. 今宗大乘了義, 非彼所知."

1) ㉔ '特'은 '待'로 되어 있는 곳도 있다.  2) ㉔ '黎'는 '棃'로 되어 있는 곳도 있다.

## 주

i 천인天人이 물었다~예의가 생겼습니다 : 『律相感通傳』(T45, 879c18~26)에는 다음과 같이 나온다. "自佛法東傳, 六七百年. 南北律師曾無此意, 安用殺生之財, 而爲慈悲之服? 全不然也. 師何獨拔此意? 答曰: 余讀智度論, 見佛著氈布僧伽梨, 因懷在心, 何得乖此? 及聽律後, 便見蠶衣臥具縱得已成竝斬壞塗壋, 由此重增景仰. 古昔周朝老僧咸著大布衣, 一生服一補者, 咸布乃至重二三斤者. 復見西來梵僧, 咸著布氈, 具問. 答曰: 五天竺國, 無著蠶衣. 由此興念, 著斯章服儀."

ii 『감통전감통전』에서는 말하였다~것이 아니다 : 『四分律行事鈔資持記』(T40, 361a22~b2).

## 삼의와 발우를 공경히 보호하는 법을 보이다

『사분율산번보궐행사초四分律刪繁補闕行事鈔』에서는 다음과 같이 말하였다.

"『십송률十誦律』에서는 '삼의三衣를 자신의 살갗처럼 발우를 자신의 눈처럼 보호해야 한다.'라고 하였고, …(중략)… '가는 곳마다 삼의와 발우를 함께 지니고 날아가는 새처럼 아쉬워 돌아보는 바가 없어야 한다. 만약 삼의를 지니지 않고서 마을이나 속인의 집에 들어가면 죄를 범하는 것이다.'라고 하였다. 『승기율』에서도 '비구는 삼의와 하나의 발우를 늘 몸에 지녀야 한다. 이를 어기면 결계結界[i]를 벗어나는 죄를 짓는 것이다. 병든 경우를 제외하고는 반드시 불탑을 모시듯 삼의를 공경해야 한다.'라고 하였고, 『오분율五分律』에서도 '마치 몸의 얇은 피부를 보호하듯이 삼가 삼의를 보호하고, 새가 날아갈 때 깃털이 서로 따르듯이 늘 몸에 지녀야 한다.'라고 하였으며, 『사분율』에서도 '다닐 때에는 정해진 때를 알아야 하니 때가 아니면 가지 않는다. 가는 곳마다 삼의와 발우를 함께 지녀야 하니 마치 날아가는 새의 깃털이 서로 따르듯이 해야 한다.'라고 하였다. 여러 부파에서 (삼의와 발우를) 몸에 지닐 것을 모두 제정하였는데, 요즘에는 다만 삼의를 떠나 머무는 것을 지킬 뿐이니[1] 가르침에 맞지 않다."[ii]

『사분율행사초자지기』에서는 다음과 같이 말하였다.

"요즘에는 보호하여 지키는(宿)[2] 경우도 드문데 하물며 몸에 늘 지니고 다님에 있어서랴! 한평생 법복을 입지 않는 이도 많은데, 그렇다면 말세에는 보호하여 지키는 것이 오히려 수승한 것이 된다. 다만 안으로 청정

---

1 삼의를 떠나 다른 곳에 머무는 것이니, 말하자면 몸과 삼의가 서로 다른 곳에 머무는 것이다. 머문다(宿)는 것은 그침이니, 편안히 쉬는 것이다.
2 (수宿는) 음이 수首이니 지키는 것이다. 『左傳』에서는 "벼슬함에 그 업을 지킨다."라고 하였는데, 주석에서는 '수宿는 지키는 것이다.'라고 하였다.

한 믿음도 없이 법을 업신여기고 옷을 가볍게 여기니, 참된 출가자는 부처님이 제정하신 법도를 따르고자 해야 한다."ⁱⁱⁱ

『업소』에서는 다음과 같이 말하였다.

"삼의와 발우를 늘 몸에 지니는 이유는 다음과 같다. 출가인은 마음을 비우는 것으로 근본을 삼아 머무는 바가 없어야 하니, 편안하면 안주하기 때문에 몸에 지니도록 한 것이다. 만약 안주함에 내맡긴다면 또 다른 폐습이 증가할 수 있으니, 도를 닦는 입장에서는 분별해서 가려낼 것이 없다. 그러므로 이를 제정한 것이다."

### 示敬護三衣鉢具法

『事鈔』云:"『十誦』:'護三衣如自皮, 鉢如眼目.' 乃至云:'所行之處, 與衣鉢俱, 無所顧戀, 猶如飛鳥. 若不持三衣, 入聚落俗人處, 犯罪.'『僧祇』亦云:'比丘三衣一鉢, 須常隨身. 違者, 出界結罪. 除病, 當敬三衣, 如塔想.'『五分』:'三衣謹護, 如身薄皮, 常須隨身, 如鳥毛羽飛走相隨.'『四分』:'行則知時, 非時不行. 所行之處, 與衣鉢俱, 猶如飛鳥羽翻相隨.' 諸部並制隨身, 今時但護離宿,【離三衣, 異處宿也, 謂身與衣異處而宿也. 宿者, 止也, 宴息也.】不應教矣."『記』云:"今時, 希有護宿【音首, 守也.『左傳』:"官宿其業." 注: 宿, 守也.】, 何況常隨! 多有畢生身無法服, 是則末世護宿, 猶爲勝矣. 但內無淨信, 慢法輕衣, 眞出家兒, 願遵聖制."『業疏』云:"所以衣鉢常隨身者, 由出家人虛懷爲本, 無有住着, 有益便停, 故制隨身. 若任留者, 更增餘習, 於彼道分, 曾無思擇, 故有由也."

## 주

i   결계結界 : 불도를 닦는 데 장애가 될 만한 것을 없애기 위하여 수행자의 의식주를 제한하는 것이니, 즉 일정한 장소에 거처하고, 남은 음식을 간직하여 두지 않고, 옷을 벗지 않아야 하는 등이다.
ii   『십송률十誦律』에서는 삼의三衣를~맞지 않다 :『四分律刪繁補闕行事鈔』권하(T40, 107b23~c10).
iii   요즘에는 보호하여~해야 한다 :『四分律行事鈔資持記』(T40, 365c11~14).

## 열어서 제정한 본래의 인연을 보이다

『사분율행사초자지기』에서는 다음과 같이 말하였다.

"상비象鼻[i]는 중학법象學法 중에 '옷을 단정하게 입지 않는 일'을 범한 것이니[1] 계법의 문장과 주석에 분명하게 드러나 있다. 지금은 모두 팔꿈치까지 내려오니, 어찌 걸음마다 위의를 벗어나고 돌길라를 범하는 줄 알겠는가?

지금『감통전感通傳』에 준거해 보면 천인天人에게 보인 것은 모두 네 번의 제정을 거쳤는데, 세상 사람들이 많이 미혹하니 간략히 이를 인용하여 본다.『감통전』에서는 다음과 같이 말하였다.

'원래 부처님께서 처음에 다섯 비구를 제도하고 가섭 형제까지 제도하셨는데, 가사를 왼쪽 어깨에 걸치고 좌구를 가사 아래에 둘 것을 아울러 제정하셨다. 서역의 왕과 신하들은 모두 흰색 모포를 입었는데, 이것을 왼쪽 어깨 위에 걸쳤기(搭)[2] 때문에 부처님께서는 옷 귀퉁이를 팔뚝에 놓는 다른 풍속을 제정하셨다.[3]

훗날 승려들이 점차 많아지면서 위의가 단정하고 얼굴이 아름다운 젊은 비구들이 성에 들어가서 걸식하자 여자들의 사랑을 받는 경우가 많아졌다. 이 때문에 옷 귀퉁이를 어깨에 걸치도록 제정하셨는데, 후에 바람에 나부끼자 니사단尼師壇[ii]으로 누르는 것을 허락하셨다.[4]

---

1 중학법에 모두 여덟 가지 예가 있으니 첫째, 의복을 입는 일, 둘째, 마을에 들어가는 일, 셋째, 앉고 일어나는 일, 넷째, 음식을 먹는 일, 다섯째, 발우를 보호하는 일, 여섯째, 설법하는 일, 일곱째, 대소변 보는 일, 여덟째, 관망하는 일이다. 말하자면 중학법 중에 의복을 단정하게 입지 않는 일을 범한 것이니, 그러므로 코끼리 코와 같다는 비난을 초래한다. 중학이라고 한 것은, 이 율법은 대중들이 함께 배우기 때문에 중학이라고 한다.
2 (탑搭은) 거는 것이니 부착하는 것이다.
3 이것이 첫 번째 제정이다.*
 *이것이~제정이다 : 이 주는 성화본『緇門警訓』에 그대로 나온다.
4 이것이 두 번째 제정이다.*

훗날 외도가 비구를 힐난하기를, 「가사는 귀하고 큰 위엄과 신령스러움이 있는 것인데, 어찌 깔고 앉는 천을 그 위에 걸칠 수 있는가?」[5]라고 했는데 비구가 답변하지 못하고 이 일을 부처님께 아뢰었다. 부처님은 이런 이유로 다시 옷의 귀퉁이를 왼쪽 팔뚝에 두고 좌구를 옷 안에 둘 것을 제정하였다.[6]

그 후에 비구가 옷을 단정치 못하게 입자 외도가 비난하여 말하기를, 「모습이 음탕한 여인과 같으니, 마치 코끼리 코와 같다.」라고 하였다. 이로 말미암아 비로소 위에 갈고리와 끈을 두어[7] 옷의 귀퉁이를 왼쪽 팔뚝에 이르러(達)[8] 겨드랑이 아래에 끼워서 늘어지지 않도록 하였으니 위의 허물과 같다.'"[9]·iii

### 示開制本緣

『資持』云: "象鼻者, 即犯衆學不齊整.【衆學法惣有八例: 一着衣服事, 二入村事, 三坐起事, 四食噉事, 五護鉢事, 六說法事, 七便利事, 八觀望事. 謂衆學法中, 犯着

---

*이것이~제정이다 : 이 주는 성화본『緇門警訓』에 그대로 나온다.

5 외도 달마다達摩多가 비구에게 물었다. "어깨 위의 조각천은 지니고 있다가 어디에 쓰려는 것입니까?" 비구가 답하였다. "앉을 때 쓰려고 합니다." 달마다가 말했다. "이 옷은 귀한 것인데……."라고 하였다.

6 이것이 세 번째 제정이다.*
 *이것이~제정이다 : 이 주는 성화본『緇門警訓』에 그대로 나온다.

7 해석하면 다음과 같다. "옷의 오른쪽 모퉁이를 왼쪽 어깨에 느슨하게 걸쳐서 등 뒤로 내려오게 하며 팔꿈치 위에 두지는 말라. 만약 끈으로 묶으려 한다면 반드시 어깨 전체를 두르고 끈을 갈고리 안으로 넣어 등 뒤까지 돌려서 벗겨지지 않게 하라."

8 달達은 이르는(至) 것이다.*
 *달達은~것이다 : 이 주는 성화본『緇門警訓』에 그대로 나온다.

9 지금은 반드시 이를 준거해야 하지만 잠깐 왼쪽 어깨에 둘 수도 있다. 만약 팔뚝과 팔꿈치에 드리우면 결정코 법도가 아닌 것으로 판단되니 걸음마다 죄를 짓게 된다. 옛날에 "지금은 왼쪽 팔뚝에 두는 것을 옳게 여기지만 다만 뾰족한 귀퉁이 쪽을 늘어뜨려서는 안 된다."라고 한 것은 틀렸다.*
 *지금은~틀렸다 : 이 주는 성화본『緇門警訓』에 그대로 나온다.

衣服不齊整之事, 故招如象鼻之譏. 衆學者, 此律法是衆人所共學, 故云衆學.】戒文注顯然. 今皆垂肘, 豈知步步越儀犯吉? 今準[1]『感通傳』, 天人所示, 凡經四制, 世多迷執, 畧爲引之. 彼云: 元佛初度五人, 爰及迦葉兄弟, 并制袈裟左臂, 坐具在袈裟下. 西土王臣, 皆披白氎, 搭【掛也, 附也.】左肩上, 故佛制衣角居臂異俗.【此一制也.】[2] 後徒侶漸多, 年少比丘, 儀容端美, 入城乞食, 多爲女愛. 由是制衣角在肩, 後爲風飄, 聽以尼師壇鎭之.【此二制也.】[3] 後有比丘, 爲外道難言: '袈裟旣爲可貴, 有大威靈, 豈得以所坐之布而居其上?'【外道達摩多問比丘: "肩上片布, 持將何用?" 答曰: "擬將坐之." 摩多云: "此衣可貴云云."】比丘不能答, 以事白佛. 由此佛制還以衣角居于左臂, 坐具還在衣下.【此三制也.】[4] 於後, 比丘着衣不齊整, 外道譏言: '狀如婬女, 猶如象鼻.' 由此始制, 上安絇[5]紐,【如釋云: "以衣右角, 寬搭左肩, 垂之背後, 勿安肘上. 若欲帶紐, 卽須通肩披已, 將紐納鉤, 廻向背後, 勿令其脫."】令以衣角, 達於左臂,【達卽至也.】[6] 置於腋下, 不得令垂, 如上過也."【今須準此, 乍可排着左肩. 若垂臂肘, 定判非法, 步步結罪. 舊云"今在左臂爲正, 但不得垂尖角者", 非也.】[7]

---

1) ㉧ '準'은 '隼'으로 되어 있는 곳도 있다. 2) ㉧ 此一制也 : 이 글자들은 원문의 협주이다. 3) ㉧ 此二制也 : 이 글자들은 원문의 협주이다. 4) ㉧ 此三制也 : 이 글자들은 원문의 협주이다. 5) ㉧ '絇'는 '鉤'로 되어 있는 곳도 있다. 6) ㉧ 達卽至也 : 이 글자들은 원문의 협주이다. 7) ㉧ 今須~非也 : 이 글자들은 원문의 협주이다.

■ 주

i   상비象鼻 : 가사袈裟를 법답게 입지 않고 코끼리 코처럼 한 자락이 축 늘어지게 입는 것을 말한다.
ii   니사단尼師壇 : 비구니가 어깨에 걸치고 있다가 앉을 때는 자리로 쓰는 천을 말한다.
iii   상비象鼻는 중학법衆學法~허물과 같다 : 『四分律行事鈔資持記』(T40, 366a20~b6).

## 발우를 제정한 뜻

『사분율산번보궐행사초』에서는 다음과 같이 말하였다.

"『승기율』에서는 '발우는 출가인의 그릇이지 속인에게 마땅한 것이 아니다.'라고 하였고, 『십송률』에서는 '발우는 항하의 모래알같이 많은 부처님들의 표지標誌이므로 잘못 써서는 안 된다.'라고 하였으며, 『선견론善見論』에서는 '삼승三乘의 성인聖人은 모두 와발瓦鉢을 지니고 걸식하며 살아가고 사해四海를 거처할 집으로 삼으므로 이들을 비구라 한다.'라고 하였고, 『중아함경』에서는 '발우는 혹 응기應器라고도 한다.'라고 하였다. 재질을 말한다면 율장에서는 '대략 두 가지가 있으니 진흙과 철이다.'라고 하였고, 『오분율』에서는 '백동白銅 발우를 쓰는 이가 있었는데, 부처님께서 이는 외도법이니 만약 지니면 죄가 된다고 하시고서 직접 발우를 제작하여 후대에 법도로 삼게 하셨다.'라고 하였고, 『십송률』에서는 '금·은·나무·돌 등의 발우를 지니는 것은 법도가 아니며 죄를 짓는 것이다.'라고 하였다.[1]

색을 말한다면 『사분율』에서는 '불에 그을려서 흑색이나 적색으로 해야 한다.'라고 하였다. 그을리는 법에 대한 자세한 내용이 율문에 있으니 흰색 토기와 흰색 철과 기름을 바르는 것은 모두 법도가 아니다. 용량을 말한다면 『사분율』에서는 '큰 것은 세 말(三斗)들이이고, 작은 것은 한 말 반(斗半)들이이니, 중간 것은 알 수 있다.'라고 하였다. 이 율은 요진姚秦 시대에 번역한 것인데, 그 나라에서는 희주姬周의 용량(斗)을 썼다. 만약 당唐나라 때의 용량을 기준하면 큰 발우는 한 말(一斗)들이이고, 작은 것은 닷 되들이이다. …(중략)… '그렇다면 여러 부파에서 정한 용량이 비록 일

---

[1] 해석하면 다음과 같다. "나무 발우를 지녀서는 안 되니 이는 외도의 법이며, 돌 발우를 지녀서는 안 되니 이는 여래의 법이며, 금·은·유리·보석 발우를 지녀서는 안 되니 이는 속인의 법이다."

정한 지침은 없으나 세 말과 한 말 반을 한계로 삼은 경우가 많다.'라고 하였다. 다만 이 그릇을 응기라 이름하였으니 반드시 교법에 입각해서 세워야 한다. 율장에서는 '배를 헤아려서 음식을 먹고, 몸을 헤아려서 옷을 입고, 발을 헤아려서 갈 뿐이다.'라고 했으니, 증감을 통틀어 말한다면 반드시 바른 가르침을 따라야 한다."ⁱⁱ

### 鉢制意

『事鈔』: "引『僧祇』云: '鉢是出家人器, 非俗人所宜.'『十誦』云: '鉢是恒沙諸佛標<sup>1)</sup>誌, 不得惡用.'『善見』云: '三乘聖人, 皆執瓦鉢, 乞食資生, 四海以爲家居, 故名比丘.'『中阿含』云: '鉢者, 或名應器.' 言體者, 『律』云: '大要有二, 泥及鐵也.'『五分律』云: '有用白銅鉢者, 佛言: 此外道法, 若畜得罪. 佛自作鉢坯, 以爲後式.'『十誦律』云: '畜金銀木石等鉢, 非法得罪.【如釋云: 不應畜木鉢, 是外道法; 不應畜石鉢, 是如來法; 不應畜金銀琉璃寶鉢, 是白衣法也.】言色者,『四分』云: '應熏作黑色·赤色.' 律文廣有熏法, 素瓦·白鐵·油塗者, 並爲非法. 言量者,『四分』云: '大受三斗, 小受斗半, 中品可知.' 此律姚秦時譯, 彼國用姬周之斗. 若準唐斗, 上鉢受一斗, 下者五升. 乃至云: '然則諸部之量, 雖無一指, 然多以三斗·斗半爲限.' 但此器名應器, 須依敎立. 『律』云: '量腹而食, 度身而衣, 趣足而已.' 言通增減, 必準正敎."

---

1) ㉮ '標'는 '摽'로 되어 있는 곳도 있다.

**주**

i 백동白銅 발우를~삼게 하셨다 : 『五分律』 권26(T22, 169c14~170a1)에는 다음과 같이 나온다. "佛在蘇摩國, 自作鉢坏, 以爲後式……. 時有婆羅門名優柯羅, 有一女常用白銅鉢食. 彼女出家後, 猶用先器乞食. 諸居士譏呵言: 沙門釋子用銅鉢, 與外道不可分別."

ii 『승기율』에서는 발우는~따라야 한다 : 『四分律刪繁補闕行事鈔』 권하(T40, 125a3~b14).

## 좌구에 대한 가르침의 뜻

『사분율산번보궐행사초』에서는 다음과 같이 말하였다.

"『사분율』의 내용을 인용하면, 몸을 위하고 옷을 위하고 와구臥具를 위하기 때문에 제정한 것이니, 길이는 부처님의 두 뼘(搩)[1] 손가락 정도이고, 너비는 한 뼘 반인데, 너비와 길이는 반 뼘만큼 늘릴 수도 있다.[2]

여러 부파에서 한 뼘의 길이를 논한 것이 일정하지 않다. 지금 『오분율』에 의거하면 부처님의 한 뼘은 두 자(二尺) 정도이다. 당나라 척도에 준거하면 한 자 여섯 마디 칠 푼 정도(强)인데,[3] 여기서는 두 자로 한 뼘을 삼았으니 희주姬周 때의 척도를 따른 것이다. 『십송률』에서는 '새 것은 두 겹이고, 옛것은 네 겹이다.'라고 하였고, 『유가사지론』에서도 이와 같다.[4]

『비내야』[5]에서는 '옛날 것은 네 군데 가장자리를 둘러서 그 색을 어지럽혔으니 만약 새로운 니사단을 만든다면 응당 가장자리를 대야 한다.'라고

---

1 (척搩은) 타吒와 혁革(의 반절음이다.)*
  *타吒와 혁革 : 이 주는 성화본 『緇門警訓』에 그대로 나온다.
2 부처님이 급고독원에 계실 때에 승방을 살피다가 깨끗하지 못한 것이 승려들의 와구를 더럽히는 것을 보고, 몸을 장애하고 옷을 장애하고 와구를 장애하기 때문에 모든 비구들에게 니사단尼師壇을 만드는 것을 허락하였다. 육군비구*가 넓고 크게 만들었으므로, 이 때문에 부처님께서 계율을 만드셨다. 당시에 가류타이迦留陀夷가 몸은 크고 좌구는 작아서 몸을 다 수용할 수 없었으므로 손으로 잡아당겨 넓고 크게 하고자 하였다. 부처님께서 이를 보시고 너비와 길이를 각각 반 뼘만큼 더 늘리는 것을 허락하셨다.
  *육군비구 : 부처님 재세 시에 떼를 지어 나쁜 일을 많이 하던 여섯 명의 악한 비구들로 발난타跋難陀·난타難陀·가류타이迦留陀夷·천노·마사·불나발弗那跋이다. 부처님의 계율은 대개 이 육군비구로 말미암아 제정되었다.
3 두보의 시에서는 "가을 내내 병들어 누워지냈네.(臥病一秋强.)"라고 하였고, 한유의 시에서는 "세력을 잃고 한 차례 떨어지면 천 길도 넘는구나.(失勢一落千丈强.)"라고 하였으니 모두 그 글자의 다른 뜻이다.
4 (마득가摩得伽는) 범어로 갖추어 말하면 마득륵가摩得勒伽이고, 한역하면 지혜의 어머니(智母)이니, 여러 법상法相의 의미를 잘 해석하여 지혜를 낼 수 있기 때문이다.*
  *이 주석은 뒤에 나오는 '마득가摩得伽' 쪽에 붙어야 한다.
5 비니毘尼라고도 하니, 범음梵音에 차이가 있다.

하였고,⁶ 『오분율』에서는 '반드시 네 모퉁이를 접어야 하니 접지 않으면 그만이다.'라고 하였으며,⁷ 『사분율』에서는 '양을 줄여서 만들거나 포개어서 두 겹으로 만드는 것도 다 가능하다.'라고 하였고, 『십송률』에서는 '홑으로 된 니사단을 받으면 안 되고, 잠자는 곳을 떠나는 것은 길라吉羅⁸를 범하는 것이다. 마득가摩得伽가 「잠자는 곳을 떠나는 것은 버리거나 깨뜨리는 것은 아니지만 부처님의 규율이 아니기 때문에 또한 잠자는 곳을 떠나서는 안 된다.」라고 하였다.'라고 하였다."ⁱ

『사분율행사초자지기』에서는 다음과 같이 말하였다.

"(좌구가) 몸을 위한다는 것은 땅 위에 앉을 때에 몸을 손상시키는 것이 있을까 염려하는 것이고,⁹ 다음으로 옷을 위한다는 것은 까는 것이 없으면 삼의가 쉽게 해질까 염려하는 것이며, 와구를 위한다는 것은 몸이 더러워져서 승려의 선상禪床을 더럽힐까 염려하는 것이다."¹⁰·ⁱⁱ

### 坐具敎意

『鈔』: "引『四分』, 爲身·爲衣·爲臥具, 故制. 長佛二搩【吒革】¹⁾手, 廣一搩手半, 廣長更增半搩手.【佛在給孤園, 按行僧房, 見有不淨汚僧臥具, 乃聽諸比丘, 爲障身障衣障臥具, 故作尼師壇. 六群便廣大作, 佛因結戒. 時迦留陀夷, 身大坐

---

6 『四分律』에서는 "만약 비구가 새로운 좌구를 만든다면 응당 옛것을 취하여 길이와 너비가 한 뼘쯤 되는 것을 새것 위에 붙여야 하니 색을 어지럽히기 때문이다."라고 하였는데, 해석하면 다음과 같다. "부처님의 한 뼘을 취하면 솔기가 새로운 좌구 위에 있게 된다. 혹 가장자리나 혹 가운데에 마음대로 붙이면 색을 어지럽히니, 말하자면 그 새로운 좋은 색을 무너뜨리기 때문이다."
7 해석하면 다음과 같다. "『五分律』에서 좌구의 네 모퉁이를 포개도록 한 것은 모두 견고하게 하기 위함이다. 요즘은 사천왕을 나타낸다고 망령되게 말하니 후대 사람들로 하여금 부화뇌동하여 의혹을 갖게 할 뿐이다."
8 갖추어 말하면 돌길라突吉羅인데, 한역하면 악을 짓는 것(惡作)이며 혹은 악설惡說이라고도 한다. 몸으로 지으면 악작惡作이라 하고, 입으로 지으면 악설이라 한다.
9 몸을 손상되게 하는 것이 있을까 염려했기 때문이다.
10 누울 때에 선상 위에 깔아서 와구에 때가 묻지 않게 함이다.

具小, 不能容受, 以手牽挽, 欲令廣大. 佛見之, 乃聽更增廣長, 各半搩手.】諸部論搩不之. 今依『五分』, 佛一搩手, 長二尺. 準唐尺, 則一尺六寸七分强,【杜詩: '臥病一秋强', 韓詩: '失勢一落千丈强', 皆餘字義也.】此用二尺爲搩手, 準姬周尺也.『十誦』云: '新者, 二重; 故者, 四重.'『伽論』亦同.【梵語具云: 摩得勒伽, 此云智母, 善釋諸法相義, 能生智故.】『鼻奈²⁾耶』【亦云毘尼, 梵音有異.】云: '新尼師壇, 故者, 緣四邊以亂其色. 若作者, 應安緣.'『四分』云: "若比丘作新坐具, 當取故者, 縱廣一搩手半, 帖着新者上, 壞色故." 如釋云: "取佛一搩手, 縫在新坐具上. 或邊或中央, 隨意帖之, 壞色, 謂用壞其新好之色也."』『五分』: '須揲四角, 不揲則已.'【如釋云: "『五分』令帖坐具四角, 皆爲堅牢故. 今妄謂表四天王, 致令後代雷同取惑耳."】『四分』云: '若減量作, 若疊作兩重, 並得.'『十誦』: '不應受單尼師壇, 離宿, 吉羅.【具云突吉羅, 此云惡作, 或云惡說. 在身名惡作, 在口名惡說.】摩得伽云: 離宿不須捨墮, 非佛制故, 亦不應離宿."『記』云: "爲身者, 恐坐地上, 有所損故;【恐身有所傷故.】次爲衣者, 恐無所藉, 三衣易壞故; 爲臥具者, 恐身不淨, 汙僧床榻故."【臥時敷於床座上, 無令垢膩汙於臥具.】

1) ㉗ 吒革 : 이 글자들은 원문의 협주이다. 2) ㉗ '奈'는 '柰'로 되어 있는 곳도 있다.

# 주

i   『사분율』의 내용을~라고 하였다 : 『四分律刪繁補闕行事鈔』 권하(T40, 108c2~19).
ii   몸을 위한다는~염려하는 것이다 : 『四分律行事鈔資持記』(T40, 367a21~23).

## 거름망에 대한 가르침의 뜻[1]

『사분율산번보궐행사초』에서는 다음과 같이 말하였다.

"물건이 비록 작고 보잘것없지만 하는 역할은 지극히 크다. 출가자는 자비로 중생을 구제해야 하니 그 뜻이 여기에 있다. 지금 상근기의 고매한 수행자도 벌레가 빠진 물을 마시는데 하물며 불초한 여러 수행자들이야 어찌 말할 게 있겠는가? 그러므로 율장에서 벌레의 목숨을 소중하게 여겨 음용飮用의 두 가지 계를 따로 제정하였으니, 이런 일이 허다하여 쓰이는 경우가 많기 때문이다."[i]

『사분율행사초자지기』에서는 다음과 같이 말하였다.

"출가한 사람은 자비를 닦는 것을 근본으로 한다. 자비는 '즐거움을 주는 것(與樂)'이라 이름하고 살생하지 않는 것을 우선으로 여긴다. 중생의

---

[1] 『諸經要集』에서는 다음과 같이 말하였다. "파라지국波羅脂國에 두 명의 비구가 있었는데, 세존을 뵙기 위해 함께 왕사성으로 가고 있었다. 도중에 갈증이 나던 차에 벌레가 빠진 물을 얻었다. 한 비구가 곧바로 마시며 말하기를, '내가 만약 마시지 않으면 반드시 목이 말라 죽을 것이고, 그러면 부처님을 뵙지 못할 것이다.'라고 하고선 마시고 갔다. 한 비구는 계를 지켰기 때문에 마시지 않고 마침내 목이 말라 죽었는데 곧바로 삼십삼천三十三天에 태어났다. 몸이 구족하게 되어 먼저 부처님 처소에 도달하여 머리를 숙이고 부처님의 발에 예경하였다. 부처님이 그에게 설법해 주자 청정한 법안法眼을 얻었고 삼귀의三歸依를 받고 나서 다시 천상으로 돌아갔다. 한편 물을 마신 비구는 뒤늦게 부처님 처소에 도달하였다. 부처님이 사부대중에게 설법하실 때에 옷을 헤쳐서 금색신을 보이며 '어리석은 그대는 나의 색신을 보고자 했으나 어째서 계를 지킨 자가 먼저 내 법신을 본 것만 못하단 말인가?'라고 하셨다. 부처님이 또 '지금부터 이후로 비구가 20리 밖을 갈 때 물 거르는 망이 없이 가면 죄를 범하는 것이다.'라고 하셨다."[*]

[*] 『諸經要集』 권8(T54, 71b29~c11)에는 다음과 같이 나온다. "有二比丘, 未曾見佛, 從北遠道, 共往舍衛, 奉見世尊. 道中渴乏, 值有蟲水, 破戒者言: '可共飮之.' 持戒者言: '水中有蟲, 何可得飮?' 破戒者言: '我若不飮, 必當渴死, 不得見佛', 便飮而去. 持戒者愼護戒故不飮, 遂渴乏死, 即生三十三天, 身得具足, 先到佛所頭面禮足. 佛爲說法, 得法眼淨, 受三歸畢, 還歸天上. 時飮水者後到佛所. 佛爲四衆說法, 即披衣示金色身: '汝癡人欲看我肉身, 何爲不如持戒者先見我法身智慧之身?' 佛言: '從今已去, 比丘若行二十里外, 無漉水囊犯罪.'"

부류가 비록 경미하나 목숨을 보전하는 것은 차이가 없으니, 이것이 바로 자비를 실천하는 도구이며 중생을 구제하는 인연이다. 큰 수행은 이를 통해 생겨나고, 지극한 도는 이를 통해 이루어진다. 의식이 있는 도반들은 이를 가볍게 여기지 말라."[ii]

**漉囊敎意**【『諸經要集』云: "波羅脂國, 有二比丘, 共徃舍衛, 奉見世尊. 途中渴乏, 值有虫水, 一比丘便飮曰: '我若不飮, 必當渴死, 不得見佛.' 便飮而去. 一比丘護戒, 故不飮, 遂渴而死, 卽生三十三天, 身得具足, 先到佛所, 頭面禮足. 佛爲說法, 得法眼淨, 受三歸畢, 還歸天上. 飮水比丘, 後到佛所. 佛爲四衆說法, 卽披衣示金色身: '痴人汝欲看我色身, 何爲不如持戒者先見我法身?' 佛言: '從今而去, 比丘若行二十里外, 無漉水囊, 犯罪.'"】

『鈔』云: "物雖輕小, 所爲極大, 出家慈濟, 厥意在此. 今上品高行, 尙飮蟲水, 況諸不肖, 焉可言哉? 故律中, 爲重蟲命, 偏制飮用二戒. 由事常現, 有用者, 多數故也." 『記』云: "出家之人, 修慈爲本, 慈名與樂, 無殺爲先. 物類雖微, 保命無異, 此乃行慈之具, 濟物之緣. 大行由是而生, 至道因玆而剋. 同儔負識, 勿以爲輕."

**| 주**

i 물건이 비록~많기 때문이다 : 『四分律刪繁補闕行事鈔』 권하(T40, 109a15~18).
ii 출가한 사람은~여기지 말라 : 『四分律行事鈔資持記』(T40, 368a19~22).

## 대교에서 청정을 설한 것을 인용하여 넘침을 배척하다

『사분율행사초자지기』에서는 다음과 같이 말하였다.

"『지지론地持論』에서는 '보살은 먼저 일체의 생활필수품에 있어서 청정하게 이루어진 것이므로(爲作淨故) 청정한 마음으로 시방의 모든 부처님과 보살들에게 드리니 마치 비구가 지금 가지고 있는 의복 등을 화상과 아사리에게 드리는 것과 같다······.'라고 하였고, 『열반경』에서는 '비록 받아서 축적하는 것을 허락하나 반드시 독실한 신도의 청정한 보시여야 한다.'[iii]라고 하였으니 바로 이것이다. 요즘의 강학講學하는 자들은 오로지 이익과 명예만을 힘써서 오사五邪[iii]를 부끄러워하지 않고 팔예八穢[iv]를 쌓는 이가 많으니 허황된 속세를 오직 따를 뿐, 어찌 성현의 말씀을 생각하는 것이겠는가?

단장壇場에서 구족계를 받은 이후로[1] 세월이 많이 지났으되 청정한 법에는 전혀 몸을 적시지 못했으니, 날마다 쓰는 재물이 더러운 재물 아님이 없으며 상자와 주머니 속의 축적물이 모두 도적의 재물인 줄 어찌 알겠는가? 법을 업신여기고 마음을 속여서 스스로 화를 자초한다.

율법을 배우는 자들도 알고서 일부러 어기는데 다른 종의 승려들이야 실로 말할 것도 없다. 과보가 마음 따라 이루어지는 줄을 누가 알며, 과보가 종자를 따라 맺는 줄을 어찌 믿겠는가? 현세에서 가사袈裟가 몸을 떠난다면 내세에는 철판이 몸을 둘러쌀 것이다. 사람이 되어서는 빈궁한 곳에 태어나서 의복이 더러울 것이며, 축생이 되어서는 더러운 곳에 떨어져 털과 깃에서 누린내가 날 것이다. 하물며 대승과 소승에서 모두 정법淨法

---

1 『音義』에서는 "흙을 쌓아 높이는 것을 단壇이라 하고, 땅을 깎아 내어 평탄하게 하는 것을 장場이라 한다."*라고 하였으니, 단에 올라 구족계를 받고서 내려옴을 말한 것이다.
  *흙을~한다 : 『一切經音義』 권21(T54, 434b8).

이라 이름하니 만약 깊이 믿는다면 받들어 행하기를 어찌 꺼리겠는가?

그러므로 형계荊谿 선사의 『보행기輔行記』에서는 다음과 같이 말하였다. '어떤 사람이 말하였다. 「가진 모든 것이 자기의 물건이 아니라고 생각을 하니, 유익하면 쓸 뿐 청정함을 말해서 무엇 하리오?」'

지금 묻기를, '모두 자기의 재물이 아니라면 어찌 사해에 맡겨 두지 않으며, 유익하면 바로 쓰면 되는데 어찌 두 복밭[2]에 붙이지 않고 깊은 방에 숨겨서 주머니와 상자 속에 봉해 놓는가? 실로 다른 사람의 것으로 생각하면 그것을 씀에 죄를 초래하고,[3] 문득 자기의 재물이라 여기면 청정하다고 한 것에 어긋난다. 청정하다고 하면서 보시한다면 도리에 방해되지 않겠는가?'라고 하니, 자기의 집착하는 마음에 맡겨 두면 후학들이 이를 본받을 것이다. 그러므로 청정하지 않은 사람은 부처님의 뜻에 깊이 어긋나서 대·소승을 섭수하지 못하고 삼근三根을 거두지 못함을 알 수 있으니, 이러한 출가라면 어찌 헛되이 잃는 것이 아니겠는가? 오호라!"ᵛ

### 引大敎說淨以斥侈濫

『資持』: "引『地持論』云: '菩薩先於一切所畜資具, 爲非淨[1)]故, 以清淨心, 捨與十方諸佛菩薩, 如比丘將現前衣物, 捨與和尙闍黎等.' 『涅槃』云: '雖聽受畜, 要須淨施, 篤信檀越', 是也. 今時講學, 專務利名, 不恥五邪, 多畜八穢, 但隨浮俗, 豈念聖言? 自下壇場,【『音義』云: "築土而高曰壇, 除地平坦曰場." 言登壇而受具戒以來也.】經多夏臘, 至於淨法, 一未露身, 寧知日用所資, 無非穢物; 箱囊所積, 並是犯財? 慢法欺心, 自貽伊戚. 學律者, 知而故犯; 餘宗者, 固不足言, 誰知報逐心成, 豈信果由種結? 現見袈裟離體, 當

---

2 자비·공경의 두 가지 복밭.*
  *자비~복밭 : 이 주는 성화본 『緇門警訓』에 그대로 나온다.
3 도적질을 범함이다.*
  *도적질을 범함이다 : 이 주는 성화본 『緇門警訓』에 그대로 나온다.

來鐵葉纏身. 爲人則生處貧窮, 衣裳垢穢; 爲畜則墮於不淨, 毛羽腥臊, 況大小兩乘, 通名淨法, 儻懷深信, 豈憚奉行? 故荊谿禪師『輔行記』云: '有人言: 凡諸所有, 非己物想, 有益便用, 說淨何爲?' 今問: '等非己財, 何不任於四海; 有益便用, 何不直付兩田,【悲敬二田】<sup>2)</sup> 而閉之深房, 封於囊篋? 實懷他想, 用必招愆,【犯盜】<sup>3)</sup> 忽謂己財, 仍違說淨, 說淨而施, 於理何妨?' 任己執心, 後生傚倣, 故知不說淨人, 深乖佛意, 兩乘不攝, 三根不收. 若此出家, 豈非虛喪? 鳴<sup>4)</sup>呼!"

---

1) ㉮ '非淨'은 『瑜伽師地論』의 내용에 근거하여 '作淨'으로 해석하였다.  2) ㉯ 悲敬二田 : 이 글자들은 원문의 협주이다.  3) ㉯ 犯盜 : 이 글자들은 원문의 협주이다.
4) ㉮ '鳴'은 '嗚'의 오자인 듯하다.

• 41

# 주

i 보살은 먼저~것과 같다 : 『瑜伽師地論』 권39 「本地分中菩薩地第十五初持瑜伽處施品」 제9(T30, 508c2~5)에는 다음과 같이 나온다. "謂諸菩薩先於所畜一切資具一切施物, 爲作淨故, 以淨意樂, 捨與十方諸佛菩薩, 譬如苾芻於己衣物爲作淨故, 捨與親教軌範師等."

ii 비록 받아서~보시여야 한다 : 『大般涅槃經』 권6(T12, 643a27~28)에는 다음과 같이 나온다. "雖聽受畜如是等物, 要當淨施, 篤信檀越."

iii 오사五邪 : 오사명五邪命이라고도 하는데, 비구로서 해서는 안 되는 일을 하며 생활하는 것을 말한다. 첫째, 속여서 괴이한 형상을 나타냄(邪現異相), 둘째, 스스로 공능을 말함(自說功能), 셋째, 점술로 사람의 길흉을 말함(占相吉凶), 넷째, 호언장담으로 위세를 나타냄(高聲現威), 다섯째, 얻은 이익을 말해서 사람들의 마음을 동요시킴(說所得利以動人心)이다.

iv 팔예八穢 : 뒷글 「八財不淨長貪壞道」에 자세히 열거되어 있다.

v 『지지론地持論』에서는 보살은~아니겠는가? 오호라 : 『四分律行事鈔資持記』(T40, 370a10~29).

# 청정치 못한 여덟 가지 재물에 오래 탐착하여 도를 무너뜨리다

『사분율산번보궐행사초』에서는 다음과 같이 말하였다.

"첫째, 밭·집·정원·숲, 둘째, 씨 뿌리고 심어서 종자를 생산하는 것, 셋째, 곡식과 비단을 쌓아 두는 것, 넷째, 하인을 거느리는 것, 다섯째, 금수를 기르는 것, 여섯째, 돈과 보물과 귀중품, 일곱째, 모직물로 된 침구와 솥, 여덟째, 상아·금으로 장식한 좌상과 갖가지 귀중품, 이 여덟 가지는 경·논·율에서 전체의 개수를 상세히 나열하였으니 지나치면 적절치 않다고 하였다. 또『율경』에서는 '만약 축적하는 것이 있다면 나의 제자가 아니다.'라고 하였고, 『오분율』에서도 '나의 법률을 절대로 믿지 않는다면 이 여덟 가지를 모두 오래 탐착하여 도를 무너뜨릴 것이며, 청정한 수행을 오염시켜 더러운 과보를 얻게 된다. 그러므로 청정치 못하다고 한다.'라고 했으며, …(중략)… '율법은 사안에 따라 제정한 것이므로 소승은 근기가 편협하기 때문에 축적하는 것을 많이 허용하였다.'라고 하였다.

또『열반경』에서는 '모든 제자들에게 생필품을 공양 올리는 이가 없었고 당시에 기근이 들어 음식을 얻기가 어려웠으니, 정법을 호지하고 건립하고자 하여 내가 제자들에게 금·은·수레, 밭·집·곡식, 물건을 사고 판 것들을 받아서 축적하는 것을 허락하였다. 비록 축적하는 것을 허락하였으나 이러한 물건도 반드시 독실한 단월들의 청정한 보시여야 한다.'¹라고 하였다."ⁱⁱ

『사분율행사초자지기』에서는 다음과 같이 말하였다.

"이상은 대승을 밝혔으니, 근기와 가르침이 매우 간절하다. 아래는 소승을 밝혔으니, 근기와 가르침이 모두 느슨하다. 율은 사안에 따라 제정하였기 때문에 그 일과 어긋난다 해도 가벼운 죄에 속한다. 그러나 경은 이치에 근본을 두고 있기 때문에 그 도리와 어긋난다면 무거운 죄가 됨을 분명히 드러내었다. 소승은 근기가 편협해서 감당할 수 없기 때문에 열어 허락하였고, 반대로 대승은 감당할 수 있기 때문에 (그것을 범하면) 무거운 죄가 되는 것이다. 그런데 세상 사람들이 도리어 '소승은 계를 필요로 하고 대승의 가르침은 사방에 통한다.'라고 하니, 많이 잘못되었도다!"[iii]

### 八財不淨長貪壞道

『鈔』云: "一田宅園林, 二種植生種, 三貯積穀帛, 四畜養人僕, 五養繫禽獸, 六錢寶貴物, 七氈褥釜鑊, 八象金篩[1]床及諸重物. 此之八名, 經論及律, 盛列通數, 顯過不應. 又『律經』言: '若有畜者, 非我弟子.' 『五分』亦云: '必 乞不信我之法律, 由此八種, 皆長貪壞道, 汙染梵行, 有得穢果, 故名不淨也.' 乃至云: '律中在事, 小機意狹, 故多開畜.' 又『涅槃』云: '若諸弟子, 無人供須, 時世饑饉, 飮食難得, 爲欲護持建立正法, 我聽弟子受畜金銀車乘·田宅穀米·貿易所須. 雖聽受畜, 如是等物, 要須淨施篤信檀越.'" 『記』云: "上明大乘, 機敎俱急; 下明小乘, 機敎俱緩. 律在事者, 違事故輕, 則顯經宗於理, 違理故重. 小機意狹, 不堪故開, 反上大乘, 堪任故重. 世人反謂: '小乘須戒, 大敎通方', 幾許誤[2]哉!"

---

1) ㉻ '篩'는 '飾'으로 되어 있는 곳도 있다.  2) ㉻ '誤'는 '悞'로 되어 있는 곳도 있다.

# 주

i 모든 제자들에게~보시여야 한다 : 『大般涅槃經』 권6(T12, 643a22~28)에는 다음과 같이 나온다. "若諸弟子無有檀越供給所須, 時世饑饉, 飮食難得, 爲欲建立護持正法, 我聽弟子受畜奴婢·金·銀·車乘·田宅·穀米, 賣易所須. 雖聽受畜如是等物, 要當淨施, 篤信檀越."

ii 첫째, 밭~라고 하였다 : 『四分律刪繁補闕行事鈔』 권중(T40, 69c17~28, 70c20~23).

iii 이상은 대승을~많이 잘못되었도다 : 『四分律行事鈔資持記』(T40, 299a9~14).

# 널리 마음을 열고 도법을 따라 옹호하여 이익 얻기를 권면하다[1]

「승망편僧網篇」에서는 다음과 같이 말하였다.

"진실한 출가는 사원四怨[i]의 많은 고통을 두려워하고 삼계의 무상함을 싫어하며, 육친의 지극한 사랑을 하직하고 오욕五欲의 깊은 탐착을 버리니, 참으로 허망한 세속은 버려야 하고 진실한 도에 귀의해야 하기 때문에, 원대한 뜻을 크게 열고 비루한 마음을 제거하여 몸과 재물을 아끼지 않고 정법을 호지해야 한다. 하물며 승려의 식사는 시방세계에 널리 평등하여 저마다 자기의 몫을 취하는 것이다. 이치로는 응당히 따라 기뻐해야 하지만 사람의 마음은 꺼림칙하거나 흡족한 것에 마음씀이 같지 않아서 혹 문을 닫고 객승을 꺼리는 이도 있으니 참으로 어리석지 아니한가? 종을 치는 본래의 뜻이 어찌 그렇겠는가?

출가는 집착을 버리는 것이니 더욱 그리해서는 안 된다. 다만 위태롭고 연약한(脆)[2] 몸으로는 정법을 굳게 보호할 수 없으며, 들뜨고 거짓된 목숨으로는 승려의 식사에 함께할 수 없으니, 제불의 가르침에 어긋나고 단월의 복을 손상시키며 당시의 대중들의 마음을 상하게 하고 시방의 승려들의 길을 막아 버려 후학들을 그르쳐 잘못되게 함이 멀리까지 미친다. 예전의 미혹함을 고쳐서 도를 회복하는 것이 참으로 좋지 않겠는가?[3]

혹자가 묻기를 '승려의 일은 한계가 있고 외부의 객승은 끝이 없는데, 한계가 있는 식량으로 끝없는 객승에게 공양 올리는 일은 절대로 성립될

---

1 마음을 활짝 열고 법다운 행동을 수순하니 도법을 옹호하기 때문에 크게 받들어지는 이익을 얻는 것이다.
2 (취脆는) 음이 취翠이니 작고 무른 물건으로 끊어지기 쉬운 것이다. 또는 가벼운 것이다.
3 남이 먹는 것을 아깝게 여겨 홀로 먹는 것은 아귀의 행위이니, 이를 크게 미혹하다고 하였다.[*]
  [*]남이~하였다 : 이 주는 성화본 『緇門警訓』에 그대로 나온다.

수 없다.'라고 하니 답하기를, '이것은 비루한 세속의 얕은 헤아림이자 속 좁은 사람들의 짧은 생각이니, 어찌 청정한 지혜의 깊은 식견이며 통달한 수행자의 고매한 견해라 할 수 있겠는가?'라고 하였다.

대저 사부대중의 공양과 삼보三寶의 복전은 마치 하늘과 땅에서 생장하고 산과 바다에서 받아서 쓰는 것과 같은데, 어찌 끝이 있겠는가? 그러므로 『불장경佛藏經』에서는 '마땅히 일심으로 도를 행하여 법다운 행동을 수순할 뿐, 필요로 하는 의복과 음식 등을 염려하지 말라. 여래의 백호상[4] 중의 일부분으로 일체의 출가한 제자들에게 공양 올리더라도 다할 수 없다.'ⁱⁱⁱ라고 하였으니 이로써 말해 보건대, 부지런히 계행을 닦아서 지극한 정성으로 법을 보호하면 도를 말미암아 이익을 얻고 도를 통용할 수 있다. …(중략)… '세속의 가르침에서도 오히려 도를 근심하고 가난을 근심하지 말라고 했는데 하물며 출가한 이들은 세속을 멀리 벗어났으니, 법을 호지할 것을 근심하지 않고 음식을 근심한다면 그 잘못이 매우 크다.'라고 하였다."ⁱⁱⁱ

**勸廣開懷利隨道擁**【開廓心懷, 隨順法行, 由其擁護道法, 得大供承之利.】

「僧網篇」云: "眞誠出家者, 怖四怨之多苦, 厭三界之無常, 辭六親之至愛, 捨五欲之深着, 良由虛妄之俗可棄, 眞實之道應歸, 是宜開廓遠意, 除蕩鄙懷, 不吝身財, 護持正法, 況僧食十方普同, 彼取自分, 理應隨喜, 而人情忌愜, 用心不等. 或有閉門限礙客僧者, 不亦蛆乎? 鳴鐘本意, 豈其然哉?

---

4 『觀佛三昧經』에서는 "태자가 출생했을 때에는 백호가 5척尺 길이만큼 나왔고, 고행을 할 때에는 1장長 4척 5촌寸만큼 나왔고, 성불했을 때에는 1장 5척만큼 나왔다."*라고 하였다. 중간은 구공俱空을 표시하였으니 흰 유리통의 안팎이 맑은 것과 같다. 처음 발심한 때로부터 중간에는 갖가지 모습을 행하다가 열반에 이르러서는 일체의 공덕이 다 백호 가운데 두 눈썹 사이에 나타나니, 중도를 표시한 것이다.

　*태자가~나왔다 : 이 내용은 『佛說觀佛三昧海經』 권2(T15, 654a4~650c6)에 걸쳐 나온다.

出家捨着, 尤不應爾, 但以危脆【音翠, 小耎物易斷也. 又輕也.】之身, 不能堅護正法; 浮假之命, 不肯遠通僧食, 違諸佛之敎, 損檀越之福, 傷一時衆情, 塞十方僧路, 傳謬後生, 所敗遠矣. 改前迷而復道, 不亦善哉?【慳食獨啖, 餓鬼之業, 是謂大迷.】[1] 或問: '僧事有限, 外客無窮, 以有限之食, 供無窮之僧, 事必不立.' 答曰: '此乃鄙俗之淺度, 瑣人之短懷, 豈謂淸智之深識, 達士之高見?' 夫四背[2]之供養, 三寶之福田, 猶天地之生長, 山海之受用, 何有盡哉? 故『佛藏經』言: '當一心行道, 隨順法行, 勿念衣食所須者. 如來白毫【『觀佛三昧經』云: "太子初生, 白毫舒長五尺; 苦行時, 長一丈四尺五寸; 得佛時, 長一丈五尺." 中表俱空, 如白琉璃筒, 內外淸淨. 從初發心, 中間行種種相良, 乃至涅槃, 一切功德, 皆現毫中在兩眉間, 表中道也.】相中一分, 供諸一切出家弟子, 亦不能盡.' 由此言之, 勤修戒行, 至誠護法, 由道得利, 以道通用. 乃至云: '俗敎尙謂憂道不憂貧, 況出家之士, 高超俗表, 不憂護法而憂飮食, 其失大甚也.'"

---

1) ㉘ 慳食~大迷 : 이 글자들은 원문의 협주이다.  2) ㉘ '背'는 '輩'로 되어 있는 곳도 있다.

# 주

i  사원四怨 : 사마四魔를 말하니, 즉 번뇌마煩惱魔·사마死魔·음마陰魔·천자마天子魔이다.

ii 마땅히 일심으로~수 없다 : 『佛藏經』 권하(T15, 801c26~802a9)에는 다음과 같이 나온다. "若有一心行道比丘, 千億天神皆共同心, 以諸樂具欲共供養. 舍利弗! 諸人供養坐禪比丘不及天神. 是故舍利弗! 汝勿憂念不得自供. 佛眞教化當隨順行, 莫以第一義空出人過惡. 何以故? 舍利弗! 大嶮難者所謂得空. 或有比丘因以我法出家受戒, 於此法中勤行精進. 雖諸天神·諸人不念, 但能一心勤行道者, 終亦不念衣食所須, 所以者何? 如來福藏無量難盡. 舍利弗! 如來滅後, 白毫相中百千億分, 其中一分供養舍利及諸弟子. 舍利弗! 設使一切世間人, 皆共出家隨順法行, 於白毫相百千億分不盡其一."

iii 진실한 출가는~라고 하였다 : 『四分律刪繁補闕行事鈔』 권상 「僧網大綱篇」 제7(T40, 21c26~22a26).

# 손가락을 태움에 대·소승이 서로 어긋남을 밝히다

『사분율행사초자지기』[1]에서는 다음과 같이 말하였다.

"의정 삼장義淨三藏이 쓴 『기귀전寄歸傳』에서는 세속 사람들이 몸을 태우고 손가락을 사르는 것을 상세히 배척하였으니, 이는 보살대사菩薩大士[2]의 행동일 뿐, 출가한 비구에게 마땅한 행동은 아니라고 여긴 것이다. 옛적부터 기록에 전해 오면서 이를 경계하였으나 강론하는 자들이 견문이 부족하여 이를 구실로 삼았으니,[3] 이는 근기에 얕고 깊음이 있으며 가르침이 화교와 제교로 나뉜 것을 알지 못했기 때문이다.

율장에서는 자살과 방편과 투란偸蘭[4]과 손가락을 태우며 향을 사르는 것은 법을 어겨서 돌길라(吉)[5]를 짓는 것이라고 밝혔다. 『범망경』에서 제

---

1 영지사靈芝寺의 대지 원조大智元照 율사가 저술한 것이다.
2 범부를 그냥 사士라 하고, 이승을 상사上士라 하며, 보살을 대사大士라 하고, 부처는 무상사無上士라 한다. 지금은 세 번째를 취하였다.
3 부처님의 본래 의도를 궁구해 보건대, 대승의 보살들은 반드시 손가락을 태우고 소승의 성문들은 태우면 죄를 얻는다고 한 것은, 소승의 근기들은 스스로를 제도하는 데에 급급해서 과보가 다하면 현생을 벗어나지만 대승은 중생을 이롭게 하는 데에 뜻이 있어서 가는 곳마다 사람들을 제도하기 때문이다. 그러므로 대승은 공덕이 깊다고 찬탄하고 소승은 허물이 중하다고 결론지었으니, 예로부터 전해 오면서 경계한 것이 이를 벗어나지 않는다. 의정 삼장의 무리들은 유부有部의 소승만 오로지 강론했기 때문에 근기에 깊고 얕음이 있다는 것과 가르침이 화교化敎와 제교制敎*로 나뉜 것을 알지 못해서 세상 사람들과 출가한 비구가 몸을 태우는 것이 잘못되었다고 즉시 배척하였으니 견문이 적은 자라고 할 만하다. 어찌 비구들과 세상 사람들이 모조리 소승의 근기이고 대승의 근기가 전혀 없는 자들이겠는가? 아래에 세 가지 예로 나눈 것이 『四分律行事鈔資持記』를 쓴 율주가 판별한 큰 뜻일 것이다.
  *화교化敎와 제교制敎 : 화교란 교리적인 불교를 말하며, 제교란 율종을 가리킨다.
4 갖추어 말하면 투란차偸蘭遮이니, 한역하면 추악한 악행(醜惡)이다. 또는 '선도善道를 장애하는 것'이라고도 번역된다.
5 (길吉은) 갖추어 말하면 돌길라突吉羅이니, 한역하면 악을 짓는 것(惡作)이다. 또 '응당 배워야 한다'로도 번역되며, 또 '반드시 배워야 한다'로도 번역되며, 또 '계를 지킨다'로도 번역된다. 이 죄는 미세하여 지키기가 어려우니, 그러므로 '배운다(學)'와 '지킨다(守)'는 글자를 써서 이름하였다.

정한 것은 '만약 몸과 팔뚝과 손가락을 태우지 않으면 출가한 보살이 아니니 경구죄輕垢罪를 범하는 것이다.'⁶라고 하였다. 이는 대개 소승의 근기들은 자기 수행에 급급하여 과보를 다 마쳐서 생사를 초월하기를 기약하고, 보살(大士)은 오로지 남을 이롭게 하고자 하여 오랜 겁을 지나면서 널리 구제한다는 것이다.

그러므로 소승의 계율에서는 큰 허물이라고 결론짓고 대승의 가르침에서는 깊은 공덕이라고 찬탄하였다. 하물며 대승과 소승의 가르침이 모두 성인의 말씀인데 하나는 억누르고 하나는 치켜세우니 어찌 어긋남을 용납하리오? 또 경전에서 출가한 보살이라고 밝혔으니 어찌 비구에게 허용되지 않는다고 하는가?⁷ 전해 오는 기록에 고행하여 몸을 버리는 것에 대해 나열한 것이 어찌 오로지 일반적인 풍속이겠는가?⁸

---

6 『梵網經』에서는 자세히 말하기를, "새로 배우는 보살이 백 리나 천 리 밖에서부터 와서 대승 경률을 구하고자 하면 여법하게 그들에게 몸을 태우고 팔뚝을 태우고 손가락을 태우는 등 일체의 고행을 설해 주어야 한다. 만약 몸을 태워 제불께 공양 올리지 않으면 출가한 보살이 아니니 경구죄를 범하는 것이다."*라고 하였으니, 죄를 짓는 것이 중重한 것에 상대하여 경輕이라 하였고 청정한 행을 오염시키기 때문에 구垢라 하였다.
  * 새로~것이다 : 『梵網經盧舍那佛說菩薩心地戒品』 10권하(T24, 1006a17~24)에는 다음과 같이 나온다. "見後新學菩薩有從百里千里來求大乘經律, 應如法爲說一切苦行, 若燒身燒臂指燒指. 若不燒身臂指供養諸佛, 非出家菩薩. 乃至餓虎狼師子一切餓鬼, 悉應捨身肉手足而供養之, 後一一次第爲說正法, 使心開意解. 而菩薩爲利養故應答不答·倒說經律文字無前無後·謗三寶說者, 犯輕垢罪."

7 옛 주석에서는 "몸을 버리는 것은 사문이 행할 바가 아니다……"*라고 했으니, 이는 그르다고 널리 배척한 것이다. 『梵網經』에서는 출가한 보살만 말했을 뿐 출가한 비구는 말하지 않았으니, 그렇다면 사문 비구가 몸을 태워서는 안 된다는 뜻이 그 속에 포함되어 있는데, 어떻게 저 경이 비구가 몸을 태우지 않는 것을 허용하지 않았다고 하는가? 이것은 이로써 저것을 논파한 것이다.
  * 몸을~아니다 : 이 주는 성화본 『緇門警訓』에 그대로 나온다.

8 옛 주석에서는 "경전에서 밝힌 것은 오로지 일반적인 풍속과 통하게 하려는 것이다."*라고 하였다. 『梵網經』에서는 "새로 배우는 보살이 멀리서부터 와서 법을 구한다면 마땅히 몸을 태워 공양 올려야 한다. 만약 몸을 태우지 않으면 출가한 보살이 아니다."라고 했는데 삼장三藏이 생각하기를, "경전에서는 모두에게 태우도록 하였으니, 오로지 일반적인 풍속과 통하게 하려는 데에 있다. 이는 소승 비구는 태우지 않는다는 뜻이 그 속에

형계荊溪 선사가 '소승에 의지해서 태우지 않는 것은 쉬우나 대승에 의지해서 태우는 것은 어렵다.'라고 한 것은, 생명을 보전하고 탐착하려는 중생의 심정이 모두 같기 때문이다. 지금 이치로써 판단하면 또한 세 가지 예가 있다.

첫째, 만약 세속 사람들을 근본으로 하면 말에 한계가 있지 않으니, 혹 온전히 계를 받지 않더라도 이 경을 의지해서 발가락과 손가락을 공양 올리면 도성을 보시하는 것보다 수승하다. 만약 『범망경』에 의거하면, 대승계를 받자마자 몸을 잘 받들어 태우는 것이 더욱 훌륭하다.

둘째, 만약 오직 소승계만 받는다면 지위가 비구에 국한되니, 태우지 않으면 근본을 따라 지계持戒를 이루며 태우면 「승망편僧網篇」에 의거하여 범계를 짓는 것이다.

셋째, 만약 대승계를 겸하여 받으면 이를 출가한 보살이라 하니, 태우면 지계가 되고 태우지 않으면 범계가 된다. 만약 먼저 소승계를 받고 뒤에 대승계를 받거나 혹은 먼저 대승계를 받고 뒤에 소승계를 받더라도 모두 대승의 판단을 따르면 율의를 범하지 않게 된다. 이와 같이 밝혀서 나아가야 할지의 여부를 대략 구분한다면 어찌 부화뇌동하겠는가?[9] 한 가

---

숨어 있음을 간파하지 못한 것이다."라고 하였다. 또 전해 오는 기록 중에 "몸을 태우는 것은 보살이 행할 바이지 비구가 감당할 부분은 아니다."라고 했으니, 이것이 어찌 태우지 않는 것이 오로지 일반적인 풍속이라는 것에 있다 하리오? 만약 그렇다면 이것으로써 저 경을 미루어 알 수 있으며, 또한 일반적인 풍속에서도 모두 다 태우도록 한 것이 아니니 전혀 간파하지 못한 것이다. 그러므로 저것으로써 저 경을 논파하였다. 그러나 또한 비구와 세속 사람들 중에 혹 태우는 자가 있었는데, 이는 큰 근기의 보살이다. 한 가지 기준으로 단박에 배척하면 이는 근기에 크고 작음이 있는 줄 알지 못하는 것이니 전혀 옳지 않다. 주석에서는 "사존事存에서 사事 자는 응당 전專 자의 오자이다."라고 하였다.

\*경전에서~것이다 : 이 주는 성화본 『緇門警訓』에 그대로 나온다.

9 『禮記』에서는 "뇌동雷同함이 없다."라고 했는데, 주석에서는 "우레가 칠 때에 사물이 동시에 응하지 않는 것이 없으니, 그러므로 뇌동이라 하였다. 또는 같은 소리로 상응하는 것을 뇌동이라고 한다."라고 하였다.

지 기준으로 단박에 배척하는 것은 그르다.

그러나 사납고 포악한 사람이 속이는 데에 마음을 두어 남의 이양利養만 구하고(邀)[10] 세속의 명성만 도모하는(規)[11] 까닭에 불법 문중을 무너뜨리니 이는 불교의 큰 적이며, 스스로 형체를 해치니 실로 유종儒宗의 역적이다. 이는 오직 악의 원인이니 끝내 좋은 과보는 없다. 요즘에는 이런 자들이 매우 많은데, 무지한 속인이 어찌 알겠는가? 그렇다면 의정의 가르침에도 참으로 취할 것이 있다."[i]

**辨燒身指大小相違**

『資持』云:【靈芝寺大智元照律師所述.】"義淨三藏『寄歸傳』, 廣斥世人燒身然指, 意謂菩薩大士【凡夫唯名士, 二乘名上士, 菩薩名大士, 佛是無上士. 今取第三也.】之行, 非出家比丘所宜. 古來章記, 相傳引誡, 講者寡聞用爲口實,【原佛本意, 大乘菩薩須燒身指, 小乘聲聞燒然獲罪. 盖小機急於自度, 報盡超生; 大乘志在利生, 隨處度人. 故以大歎功深, 小結過重. 古來傳誡者, 不出於斯. 如義淨三藏之徒, 專講有部小乘, 不知機有深淺, 敎分化制, 而頓斥世人及出家比丘之燒然爲非, 可謂寡聞者矣, 豈比丘世人盡是小機渾無大根者哉! 如下判爲三例者,『資持』律主之所辨之大旨歟!】此由不知機有淺深, 敎分化制. 律明自殺方便偸蘭【具云偸蘭遮, 此云醜惡. 亦云障善道.】, 燒指燃[1)]香違制得吉【具云突吉羅, 此云惡作. 又云應當學, 又翻須學, 又云守戒. 此罪微細極難持, 故隨學隨守而立名也.】. 『梵網』所制, 若不燒身臂指, 非出家菩薩, 犯輕垢罪,【『經』具云: "新學菩薩, 有從百里千里來, 求大乘經律, 應如法爲說一切苦行, 燒身燒臂燒指. 若不燒身供養諸佛, 非出家菩薩, 犯輕垢罪." 結罪對重名輕, 汙染淨行名垢.】此盖小機急於自行, 期盡報以超生; 大士專在利他, 歷塵劫而弘濟. 是以小律結其大過, 大

---

10 (요邀는) 구함이다.
11 (규規는) 도모함이다.

敎歎其深功, 況大小兩敎, 俱是聖言, 一抑一揚, 豈容乖異? 且經明出家菩薩, 那云不許比丘?【舊註, 彼云: "捨身, 非沙門所爲等",[2] 是廣斥爲非也. 『梵網』所明, 卽云出家菩薩, 不云出家比丘, 則沙門比丘, 不燒之意, 含在其中, 云何言彼經豈不許比丘之不燒乎? 是卽以此破彼也.】傳列苦行遺身, 豈是專存通俗?【舊注, 彼云: "經中所明, 事存通俗."[3]『梵網』云: "新學菩薩, 從遠來求法者, 宜可燒身供養. 若不燒者, 非出家菩薩." 三藏意謂: "經中咸使燒之, 故云專存通俗, 是未能看破其小乘比丘不燒之義, 含隱在中也." 又『傳』中云: "燒身宜是菩薩之所爲, 非比丘之所荷." 此豈是專存不燒之通俗也哉? 若然則庶可以此例知彼經, 亦非存通俗而使皆燒之, 殊未看得破也, 是以彼破彼也. 然且比丘及世人中, 或有燒者, 是爲菩薩大機, 一槩頓斥, 則不知機有大小, 甚不可也. 注云: 事存之事字, 應是專字之誤也.】荊溪所謂'依小不燒則易, 依大燒之則難', 保命貪生, 物情皆爾. 今以義判, 且爲三例: 一若本白衣, 不在言限, 或全不受戒, 依此經中, 足指供養, 勝施國城. 若依『梵網』, 直受大戒, 順體奉持, 然之彌善. 二若單受小戒, 位局比丘, 不燒則順本成持, 燒之則依篇結犯. 三若兼受大戒, 名出家菩薩, 燒則成持, 不燒則成犯. 若先小後大, 或先大後小, 並從大判, 不犯律儀. 若此以明, 粗分進否, 豈得雷同?【『禮』曰: "無雷同." 注曰: "雷之發聲, 物無不同時應者, 故曰雷同. 又同聲相應曰雷同."】一槩頓斥爲非. 然有勇暴之夫, 情存矯証, 邀【求也.】人利養, 規【圖也.】世聲名. 故壞法門, 乃佛敎之大賊; 自殘形體, 實儒宗之逆人, 直是惡因, 終無善報. 今時頗盛, 聾俗豈知? 則義淨之誡, 亦有取矣."

---

1) ㉇ '燃'은 '然'으로 되어 있는 곳도 있다. 2) ㉇ 彼云~所爲等 : 이 글자들은 원문의 협주이다. 3) ㉇ 彼云~通俗 : 이 글자들은 원문의 협주이다.

# 주

i   의정 삼장義淨三藏이~것이 있다 :『四分律行事鈔資持記』(T40, 285a6~29).

## 잡학이 정업을 방해함을 율장에서 제정하다

『사분율산번보궐행사초』에서는 다음과 같이 말하였다.

"『오분율』에서는 '지차知差와 회집會集 등을 위해[1] 글을 배울 때에는 그것을 좋아해서 본업本業을 그쳐서는 안 되며,[2] 점을 보거나 남의 길흉을 묻는 것을 허락하지 않는다.'라고 하였고, 『사분율』에서는 '문서를 외우거나 세속의 의론을 배우는 것을 허락한 것은 외도를 굴복시키기 위해서이다.'라고 하였으며, 「잡법」 중에서는 '새로 배우는 비구가 산법算法을 배우는 것을 허락한다.'라고 하였고, 『십송률』에서는 '게송을 짓고 문장을 화려하게 꾸밈을 좋아하는 것은 두려워할 만한 것이니 해서는 안 된다.'라고 하였으며, 『비니모론毘尼母論』에서는 '부처님께서 말씀하셨다. 「내가 너희들에게 한 구절, 한 게송과 나아가 후세에 이르도록 응당 행해야 할 것을 가르친 것은 행하여야 하며, 응당 행해서는 안 되는 것은 또한 행하지 말라. 후세의 비구들에게 설하는 것도 그러하다.」'라고 하였다."[ii]

『사분율행사초자지기』에서는 다음과 같이 말하였다.

"글과 산술, 점술, 세속의 문장과 시는 모두 세간법이고 출가자의 업은 아니지만 인연 때문에 때때로 허락해 준다.[3] 요즘의 승려들은 명칭과 실

---

1 옛 주석에서는 "지사차승知事差僧과 법식회집法食會集……"이라 하였다.*
   *지사차승知事差僧과 법식회집法食會集 : 이 주는 성화본 『緇門警訓』에 그대로 나온다.
2 『五分律』에서는 자세히 말하기를, "당시에 여러 비구들이 글을 배우자 속인들이 기롱하며 말하였다. '사문은 어째서 부지런히 독송하지 않는가? 글을 배워서는 무엇 하려는가?' 비구가 이를 부처님께 아뢰자 부처님께서 글을 배우는 것을 허락하지 않았다. 훗날 여러 비구들이 지차와 회집할 때에 써서 외울 줄 모르고 툭하면 잊어버리자 부처님은 글을 배우는 것을 허락하였다. 그러나 그것을 좋아해서 본업을 그치는 것은 허락하지 않았다."라고 하였다.
3 외도들이 배우는 잡술을 혹 허락해 주기도 하고 혹 금지하기도 하니, 허락해 주는 것은 외도를 굴복시키기 위해서이고, 금지하는 것은 본업을 그치고 오로지 외도의 잡술만 좋아할까 염려해서이다.

상을 모두 잃어서 잘 베껴 쓰면 초성草聖이라 일컫고, 세속의 글에 통달하면 스스로 문장이라 부르며, 땅을 간택하면 산수山水라 이름하고, 점을 치면 삼명三命이라 부르니,[4] 어찌 출가하여 부처님을 섬기면서 세간의 명성을 따르려 하는가? 본래는 세간을 싫어해서 초월하기를 도모했지만 도리어 생사의 업을 모을 뿐이다.

그러므로 『대지도론』에서는 '외전外典을 학습하는 것은 마치 칼로 진흙을 베는 것과 같으니, 진흙은 쓸모가 없어지고 칼은 저절로 망가진다. 또 마치 해를 바로 쳐다보면 눈이 어두워지는 것과 같다.'라고 하였다. 그러나 지난날의 고승들도 이단의 학문을 배운 자가 많았으니 혹 초서草書와 예서隸書에 정밀한 자가 있었으며,[5] 혹 글씨와 문장을 잘하는 자가 있었으며,[6] 이들은 혹 의술로 명성을 남기는가 하면[7] 혹 음양가로 명예를 드러내기도 했으니,[8] 이들은 모두 다른 종宗도 정밀하게 궁구하고 섭렵했지만 불교의 교화를 도와 통달하는 데에 뜻이 있지 않은 경우는 없었다.

그러므로 『선계경善戒經』에서는 '만약 논의를 해서 삿된 견해를 논파하

---

4 초성·문장·산수·삼명이라 일컬어지면 비구라는 명칭을 잃어버린다. 이를 좋다고 여겨 본업을 그치면 실다운 수행을 잃어버리므로 '명칭과 실상을 모두 잃는다.'라고 하였다. 삼명은 천간天幹·지지地支·납음納音*이다.
 *납음納音 : 육십갑자를 궁·상·각·치·우의 5음에 분배하여 오행으로 나타낸 것이다.
5 진晉나라 법심法深의 제자인 법식法識과 강흔康昕이 모두 초서와 예서에 이름이 났는데 각자 우군초右軍草를 지었다. 곁에 있던 사람들이 몰래 훔쳐 재화로 삼았는데 우군(왕희지)의 초서와 전혀 구별할 수 없었다.
6 주周나라 고승인 홍언洪偃과 당唐나라 고승인 관휴貫休가 모두 문장을 잘 지었다. 예로부터 고승들 중에 문장을 잘하는 자들이 시대마다 있었다.
7 어떤 사람이 고승 법개法開에게 물었다. "법사께서는 고명하고 강직하기가 대쪽 같으신데, 어째서 의술을 마음에 두십니까?" 법개가 말했다. "육도六度를 밝혀 사마四魔의 병을 제거하고 구후九候를 조절하여 풍한병風寒病을 치료해서 스스로 이롭게 하고 남도 이롭게 하니 참으로 좋지 않습니까?" 손작孫綽이 말했다. "말재주가 종횡무진하고 수술數術로써 가르침에 통달한 자로는 아마도 개공이 있을 것이다." 사안謝安과 왕문도王文度도 모두 그와 우호를 맺었다.
8 당唐나라의 일행一行과 도홍道泓도 모두 고승이었는데 평소에 음양과 방기方技(의술·점성 등)에 능하였다.

려고 할 경우에 하루를 두 쪽으로 나누어 한 쪽으로는 외전을 보아도 계를 범하지 않는다.'라고 하였다.[9] 『사분율』에서도 독송하는 것을 허락하였으니, 이것이 그 뜻이다. 지금은 혹 명예를 탐내고 이익을 구하며 권세에 아부하고 능력을 자랑하여 형상은 가사 입은 무리에 섞여 있으나 마음은 들뜬 세속에 물들었으니 평생을 헛되이 보낼 뿐이다. 참으로 슬프도다!"[iii]

### 律[1)]制雜學以妨正業

『鈔文』云: "『五分』云: '爲知差會等【舊注: 知事差僧, 及法食會集等.】[2)] 學書, 不得爲好廢業,【『五分』具云: "時諸比丘學書, 白衣譏訶言: '沙門何不勤讀誦, 用學書何爲?' 比丘白佛, 佛不聽學書. 後諸比丘差會次, 不知書記, 隨則忘失. 佛即聽學書, 但不聽爲好廢業."】不聽卜相及問它吉凶.'『四分』: '開學誦文書, 及學世論, 爲伏外道.' 雜法中, 新學比丘開學筭法.『十誦』: 好作文頌, 莊嚴章句, 是可怖畏, 不得作.『毘尼母論』: '佛言: 吾敎汝一句一偈, 乃至後世應行者, 即行之; 不應行者, 亦莫行之. 後世比丘所說亦爾.'"『記』云: "以書筭卜術, 俗典文頌, 俱是世法, 非出家業, 爲因緣故, 時復開之.【外學雜術, 或有開之, 或復禁之. 開者, 爲伏外道故也; 禁者, 恐廢本業, 專以外術爲好故也.】今時釋子, 名實俱喪, 能書寫則稱爲草聖, 通俗典則自號文章, 擇地則名爲山水, 卜術則呼爲三命.【稱名爲草聖·文章·山水·三命, 則失比丘名, 以此爲好, 而廢本業, 則喪其實行, 故云名實俱喪. 三命: 天幹, 地支, 納音也.】豈意捨家事佛, 隨順俗流之名? 本圖厭世超昇, 翻集生死之業. 故『智論』云: '學習外典, 如以刀割泥, 泥無所成, 而刀自損. 又如視日光, 令人眼暗.' 然徃古高僧, 亦多異學, 或

---

[9] 한 쪽으로는 외전을 보아도 계를 범하지 않는다는 것은, 살바다薩婆多에서 "외전을 읽어서는 안 되니, 이단의 도를 항복시키기 위해서는 스스로 힘이 있음을 알아야 한다. 반드시 하루를 세 등분해서 2/3에 해당되는 좋은 때에는 불법을 배워야 하고, 그보다 못한 1/3 때에는 외전을 익혀야 하니, 연·월을 계산해서 세 등분해서는 안 된다."라고 하였다.

精草隸.【晋法深弟子法識·康昕, 皆以草隸知名, 各作右軍草. 傍人窃以爲貨, 莫之能別.】或善篇章,【周高僧洪偃, 唐高僧貫休, 俱善篇翰. 且古來高僧之能文章者, 代不乏人.】或醫術馳名,【人問高僧法開曰: "法師高明剛簡, 何以醫術經懷?" 開曰: "明六度以除四魔之疾, 調九候以療風寒之病, 自利利他, 不亦可乎?" 孫綽曰: "才辯縱橫, 以數術通教者, 其在開公焉." 謝安·王文度, 悉爲友善.】或陰陽顯譽,【唐之一行·道泓, 亦俱高僧也, 雅善陰陽·方技之術.】皆謂精窮傍涉餘宗, 無非志在護持助通佛化. 故『善戒』云: '若爲論議, 破於邪見, 若二分經, 一分外書, 不犯.'【一分外書不犯者, 薩婆多云: "不應讀外書典藉, 盖爲降伏異道, 自知有力. 若當日作三分, 兩分勝時, 應學佛法. 一分下時, 應習外典, 不計年月以爲三分."】『四分』開誦, 此其意耳. 今或沽命³⁾邀利, 附勢矜能, 形厠方袍, 心染浮俗, 畢身虛度, 良可哀哉!"

―――――――――
1) ㉋ '佭'은 '律'로 되어 있는 곳도 있다. 2) ㉋ 知事~會集等 : 이 글자들은 원문의 협주이다. 3) ㉋ '命'은 '名'으로 되어 있는 곳도 있다. ㉠ '名'이 문맥상 잘 통하여 번역에서는 '名'으로 하였다.

# 주

i  부처님께서 말씀하셨다~것도 그러하다 : 『毘尼母經』권4(T24, 820b2~6)에는 다음과 같이 나온다. "佛告諸比丘: 吾教汝一句一偈·若多若少, 若應行者如語行之, 不應行者如語莫行. 若後世比丘所說, 與三藏相應者亦應行之. 若吾所說或多或少, 不應行者亦莫行之. 後代比丘所說, 不應行者亦莫行之."

ii  『오분율』에서는 지차知差와~라고 하였다 : 『四分律刪繁補闕行事鈔』권하(T40, 146b26~c3).

iii  글과 산술~참으로 슬프도다 : 『四分律行事鈔資持記』권하1(T40, 414a20~b4).

# 견해와 행실에 실다움이 없고 도리어 계율을 경시하다

『사분율행사초자지기』에서는 다음과 같이 말하였다.

"『십송률』의 내용 중에는 '비구는 오하五夏 이전까지는 오로지 율부에 정통해야 한다. 만약 지키고 범하는 것을 통달하여 비구의 일을 갖춘 이후라면 비로소 경론을 학습할 만하다.'라고 하였는데, 지금은 순서를 뛰어넘어 배우니 수행이 이미 순서를 잃어 도에 들어갈 길이 없다. 부처님께서 꾸짖기를, '끝내 우리 무리가 아니다.'라고 하셨다. 또 저 율장에서는 '부처님께서 계율을 학습하지 않는 비구들을 보고 마침내 계율을 찬탄하고 면전에서 우바리존자를 지계제일이라고 찬탄하셨다. 훗날 여러 상좌들과 장로와 비구들이 우바리존자를 따라 계율을 배웠다.'라고 하였다.

요즘에는 계품戒品을 받자마자 곧바로 참선하도록 허락하니 승려의 위의에 있어서는 하나도 본받을 바가 없다. 하물며 다시 계율로 검속함을 가볍게 여기고 계율을 헐뜯으면서 계율을 배우는 자를 소승이라고 폄하하고, 계율을 지키는 자를 상相에 집착한다고 홀대한다. 이에 세속과 함부로 섞이며 제멋대로 방자하고 흉악해져 주륙(杯臠)을 즐기면서도[1] 스스로는 통달했다고 여기고, 음행과 분노를 행하면서도 도에 통달했다고 하니, 성인의 뜻을 궁구하지도 못했고 참된 교법도 잘못 아는 것이다. 또 계율이 가볍게 여길 수 있는 것이라면 그대는 어찌 계단에 올라서 수계하였으며,[2] 계율이 훼손할 수 있는 것이라면 그대는 어찌 삭발하고 염의를 입

---

1 배연杯臠은 술잔(酒杯)과 고기(肉臠)이니 연臠은 저민 것이고 육肉은 덩어리이다.
2 처음에 누지보살樓至菩薩이 계단戒壇을 세우고 비구들에게 도량을 차려 수계하기를 청하였다. 세 개의 단을 처음으로 세우니, 불원佛院 문의 동쪽에는 부처님이 비구들을 위해 계단을 만들었고, 불원 문의 서쪽에는 부처님이 비구니를 위해 계단을 만들었고, 바깥 불원 동문 남쪽에는 승려가 비구에게 수계하는 계단을 세웠다. 단은 세 겹으로 세워서 삼공三空을 표시했으니, 첫 두 단은 오직 부처님이 오르는 곳으로 모두 불사佛事를

었는가?

　이렇다면 계율을 가볍게 여기는 것이 온전히 스스로를 가볍게 여기는 것이고, 계율을 훼손하는 것이 도리어 자신을 훼손하는 것이 된다. 망정妄情은 익히기 쉽고 정도正道는 듣기 어려우니 세속을 벗어나고 무리를 초월하는 이가 만 명 중 하나도 없다. 부디 성인의 가르침을 상세히 살필지니, 따르지 않을 수 있겠는가?"[3·i]

### 解行無實反輕戒律

『資持』云: "『十誦』中律制, 比丘五夏已前, 專精律部. 若達持犯, 辦比丘事, 然後乃可學習經論. 今越次而學, 行旣失序, 入道無由. 大聖呵責: '終非徒爾.' 又彼律云: '佛見諸比丘不學毘尼, 遂贊歎毘尼, 面前贊歎波離持律第一. 後諸上座長老比丘, 從波離學律也.' 今時纔霑戒品, 便乃聽敎叅禪, 爲僧行儀, 一無所曉, 況復輕陵戒檢,[1] 毀呰毘尼, 貶學律爲小乘, 忽持戒爲執相. 於是荒迷塵俗, 肆恣兇頑, 嗜杯臠【酒杯肉臠, 臠切肉塊也.】, 自謂通方, 行婬怒, 言稱達道, 未窮聖旨, 錯解眞乘. 且戒必可輕, 汝何登壇而受;【初樓至菩薩請立戒壇爲比丘, 結戒受戒, 創立三壇, 佛院門東, 佛爲比丘結戒壇; 佛院門西, 佛爲比丘尼結戒壇; 外院東門南, 置僧爲比丘受戒壇. 壇立三重, 以表三空. 初二壇, 唯佛所登, 共量佛事; 外院戒壇, 乃僧爲四衆受戒壇也. 立戒壇, 始於佛時.】

---

헤아린 것이고, 바깥 불원의 계단은 승려가 사부대중들에게 수계하는 단이다. 계단을 세운 것은 부처님 당시부터 시작하였다.

3 『毗尼毘婆沙論』에서는 "율경을 설할 때에 이를 꾸짖는 자는 죄에 떨어지고, 다른 경전을 설할 때에는 꾸짖는 자가 악하면 죄가 되니, 어째서 율을 꾸짖는 자는 죄가 무겁고 다른 경전을 꾸짖는 죄는 가벼운가? 계는 불법의 평지이며 온갖 선이 이를 통해 생겨나기 때문이다. 또 모든 불제자들은 이를 의지해서 머무니 만약 계가 없으면 의지할 것이 없다. 또 불법에 들어가는 첫 문이니 계가 없다면 열반의 성에 들어갈 길이 없다. 또 부처님께서 '계율을 비방하는 자는 세세생생토록 도를 배울 수 없으며 삼계를 벗어날 수 없다.'라고 하셨다. 또 여러 율사들이 계율을 지켰기 때문에 불법이 5천 년간 세상에 머물 수 있었다."라고 하였다.

律必可毁, 汝何削髮染衣? 是則輕戒全是自輕, 毁律還成自毁, 妄情易習, 正道難聞, 拔俗超群, 萬中無一. 請詳聖訓, 能無從乎?"【『婆沙』云: "有隨律經說時, 訶者墮罪; 說餘經時, 訶者惡作罪, 何以訶律罪重, 餘經罪輕耶? 戒是佛法之平地, 萬善由之而生. 又一切佛弟子, 皆依而住. 若無戒者, 則無依止. 又入佛法之初門, 若無戒者, 無由入泥洹城也. 又佛言: '謗毘尼者, 世世學道不成, 不出三界.' 又有諸律師持律故, 佛法住世五千歲."】

───────────
1) ㉑ '檢'은 '撿'으로 되어 있는 곳도 있다.

### 주

i 『십송률』의 내용~수 있겠는가 : 『四分律行事鈔資持記』 권상1(T40, 184c10~23).

## 삼보에 귀의하여 공경하는 뜻을 일으키다

『귀경의歸敬儀』[1]에서는 "그렇다면 훈습한 지가 오래되어 이해할 길이 없으므로 일에 있어서는 반드시 공경을 세우고 의식을 차려서 믿고 향하는(首)[2] 법을 열어야 하고, 정情을 붙이고 상相을 단속하여 교화를 이루는 공을 드러내야 하니, 그러한 후에 간담을 땅에 바르고 몸뚱이를 꺾어 버려야 한다. 우주가 지극히 높은 줄 알면[3] 공경이 천속天屬[4]을 뛰어넘고, 가르침의 이치가 원대한 줄 깨달으면 도가 상미常迷를 초월한다."라고 하였고,[5] …(중략)… "『소승론』에서는 '경敬은 부끄러움(慚)으로 체를 삼으니 나의 덕은 적고 앞의 경계가 존귀하고 높기 때문에 공경을 행한다.'라고 하였는데, 지금은 도리어 부끄러움도 없고 수치스러움도 없으니 매우 가소롭다. 『대승론』에서는 '믿음과 지혜를 말미암기 때문에 저것을 공경한다.'라고 하였으니, 믿기 때문에 삿된 법을 부정하고 지혜롭기 때문에 공경을 일으킨다. 그러므로 진실된 가르침으로 인도되니 믿음과 지혜와 부끄러움은 공경의 근본이다."라고 하였다.

또 논을 인용하여 다음과 같이 말하였다.

"귀의歸依는 돌린다는 말이니, 옛날에는 바른 것을 등지고 삿된 것을

---

1 남산율사南山律師가 지은 것.
2 (수首)는 향함이다.
3 위의 하늘과 아래의 땅을 우宇라 하고, 예로부터 지금까지를 주宙라 한다.
4 천속은 부모이다.*
  * 천속은 부모이다 : 이 주는 성화본 『緇門警訓』에 그대로 나온다.
5 옛 주석에 "상미는 경사칠략經史七畧이다……."라고 하였는데, 칠략은 다음과 같다. 첫째, 집략輯畧인데 집輯은 집集과 같으니, 여러 글의 요체를 모은 것이다. 둘째, 육예략六藝畧이니 즉 육경六經이다. 셋째, 제자략諸子畧이다. 넷째, 병서략兵書畧이다. 다섯째, 시부략詩賦畧이다. 여섯째, 술수략術數畧이니 점치는 등의 책이다. 일곱째, 방기략方技畧이니 의약 등에 관한 책이다.
  * 상미는 경사칠략經史七畧이다 : 이 주는 성화본 『緇門警訓』에 그대로 나온다.

따라 방만하게 육취六趣에 태어나다가 지금은 부처님이 출세해서 지극히 존귀한 말씀을 일으키시니 마침내 저 삿된 마음을 돌이켜 바른 도를 따르기 때문이다. 이에 귀경하는 법을 세웠는데, 다섯 등급(五等)의 차별이 있다.⁶ 세속을 등지는 첫 단계에서 시작하여 도에 들어가는 궁극의 단계에서 마칠 때까지 모두 삼보에 귀의하는 것으로 심사心師의 자취로 삼으니 스승 삼는 것이 지극하며 하는 바가 위대하다고 하겠다."ⁱⁱⁱ

그러므로 『증일아함경增一阿含經』에서는 "부처님을 공경하는 마음이 없는 자는 마땅히 용사龍蛇의 무리 중에 태어날 것이니 과거에서부터 따라왔고 지금도 여전히 공경심이 없어서 수면과 어리석음이 많다……."라고 하였으니 이것이 좋은 증거이다. 『대비경大悲經』에서는 "부처님이 과거세에 보살도를 행하면서 삼보三寶와 사리舍利⁷와 탑상塔像과 사승師僧과 부모와 노인과 선우善友와 외도外道와 신선들과 사문과 바라문을 보고 몸을 기울여 자신을 낮추어 겸양하고 공경히 양보하지 않은 적이 없었다. 이러한 과보로 말미암아 성불한 이래로 산림에 있는 것들이나 사람과 가축들이 몸을 기울여 부처님께 공경하지 않은 적이 없었다."ⁱᵛ라고 하였으며, 또 세속의 예문에서는 "불경不敬하지 말고(毋) 엄숙하기를 마치 무엇을 생각하는 것처럼 하여 말을 안정되게 하고, 오만함을 자라나게 해서도 안 되고, 욕망을 풀어놓아서도 안 되며, 뜻을 채워서도 안 된다."라고 하였으니, 이것이다.⁸

---

6 다섯 등급이란 십신十信·삼현三賢·사가행四加行·십지十地·등각等覺이다.
7 한역하면 골신骨身이며 또는 정골定骨이라고도 한다. 『金光明經』에서는 "이 사리는 계정혜를 훈습해서 닦은 것이니 실로 얻기 어려운 최상의 복전이다."*라고 하였으며, 『法苑珠林』에서는 또 세 가지를 밝혔으니 "첫째는 골사리骨舍利로 흰색이며, 둘째는 발사리로 흑색이며, 셋째는 육사리肉舍利로 붉은색이다."**라고 하였다.
  *이 사리는~복전이다 : 『金光明經』 권4(T16, 354a15~16).
  **첫째는~붉은색이다 : 『法苑珠林』 권40(T53, 598c11~13).
8 「曲禮注」에는 "무毋는 금지하는 말이다. 불경하지 말라는 것은, 몸과 마음의 안팎으로 한 터럭만큼의 불경이라도 있어서는 안 되니, 그 용모를 반드시 단정하고 엄숙히 하여

### 歸敬三寶興意

『歸敬儀』云【南山律師所撰】: "然則熏習日久, 取會無由, 事須立敬設儀, 開其信首[1]【向也.】之法, 附情約相, 顯於成化之功, 然後肝膽塗地, 形骸摧折. 知宇宙之極尊,【上下天地曰宇, 古徃今來曰宙.】則敬逾天屬;【天屬即父母也.】[2] 曉敎義之遠大, 則道越常迷."【舊注: "常迷即經史七畧等.[3]" 七畧者: 一輯畧, 輯與集同, 諸書之總要. 二六藝畧, 即六經. 三諸子畧. 四兵書畧. 五詩賦畧. 六術數畧, 占卜等書. 七方技畧, 醫藥等書.】乃至云: "『小乘論』云: '敬者, 以慚爲體也, 由我德薄, 前境尊高, 故行敬也.' 今反無慙不恥, 深可笑也. 『大乘論』云: '由信及智故, 敬於彼.' 信故非邪, 智故興敬, 故引誠敎, 信智及慙, 敬之本矣."又引論云: "歸依者, 回轉之語, 由昔背正從邪, 流蕩生趣, 今佛出世, 興言極尊, 遂即回彼邪心, 轉從正道故也. 於是乃立歸法, 有五等之差【五等者: 十信, 三賢, 四加行, 十地, 等覺.】始[4]於背俗之初, 終於入道之極, 皆歸三寶, 以爲心師之迹也, 所師極矣, 所爲大矣." 故『增一阿含經』云: "無恭敬心於佛者, 當生龍蛇中, 以過去從中來, 今猶無敬, 多睡癡等", 斯爲良證. 『大悲經』云: "佛過去時, 行菩薩道, 見三寶·舍利.【此云骨身, 又云定骨. 『光明』云: "此舍利者, 是戒定慧之所熏修, 實難可得最上福田." 『法苑』又明三種: 一是骨舍利, 其色白也. 二是髮舍利, 其色黑也. 三是肉舍利, 其色赤也.】塔像·師僧·父母·耆年·善友·外道·諸仙·沙門·婆羅門, 無不傾側謙下敬讓. 由是報故, 成佛已來, 山林人畜, 無不傾側以敬於佛." 又俗禮云: "毋不敬, 儼若思, 安之辭, 傲不可長, 欲不可縱, 志不可滿", 是也.【『曲禮注』云: "毋, 禁止之辭. 毋不敬者, 身心內外, 不可便有一毫之不敬也, 其容皃必端嚴而若思, 其言辭必安定而不遽, 敬之反爲傲, 情之動爲欲, 志滿則濫也."】

---

1) ㉑ '首' 옆에 '道'라고 필사되어 있는 곳도 있다. 2) ㉑ 天屬即父母也 : 이 글자들

무엇을 생각하는 것처럼 해야 하며, 그 말을 반드시 안정되게 하여 급하지 않게 해야 한다. 공경의 반대가 오만함이고, 정情이 움직이는 것이 욕망이고, 뜻이 가득 차면 넘치는 것이다."라고 하였다.

은 원문의 협주이다.  3) ㉮ 卽經史七畧等 : 이 글자들이 원문의 협주에는 '卽七畧經史等'으로 되어 있다.  4) ㉮ '始'는 '如'로 되어 있는 곳도 있다.

# 주

i 그렇다면 훈습한~상미常迷를 초월한다 : 『釋門歸敬儀』(T45, 854c29~855a5).
ii 『소승론』에서는 경경은~공경의 근본이다 : 『釋門歸敬儀』(T45, 855a15~855a24).
iii 귀의歸依는 돌린다는~위대하다고 하겠다 : 『釋門歸敬儀』(T45, 855a25~b2).
iv 부처님이 과거세에~적이 없었다 : 『大悲經』 권3(T12, 960b8~17)에는 다음과 같이 나온다. "我本修行菩薩行時, 於諸師所傾側禮拜, 亦於父母第一尊重傾側禮拜, 耆年長宿·中年·少年·親友骨血無不傾側, 於佛菩薩善知識所, 聲聞·緣覺及以外道五通諸仙·沙門·婆羅門, 如是一切應受供人. 諸佛菩薩及善知識·聲聞·緣覺·外道諸仙·沙門·婆羅門·父母·兄弟·親友骨血及餘耆年·中年·少年·同師等侶, 無不傾側, 謙下禮敬. 阿難! 我以如是善業報故, 於無上菩提得成佛已, 彼諸事物, 有情·無情, 如來行時, 無不傾側低頭禮拜."

• 69

## 삼보에 귀의하는 공덕의 이익을 구하다

『귀경의』에서는 다음과 같이 말하였다.

"이로써 초심자와 후학들은 반드시 스승과 좋은 벗을 의지해야 함을 알 수 있으니 지금 삼보를 의지해서 늘 가까이하기를 즐겨야 한다. 그러므로 『대지도론』에서는 '만약 보살이 법의 지위에 들어가지 못해서 제불을 멀리 떠나게 되면, 여러 선근을 무너뜨리고 번뇌에 빠져 자신을 제도하지 못하니, 어찌 남을 제도할 수 있겠는가? 그러므로 제불을 멀리 떠나서는 안 된다. 비유하면 갓난아기가 어미 품을 떠나지 않으며, 길을 갈 때에는 식량을 여의지 않고, 더울 때에는 시원한 바람을 떠나려 하지 않고, 추울 때에는 불을 떠나려 하지 않고, 물을 건널 때에는 좋은 배를 떠나지 않고, 질병으로 고통스러울 때에는 훌륭한 의사를 떠나서는 안 되는 것과 같다. 그러므로 보살은 언제나 부처님을 떠나지 않는다. 왜냐하면 부모나 친한 벗이나 인천人天의 왕 등은 나에게 고해苦海를 건네주는 유익함을 줄 수 없고 오직 불세존만이 나를 고해에서 벗어나게 하니, 그러므로 언제나 부처님을 떠나지 않겠다고 생각해야 한다.'라고 하였다."

또 『선생경善生經』에서는 "어떤 사람이 삼귀의三歸依 계를 받는다면 얻는 과보가 이루 다할 수 없을 것이니, 마치 온 나라 사람들이 7년간 꺼내도 다 꺼낼 수 없는 사대주의 보배창고와 같다. 삼귀의 계를 받는 것은 이보다 복이 더 많아서 이루 다 헤아릴 수 없다."라고 하였으며, 또 『교량공덕경校量功德經』에서는 "사대주에 이승의 과果를 가득 채우고 어떤 사람이 몸이 다하도록 공양 올리며 탑을 세우는 데 이르더라도 이는 선남자와 선여인이 '저(某甲)[1]는 불법승에 귀의합니다.'라고 하는 것보다 못하니, 그가

---

1 『慈悲解』에서는 "모某는 나무 위의 단것으로 이를 과실이라 한다. 갑甲은 (그중) 하나를 말하니 즉 과실의 하나이다."라고 하였으니, 내가 바로 만물 중의 과실이며 한 개라는 말이다. 또 모某는 확정하지 않은 말이며, 또는 모某로써 이름을 대신하기도 한다.

얻는 공덕을 헤아릴 수 없다."[iii]라고 하였으니, 여러 복 중에 삼보가 수승하기 때문이다.

### 求歸三寶功益

『敬儀』云: "是知初心後進, 必須憑師善友,[1] 今依止三寶, 常樂親近. 故『大智論』云: '若菩薩未入法位, 遠離諸佛, 壞諸善根, 沒在煩惱, 身[2]不能度, 安能度人? 是故不應遠離諸佛, 譬如嬰兒不離其母, 行道不離糧[3]食, 熱時不離凉風, 寒時不欲離火, 渡[4]水不離好船, 病苦不離良醫, 是故菩薩常不離佛. 何以故? 父母親友人天王等, 不能益我度諸苦海. 唯佛世尊, 令我出苦, 是故常念不離諸佛.'" 又如『善生經』云: "若人受三自歸, 所得果報, 不可窮盡, 如四大寶藏, 擧國人民, 七年之中, 運出不盡. 受三歸者, 其福過彼, 不可稱計." 又『校量功德經』云: "四有洲中, 滿二乘果, 有人盡形供養, 乃至起塔, 不如男子女人作如是言: '我某甲【『慈悲解』云: "某者, 木上之甘, 謂之實也. 甲者, 謂之一也, 卽實一也." 言我卽是萬物之中實是一數也. 又某者, 不定之辭. 又某以代名也.】歸依佛法僧.' 所得功德, 不可思議", 以諸福中三寶勝故.

---

1) ㉭'友'는 '交'로 되어 있는 곳도 있다. 2) ㉭'身'은 '自'로 되어 있는 곳도 있다. 3) ㉭'糧'은 '粮'으로 되어 있는 곳도 있다. ㉕'糧'은 '粮'과 통용된다. 4) ㉭'渡'는 '度'로 되어 있는 곳도 있다.

# 주

i 만약 보살이~생각해야 한다 : 『大智度論』(T25, 275c3~276a2)에는 다음과 같이 나온다. "有菩薩未入菩薩位·未得阿鞞跋致受記別故, 若遠離諸佛, 便壞諸善根, 沒在煩惱, 自不能度, 安能度人! 如人乘船, 中流壞敗, 欲度他人, 反自沒水; 又如少湯投大氷池, 雖消少處, 反更成氷. 菩薩未入法位, 若遠離諸佛, 以少功德·無方便力, 欲化衆生, 雖少利益, 反更墜落! 以是故, 新學菩薩不應遠離諸佛. …(중략)…譬如嬰兒不應離母, 又如行道不離糧食, 如大熱時不離涼風冷水, 如大寒時不欲離火, 如度深水不應離船, 譬如病人不離良醫; 菩薩不離諸佛, 過於上事. 何以故? 父母·親屬·知識·人·天王等皆不能如佛利益; 佛利益諸菩薩, 離諸苦處, 住世尊之地. 以是因緣故, 菩薩常不離佛."

ii 이로써 초심자와~라고 하였다 : 『釋門歸敬儀』(T45, 865c14~c21).

iii 사대주에 이승의~수 없다 : 『佛說希有挍量功德經』(T16, 784a9~21)에는 다음과 같이 나온다. "爾時, 世尊復告阿難: '且置閻浮提. 假使西瞿陀尼縱廣八千由旬, 其地形狀猶如半月, 皆悉滿中斯陀含人, 譬如竹葦·甘蔗·稻麻. 若有善男子·善女人滿二百年, 復以世間種種四事, 供養如前, 乃至滅度之後, 收其舍利起七寶塔, 一一寶塔, 亦以華香·燈燭·伎樂·繒蓋·幢幡種種供養. 於汝意云何? 彼善男子·善女人得福多不?' 阿難白佛: '甚多. 世尊!' 佛言: '阿難! 不如是善男子·善女人以淳淨心, 作如是言: 我今歸依佛·歸依法·歸依僧. 所得功德, 於彼福德百分不及一, 千分不及一, 億分不及一, 百千億分不及一, 乃至算數譬喩所不能及.'"

# 삼보의 이름과 모습을 나열해 보이다

『귀경의』에서는 다음과 같이 말하였다.

"그러나 삼보는 공경히 뵙는 존귀한 대상이기에 그 모습을 밝히겠다. 수행자가 '상주하는 법신에게 목숨 바쳐 귀의한다.'라고 하니, 이른바 여래께서는 십력十力·사무소외四無所畏·오안五眼·육통六通·십팔불공법十八不共法·대자대비·삼념처三念處[1] 등과 일체종지一切種智·무상조어無上調御·공덕지혜·미묘청정을 성취하여 광대하기가 법계法界와 같으며 마침내는 허공과 같아, 세간을 편안히 위로하며 일체를 널리 덮어 주되 거리끼거나 분별하는 바가 없으니, 이는 지혜로써 알 수 없으며 식식으로도 알 수 없다. 그러나 32상相과 80종호를 나타내 보여 늘 오른손을 들어 중생들을 편안히 제접하며, 큰 광명을 놓아 무명의 어둠을 제거하며, 온갖 복으로 장엄하고 온갖 덕이 원만하여 감로의 비를 내려 주고 정법의 바퀴를 굴리며, 중생들을 구제해서 이익되게 하며 생사의 바다를 벗어나게 하니, 그러므로 이를 뭇 성인 중에 존귀하신 가장 높은 법왕法王인 부처님이라 한다.

십이부경十二部經[2]은 상·중·하가 좋으며,[3] 청정한 이치를 자연히 구족

---

1 염념은 능연能緣인 혜慧를 말하며, 처處는 부증불감不增不減한 평등한 이치를 말한다. 첫째, 일심으로 법을 들어 근심하지 않는 것이고, 둘째, 일심으로 법을 들어 기뻐하지 않는 것이고, 셋째, 늘 사심捨心을 행하니 법계 중에 감퇴하는 상相을 얻을 수 없기 때문이며, 증진하는 상을 얻을 수 없기 때문이며, 그대로 열반상이기 때문이다.
2 범어로는 첫째, 수다라修多羅이고, 둘째, 기야祇夜이고, 셋째, 화가나和伽那이고, 넷째, 가타伽陀이고, 다섯째, 우타나優陀那이고, 여섯째, 니타나尼陀那이고, 일곱째, 아파타나阿波陀那이고, 여덟째, 이제목다가伊帝目多伽이고, 아홉째, 사타가闍陀加이고, 열째, 비불략毘佛畧이고, 열한째, 아부달마阿浮達摩이고, 열두째, 우파제사優波提舍이다. 중국 말로는 첫째, 계경契經이고, 둘째, 중송重頌이고, 셋째, 수기授記이고, 넷째, 고기孤起이고, 다섯째, 무문無問이고, 여섯째, 인연因緣이고, 일곱째, 비유譬喩이고, 여덟째, 본사本事이고, 아홉째, 본생本生이고, 열째, 방광方廣이고, 열한째, 미증유未曾有이고, 열두째, 논의論義이다.*
 *범어로는~논의論義이다 : 이 주는 성화본 『緇門警訓』에 그대로 나온다.
3 상·중·하가 좋다는 것은 부처님이 설하신 법이 이치에 맞고 근기에 맞으므로 '좋다'라

하였으며, 청정한 행을 열어 보인 가장 최상의 법이며, 피안에 이르게 하는 매우 깊은 실상實相이다. 또 평등한 대지혜와 자성 청정을 갖추어 마음 가는 곳이 소멸되고 언어의 길이 끊어지도록 하며, 이 정법은 대상경계에 걸림이 없어 중생들에게 연설하였으되 진실한 이치에 어긋남이 없으니, 그러므로 이 위없는 출세간의 양약으로 중생의 끝없는 번뇌를 소멸시킨다.

삼승의 청정한 승려는 행하는 삼혜三慧[4]가 보살도이니 큰 서원의 갑옷을 입고 정진의 말을 채찍질하며, 인욕의 활을 잡고[5] 지혜의 화살을 쏘아 번뇌의 적을 죽인다. 직심直心과 심심深心으로 위없는 제일의 평등한 바른 도에 결정코 나아가서 염불·염법·염승을 떠나지 않고 제불의 일체 말과 가르침을 받아 행하며, 늘 육바라밀로써 모든 중생을 제도하고 늘 사섭법으로써 모든 함식含識들을 거두니, 존귀한 분이 되고 이끄는 분이 되며 의지처가 되고 구제처가 되어 중생을 불보리의 도에 안치한다. 그러므로 이들을 승僧이요, 법다운 친구요, 좋은 벗이라 하니 늘 방편으로 세간을 이익되게 하므로 훌륭한 복전福田이며 참으로 공양 올릴 만한 분이다."[i]

### 列示三寶名相

『歸敬儀』云: "然三寶爲敬謁之尊, 是以明其相狀. 行者云: '歸命常住法身',

---

고 한 것이다. 만약 교화되는 근기를 기준한다면, 성문을 위해서는 사제四諦를 설하니 하下가 되고, 연각을 위해서는 십이인연을 설하니 중中이 되며, 보살을 위해서는 육바라밀을 설하니 상上이 된다. 한 번의 법석을 기준하면 서분이 상이 되고, 정종분이 중이 되며, 유통분이 하가 된다. 한 번의 교화를 기준하면 『華嚴經』이 상이 되고, 『涅槃經』이 하가 되며, 다른 경이 중이 된다.

4 문문·사사·수수이다.*
  *문문·사사·수수이다 : 이 주는 성화본 『緇門警訓』에 그대로 나온다.
5 『法界次第初門』에서는 "안으로는 마음이 편안하여 참을 수 있고, 밖으로는 욕되는 바가 없으므로 이를 인욕忍辱이라 한다."*라고 하였다.
  *안으로는~한다 : 『法界次第初門』 권하(T46, 686c23~24).

所謂如來成就十力·四無所畏·五眼·六通·十八不共法·大慈大悲·三念處等·【念謂能緣之慧, 處謂不增不減平等之理. 一一心聽法不憂, 二一心聽法不喜, 三常行捨心, 以法界中減退相不可得故, 增進相不可得故, 即是涅槃相故.】一切種智·無上調御·功德智慧·微妙淸淨, 廣大如法界, 究竟如虛空, 安慰世間, 普覆一切, 無障無礙, 無所分別, 不可以智知, 不可以識識, 而能示現三十二相·八十種好, 常擧右手, 安接衆生, 放大光明, 除無明暗, 百福莊嚴, 萬德圓滿, 雨甘露雨, 轉正法輪, 濟益衆生, 出生死海, 是故號佛衆聖中尊無上法王. 十二部經【梵語: 一修多羅, 二祇夜, 三和伽那, 四伽陀, 五優陀那, 六尼陀那, 七阿波陀那, 八伊帝目多伽, 九闍陀加,[1] 十毘佛畧, 十一阿浮達摩, 十二優波提舍. 唐言: 一契經, 二重頌, 三授記, 四孤起, 四無間,[2] 六因緣, 七譬喩, 八本事, 九本生, 十方廣, 十一未曾有, 十二論義.】[3] 上中下善【上中下善者, 佛所說法, 契理契機, 故云善. 若約化機, 則爲聲聞, 說四諦, 爲下; 爲緣覺, 說十二因緣, 爲中; 爲菩薩, 說六度, 爲上. 約一席, 則序分爲上, 正宗爲中, 流通爲下. 約一化, 則華嚴爲上, 涅槃爲下, 餘經爲中.】義味淸淨, 自然具足, 開現梵行, 最上第一, 度於彼岸, 甚深實相, 平等大慧, 自性淸淨, 心行處滅, 言語道斷, 而此正法, 境界無礙, 爲衆生說, 不違實義, 由是無上出世良藥, 破滅衆生無始煩惱. 三乘淨僧, 所行三慧,【聞思修也.】[4] 是菩薩道, 披弘誓鎧, 策精進馬, 執忍辱弓,【『法界次第』云: "內心能安忍, 外無所辱, 故名爲忍辱."】放智慧箭, 殺煩惱賊. 直心深心, 決之正趣無上第一平等正道, 不離念佛念法念僧, 受行諸佛一切言敎, 常以六度, 度諸衆生, 常以四攝, 攝諸含識, 爲尊爲導, 爲依爲救, 安置衆生佛菩提道, 是故號僧, 法朋善友, 常以方便, 利益世間, 是良福田, 眞供養者."

---

1) ㉱ '加'는 '伽'로 되어 있는 곳도 있다.  2) ㉱ '間'은 '問'으로 되어 있는 곳도 있다.
3) ㉱ 梵語~十二論義 : 이 글자들은 원문의 협주이다.  4) ㉱ 聞思修也 : 이 글자들은 원문의 협주이다.

# 주

i 그러나 삼보는~만한 분이다 : 『釋門歸敬儀』(T45, 864b26~c20).

## 계법에 따라 삼보를 주지한다

『사분율행사초자지기』에서는 다음과 같이 말하였다.

"삼보에는 네 가지가 있으니 일체一體와 이체理體는 이치에서 논한 것이고, 화상化相이라는 한 가지는 부처님의 세상에 국한시켜 든 것이고, 주지住持라는 한 지위는 삼시三時를 통틀어 영향을 미친다. 계법의 힘으로 공덕이 끊어지지 않고 운행되는 것이 마치 배와 같으니, 어째서 그러한가? 불보와 법보는 모두 승려를 의지해서 넓혀지고, 승보가 보존되는 것은 계법이 아니면 이루어지지 않기 때문이다. 예컨대 「표종標宗」편에서는 '(계를) 따르면 삼보가 머물러 지켜지고(住持), 어기면 정법을 뒤집어 소멸시킨다.'라고 하였고, 또 『화엄경』에서는 '위의威儀와 교법을 갖추어 수지하여야 삼보를 끊어지지 않게 할 수 있다……'라고 하였다."[i]

**三寶住持全由戒法**

『資持』云: "三寶四種: 一體·理體, 就理而論; 化相一種, 局據佛世; 住持一位, 通被三時, 功由戒力, 運載不絶, 故如舟焉, 何以然耶? 由佛法二寶, 並假僧弘; 僧寶所存, 非戒不立, 如「標宗」中, '順則三寶住持, 違則覆滅正法.' 又如『華嚴』云: '具足受持威儀敎法, 能令三寶不斷等.'"

# 주

i 삼보에는 네~라고 하였다 : 『四分律行事鈔資持記』 권상(T40, 160c9~c14).

# 이치삼보의 공덕이 높아서 귀의하는 이익이 크다는 것을 밝히다

『귀경의』에서는 다음과 같이 말하였다.

"이 삼보는 늘 세상에 상주하고 세간법에 업신여김을 당하지 않기 때문에 보배(寶)라고 부르니 세간의 진귀한 보배가 세간에 소중한 바가 되는 것과 같다. 지금 이 삼보는 여러 중생들과 삼승三乘·칠중七衆[i]이 귀의해서 우러르는 바이기 때문에 '바로 귀의한다(正歸)'라고 하였다. 만약 전일한 믿음이 없이 잡되게 삿된 신을 섬긴다면 비록 귀경계를 받더라도 성스러운 법을 얻을 수 없다. 그러므로 경전에서는 '부처님께 귀의歸依하는 자를[1] 참으로 청신사淸信士라 할 수 있으니,[2] 끝내 다른 여러 천신들에게 망령되이 귀의하지 않는다.'라고 하였으니 이것이 무슨 까닭인가?

참된 삼보는 성품과 상相이 상주하여 중생들의 귀의를 받을 수 있지만 나머지 천신들은 몸과 마음이 괴롭고 인위적으로 행함이 있고 번뇌가 있으며 능력이 없어서 스스로도 구할 겨를이 없는데 어찌 중생을 구할 수 있겠는가? 오직 세간을 벗어난 삼보만이 지킬 힘이 있다. 귀의歸依라고 말한 것은 예컨대 왕의 힘에 의지하면 침해받지 않을 수 있듯이 지금 바른 삼보에 의지하면 위엄 있는 복이 끝이 없기 때문이다.

그러므로 신룡神龍으로 하여금 금시조金翅鳥에게 잡아먹힘을 면하게 하였고,[3] 청신사로 하여금 야차夜叉의 난관을 뛰어넘게 하였으니[4] 다섯 가지

---

1 삿된 것을 버리고 바른 것으로 돌아가는 것을 귀歸라 하고, 부처님이 설하신 바에 의지하는 것을 의依라 한다.
2 청신淸信에서 청淸은 겉과 속이 모두 청정하여 때가 다 없어진 것이고, 신信은 삿된 것을 믿지 않는 바른 것이니, 그러므로 청신이라 하였다.
3 (금시金翅는) 범어로 가루라迦樓羅이며, 한역하면 금시이다. 그 몸이 매우 크고 양 날개를 펼치면 서로의 거리가 356만 리나 되며, 용을 먹잇감으로 삼는데 날마다 5백 마리를 먹는다. 묘고산妙高山 하층의 철차대수鐵叉大樹에서 사는데, 날아갈 때에 수미산이 아

• 79

삼귀[5]가 모두 이 삼보에 귀의한다.

혹은 동상삼보同相三寶라고도 하는데, 이치상 삼세에 통하고 시방을 다 아우르니 상주하는 삼보가 이것으로 지극한 것을 삼기 때문이다. 경전에서는 '만약 사람이 상주常住라는 두 글자를 깨닫게 되면 이 사람은 세세생생 악취에 떨어지지 않을 것이다.'[iii]라고 하였는데, 이것은 무슨 까닭인가? 법보와 불보의 본성이 항상함을 알기 때문이다. 일시에 듣고 알아 본래의 식심을 훈습하여 업의 종자가 이미 이루어져서 청정한 믿음을 잃지 않는데 하물며 서원을 세우고 귀의하여 받들어 스승으로 삼음에 있어서랴! 진실로 오랜 겁 동안 청정하고 수승하여 이치상 함몰됨이 없을 것이다. 예컨대 경전에서 '어떤 사람이 삼귀의 계를 받으면 미륵의 첫 번째 회상에서 생사를 해탈할 것이다.'라고 한 것과 같으니, 삼보는 바로 고해를 벗어나는 나루터와 교량이며 불법에 들어가는 사다리이다."[iv]

**明理三寶功高歸之益大**

『歸敬儀』云: "由此三寶常住於世, 不爲世法之所凌慢, 故稱寶也, 如世珍寶

---

니면 머물지 않으며 철위산이 아니면 쉬지 않는다.
4 옛날에 외국의 산사에 나이 어린 비구가 있었는데, 매일 『法華經』을 독송하였다. 한번은 절 밖에서 경행하다가 나찰 여자 귀신을 만났는데, 귀신이 부인으로 변하여 다가와 비구를 유혹하였다. 비구가 유혹에 넘어가 마침내 그녀와 통정하였고, 통정한 후에 혼절하여 깨어나지 못하였다. 귀신이 그를 업고 날아가서 본거지로 돌아가 잡아먹고자 하였는데, 한 가람 위를 지나다가 비구가 귀신의 등 위에서 『法華經』 독송 소리를 듣고는 약간 깨어나 마음속으로 은연중에 이를 외웠다. 그러자 귀신이 곧 무겁게 느끼면서 점차 땅으로 내려와 그를 버리고는 가 버렸다. 비구가 종소리를 듣고는 절에 들어가 그 자초지종을 얘기했다. 그러나 고향과의 거리를 따져 보니 2천여 리나 되었다. 모든 승려들이 "이 사람은 중죄를 범했으니 함께 머물 수 없다."라고 하였는데, 한 상좌가 "귀신의 유혹에 빠진 것이지 자기 마음은 아니다. 이미 벗어났고 경전의 위신력을 나타냈으니 절에 머물면서 참회하도록 하는 것이 옳다."라고 하였다. 후에 고향 소식을 가지고 온 사람을 만나서는 그 비구를 보내 주었다.
5 번사삼귀翻邪三歸·오계삼귀五戒三歸·팔계삼귀八戒三歸·십계삼귀十戒三歸·구족계삼귀具足戒三歸이다.

爲世所重. 今此三寶, 爲諸群生·三乘七衆之所歸仰, 故云正歸. 若無專信, 雜事邪神, 雖受歸戒, 不得聖法, 故經云: '歸依於佛者,【捨邪還正曰歸, 憑佛所說曰依.】眞名淸信士,【淸信者, 淸是表裡俱淨, 垢穢皆盡. 信是正不信邪, 故言淸信.】終不妄歸依其餘諸天神.' 斯何故耶? 以眞三寶性相常住, 堪爲物依. 自餘天帝, 身心苦惱, 有爲有漏, 無力無能, 自救無暇, 何能救物? 唯出世寶, 有力能持. 言歸依者, 如憑王力, 得無侵害, 今憑正寶, 威福無涯, 故使神龍免金翅之誅,【梵云迦樓羅, 此云金翅, 其軀甚大, 兩翅展時, 相去三百五十六萬里, 以龍爲食, 日噉五百, 居鐵叉大樹, 住妙高下層. 若飛擧時, 非須彌不住, 非鐵圍不居.】信士超夜叉之難,【昔外國山寺, 有年少比丘, 每誦『法華』. 甞於寺外經行, 遇羅刹女鬼, 變爲婦人, 來嬈比丘. 比丘被惑, 遂與之通, 通後神昏無覺. 鬼負飛行, 欲返本處, 規規將噉, 從一伽藍上過, 比丘在鬼背上, 聞誦法華, 因即少惺, 心暗誦之. 鬼便覺重, 漸漸近地, 棄之而去. 比丘聞鐘入寺, 陳其本末. 然計去鄕二千餘里. 諸僧云: "此人犯重, 不可同止." 有一上座云: "爲鬼所惑, 非是自心, 旣能脫免, 現經威力, 可住寺令懺." 後遇鄕信, 乃發遣之.】五種三歸,【翻邪三歸, 五戒三歸, 八戒三歸, 十戒三歸, 具足戒三歸.】皆歸此寶. 或即名之同相三寶, 由理通三世, 義盡十方, 常住三寶, 此爲至極. 經云: '若人得聞常住二字, 是人生生, 不墮惡趣.' 斯何故耶? 以知法佛本性常故. 一時聞解, 熏本識心, 業種旣成, 淨信無失, 況能立願歸依, 奉爲師範! 固當累劫淸勝, 義無陷沒, 如經: '有人受三歸依, 彌勒初會, 解脫生死.' 此乃出苦海之津梁, 入佛法之階位."

## 주

i 칠중七衆 : 사미·사미니·비구·비구니·식차마나·우바새·우바이를 말한다.
ii 부처님께 귀의歸依하는~귀의하지 않는다 :『大般涅槃經』권8(T12, 409c14~15)에는 다음과 같이 나온다. "歸依於佛者, 眞名優婆塞, 終不更歸依其餘諸天神."
iii 만약 사람이~않을 것이다 :『大般涅槃經』권7(T12, 647b1~8)에는 다음과 같이 나온다. "善男子! 若復有人不知如來甚深境界常住不變, 微密法身謂是食身·非是法身, 不知如來道德威力, 是名爲苦. 何以故? 以不知故, 法見非法·非法見法, 當知是人必墮惡趣·輪轉生死·增長諸結·多受苦惱. 若有能知如來常住·無有變異, 或聞常住二字音聲, 若一經耳即生天上. 後解脫時乃能證知如來常住, 無有變易."
iv 이 삼보는~들어가는 사다리이다 :『釋門歸敬儀』(T45, 857a19~b7).

# 주지삼보[1]

주지삼보는 다음과 같다. 사람이 도를 넓힐 수 있으니 만년토록 자비가 유포되었으며, 도가 사람을 의지해서 넓혀지니 삼법(불·법·승)이 여기에서 지위를 열었다. 마침내 대대로 흥기하고 곳곳마다 전파하였으니 승려에 의지하여 선양되지 않는다면 불법은 잠겨 없어질 것이다.

한나라 무제 때 국운이 융성했을[2] 시절에 이르러 처음으로 부처님의 명호를 들었으나[3] 승려를 통하여 전해지지 않았기 때문에 단서를 열은 것이 여기에서 그쳤다.

현종顯宗[4]에 이르러 불법을 개시하면서 멀리 신독身毒[5]을 방문하여 마등가와 축법란[6]을 모시고 오니(來儀),[7] (이들은) 가르침(聲敎)[8]을 널리 퍼트

---

1 진흙으로 빚었거나 나무로 조성한 것이 불보佛寶이고, 누런 책과 붉은 두루마리로 된 것이 법보法寶이며, 삭발하고 물들인 옷을 입은 것이 승보僧寶이니, 이를 주지삼보라 한다.
2 치적이 성대함이다.
3 『歷代三寶記』에서는 "한 무제漢武帝 원수元狩 원년(B.C. 122)에 곽거병霍去病이 흉노를 정벌하고 연산延山을 지나다가 휴도왕休屠王을 사로잡고 금인金人(불상) 12구를 얻어 왔는데 모두 길이가 1장 남짓이었다. 이를 큰 신으로 여겨서 감천궁甘泉宮에 나열해 놓고 향을 사르며 예배하였다. 후에 장건張騫이 대하大夏에 사신으로 갔다가 돌아온 후에야 신독국身毒國(인도)이 있음을 비로소 알게 되었다."라고 하였다.
4 후한 명제이니, 묘호廟號가 현종이다.
5 (신身은) 음이 간干이다. 『西域記』에서는 "천축의 명칭은 옛날에는 '신독', 혹은 '현두'라 하였는데 지금은 '인도'라 한다. 당나라 말로는 달(月)이니, 그 땅의 성현들이 계속 이어져 중생을 다스림이 마치 달빛이 비추어 주는 것과 같기 때문이다."[*]라고 하였다.
  [*]천축의~때문이다 : 『大唐西域記』 권2(T51, 875b16~23)에는 다음과 같이 나온다. "詳夫天竺之稱, 異議糾紛, 舊云身毒, 或曰賢豆, 今從正音, 宜云印度. 印度之人, 隨地稱國, 殊方異俗, 遙擧總名, 語其所美, 謂之印度. 印度者, 唐言月. 月有多名, 斯其一稱. 言諸群生輪迴不息, 無明長夜莫有司晨, 其猶白日既隱, 宵燭斯繼, 雖有星光之照, 豈如朗月之明. 苟緣斯致, 因而譬月. 良以其土聖賢繼軌, 導凡御物, 如月照臨."
6 마등가摩騰迦와 축법란竺法蘭 두 보살(開士)이다. 황제가 금인을 꿈꾸고는 사신을 보내어 구해 오도록 하였는데 사신이 월지국에서 두 사람을 만나 함께 왔다.

려서 중생을 깨닫게(開物) 하는 것으로 임무를 삼고(成務)⁹ 믿음을 일으켜 귀의하게 하였다. (이들은) 불법을 연설하는 수고로움을 진실로 의지하였고¹⁰ 형상의 힘을 참으로 의지하였으니,¹¹ 이를 '승보'라 한다.

말씀하신 명구名句는 진리를 표현하는 것으로 우선을 삼으니 진리는 글이나 말이 아니면 깨닫게 할 길이 없으므로 교敎라고 하였으니, 말하고 듣는 인연을 '법보'라 하였다. 이 이치는 깊고도 오묘하여 성인聖人이 아니면 알 수 없으니, 성인이 비록 돌아가셨지만 진영眞影과 형상을 세운 것을 '불보'라 한다. 다만 중생들이 복이 얕아 교화의 근원에는 미치지 못하지만 밑천이 조금 남아 있기에 오히려 물려주신 법을 만난 것이다.

이 주지삼보는 그 바탕이 유위有爲이므로 유루有漏와 염법染法을 갖추고 있어 공경하기에 부족하나 이성삼보理性三寶ⁱ가 의지하는 대상이므로 존중하여야 하니 형상이 이치에서 출생했기 때문이다.¹² 이는 마치 세속에서 왕의 사신이 변두리 지방을 순찰하며 돌 때, 그 형상을 따지지 않기 때문에 왕과 사신을 동일하게 공경하는 것과 같다.¹³

---

7 (내의來儀는) 『書經』에서는 "소소簫韶를 아홉 번 연주하자 봉황이 와서 춤을 추었다."* 라고 하였다.
  * 소소簫韶를~추었다 : 『書經』 「益稷」편에 나오는 말로 소소簫韶는 순임금이 창작했다는 악곡의 이름이며 성군이 나와서 태평성대가 도래했음을 나타낸 표현이다. 여기서는 마등가와 축법란 같은 걸출한 인물이 나와서 불교의 가르침을 펴게 되었으므로 '내의來儀'라고 표현하였다.
8 여기에서 떨쳐 일으키면 멀리 있는 자가 들으므로 이를 성聲이라 하고, 여기에서 본보기를 보이면 가까이 있는 자가 본받으므로 이를 교敎라 한다. 또는 부처님께서 설법하는 음성으로써 중생을 교화하였기 때문에 불경을 성교聲敎라 한다.
9 개물開物은 사람들이 아직 알지 못하는 것을 일깨워 주는 것이고, 성무成務는 사람들이 하고자 하는 것을 온전히 이루어 주는 것이다.
10 가르침을 널리 펴서 유통시키는 것이다.
11 부처님의 위의 있는 모습을 형상화해서 (불법을) 유지되게 하는 것이다.
12 이성삼보에서 주지삼보가 생겨난다.
13 제왕은 제후의 나라를 친히 순회하며 시찰할 수 없으므로 다만 사신이 명을 받들고 갈 뿐이다. 그러나 백성과 관리들이 두려워하며 분주하게 명을 받들기를 제왕과 다름없게 한다.

경전에서는 "예컨대 세상에 은이 있더라도 금을 최고의 보물이라 하고, 은이 없고 놋쇠만 있더라도 또한 금을 무가보無價寶(값을 따질 수 없는 보배)라 할 것이다."라고 하였으니, 그러므로 말삼보(住持三寶)를 공경하기를 또한 진삼보(實相三寶)와 같게 해야 한다. 이제 공경을 더하지 않고 게다가 존중할 곳이 없다면 마음을 어디에 의지할 것이며 어디에 기탁하여 귀의할 마음을 일으키겠는가? 그러므로 응당 몸은 신령스러운 위의(를 지닌 불상)를 공경하고 마음은 진리에 둘 것이니, 인연 따라 인도하고 교화를 베푸는 것은 그 이치상 이것을 지극히 하여야 한다. 경전에서는 "보리알만 한 불상을 조성하더라도 무량한 복덕을 얻는다."라고 하였으니[14] 법신의 기물이기 때문이다.

『논』에서는 "쇠와 나무와 흙과 돌은 그 바탕이 유정물은 아니지만 그것으로써 불상을 조성했기 때문에 공경하거나 훼손한 사람이 자연히 복락과 죄업을 얻는다."라고 하였으니, 법신을 표현해서 그 공능이 끝이 없게 한 것이다. 그러므로 마음이 있는 자가 이 신령스러운 불상을 대면해서 눈물 흘리며 자신도 모르게 더욱 공경하게 되니 다만 진짜 모습은 이미 사라지고 오직 남겨진 자취만 볼 뿐이다. 이는 마치 청묘淸廟에 임하여[15] 자연히 슬프고도 숙연하여 눈을 들고 감정을 억누르며 살아 계신 듯이 하여 의심치 않는 것과 같다.[16]

지금의 나도 그러하니, 자애로운 세존께서 오래 전에 떠나시고 오직 진

---

**14** 경전에서는 "만약 사람이 임종할 때에 보리알(麥麨)만 한 크기라도 불상을 조성하라고 말하면 삼세 80억겁 동안 나고 죽으며 지은 죄를 소멸시킬 수 있다."라고 하였다. 麨麨은 음이 광광廣廣이며 큰 보리이다.
**15** 청묘는 문왕의 묘이다. 귀신을 섬기는 도리는 청결을 숭상하기 때문에 청묘라 하였으니, 맑고 고요한 묘를 말한다. 묘廟는 '용모'이다. 죽은 자를 만날 수가 없기 때문에 궁실을 세웠으니, 그러므로 죽은 이의 용모와 비슷하게 한 것이다.
**16** 주공이 문왕의 묘역에서 비통해 하며 엄숙히 공경함을 마치 살아 계실 때처럼 하였으니 엄연히 의심하지 않았음을 말한다.

영과 불상만을 남겨 나의 아만의 깃대를 이끄셨으므로 반드시 몸을 기울여 발에 예배하며 마치 살아 계신 부처님이 설법해 주심을 대하듯 예경해야 한다. 지금 뵙지 못하고 듣지 못함은[17] 마음에 믿음이 없어서이다. 어떻게 아는가? 마음으로 헤아리는 것에 의해 삼계도 이루어지는데 어찌 이 한 무리가 완고하고 어리석어 움직이지 않는가?[18] 『대지도론』에서는 "모든 부처님이 항상 광명을 내며 설법하지만 중생은 죄업 때문에 마주하고도 보지 못한다."라고 하였으니, 이는 하나의 불상만 그러할 뿐 아니라 여타의 불상도 그러하다. 숲속에 석불상을 세울 때에 상호相好를 따라 표시해서 세울지니 나의 마음길을 이끄는 것으로는 성스러운 불상보다 더한 것이 없다.

**住持三寶**【泥龕塑像爲佛, 黃卷赤軸爲法, 剃髮染衣爲僧, 是名住持三寶.】
住持三寶者, 人能弘道, 萬載之所流慈, 道假人弘, 三法於斯開位, 遂使代代興樹, 處處傳弘, 匪假僧揚, 佛法潛沒. 至如漢武崇盛,【治業之盛.】初聞佛名,【『三寶記』云: "漢武元狩元年, 霍去病伐匈奴, 過延山, 擒休屠王, 獲金人十二來, 皆長丈餘, 以爲大神, 列甘泉宮, 燒香禮拜. 後張騫使大夏還後, 始知有身毒國."】旣絶僧傳, 開緖斯竭. 及顯宗【後漢明帝, 廟號顯宗.】開法, 遠訪身【音干.】毒【『西域記』云: "天竺之稱, 舊云身毒, 或云賢豆, 今云印土. 唐言月, 以其土聖賢相繼御物, 如月照臨故."】, 致有迦·竺【摩騰迦·竺法蘭, 二開士也. 帝夢金人, 遣使求之, 遇二人於月支而偕來.】來儀,【『書』云: "韶簫九成,[1)] 鳳凰來儀."】演布聲敎【振擧於此, 遠者聞焉, 故謂之聲; 軌範於此, 近者効焉, 故謂之敎. 又佛以說法音聲, 敎化衆生, 故謂佛經爲聲敎也.】, 開物成務,【開物者, 謂人所未知者, 開發之; 成務者, 謂人之欲爲者, 成全之.】發信歸心, 實假敷說之勞,【敷宣敎說, 以流

---
**17** 지금은 부처님을 뵙지 못하고 설법을 듣지 못한다.
**18** 이제 이 한 무리의 승려들이 완고하고 무지하여 마음을 일으켜 부처님께 감동하지 않는가?

通也.}誠資相狀之力;{像佛儀容, 以住持也.} 名僧寶也. 所說名句, 表裡[2]爲先, 理非文言, 無由取悟, 故得名敎, 說聽之緣, 名法寶也. 此理幽奧, 非聖莫知, 聖雖云亡, 影像斯立, 名佛寶也. 但以群生福淺, 不及化源, 薄有餘資, 猶逢遺法. 此之三寶, 體是有爲, 具足漏染, 不足陳敬, 然是理寶之所依持, 有能遵重, 相從出有,{從理性, 出生住持三寶也.} 如俗王使巡歷方隅, 不以形徵, 故敬齊一.{帝王不能親自巡狩, 只以使者御命而去. 民吏畏懼, 奔走承命, 與王無異.} 經云: "如世有銀, 金爲上寶, 無銀有鍮, 亦稱無價." 故末三寶, 敬亦齊眞. 今不加敬, 更無尊重之方, 投心何所, 起歸何寄? 故當形敬靈儀, 心存眞理, 導緣設化, 義極於斯. 經云: "造像如麥, 獲福無量,{經云: "若人臨終, 發言造像, 乃至如麥䴬, 能除三世八十億劫生死之罪." 䴬音廣, 大麥也.} 以是法身之器也." 論云: "金木土石, 體是非情, 以造像故, 敬毀之人, 自獲罪福." 莫不表顯法身, 致令功用無極. 故使有心行者, 對此靈儀, 莫不涕泣橫流, 不覺加敬, 但以眞形已謝, 唯見遺蹤, 如臨淸廟,{淸廟, 文王之廟, 事神之道, 尙潔, 故曰淸廟, 謂淸靜之廟. 廟者, 皃也, 死者不可得見, 故立宮室, 所以彷彿先人之容皃也.} 自然悲肅, 擧目摧感, 如在不疑.{言周公臨廟, 悲感肅恭, 猶若生時, 儼然不疑也.} 今我亦爾, 慈尊久謝, 唯留影像, 導我慢幢, 是須傾屈接足, 而行禮敬, 如對眞儀而爲說法. 今不見聞,{今不見佛, 不聞說法.} 心由無信, 何以知耶? 但用心所擬, 三界尙成, 豈此一堂, 頑痴不動?{今此一堂之僧, 頑然無知, 而不能起心感佛耶?} 『大論』云: "諸佛常放光說法, 衆生罪故, 對面不見." 是須一像旣爾, 餘像例然. 樹石山林, 隨相標立, 導我心路, 無越聖儀.

---

1) ㉯ '韶簫九成'은 『書經』에는 '簫韶九成'으로 나온다. 2) ㉯ '裡'는 '理'로 되어 있는 곳도 있다.

**┃주**

i 이성삼보理性三寶 : 동체삼보同體三寶를 말한다. 삼보의 명칭은 다르지만 근본 체성은 하나라는 것이다. 깨달음 자체, 즉 진여眞如를 불·법·승이 똑같이 갖추고 있으므로 진여를 증득하면 삼보를 같이 얻는다는 것이다.

# 화상삼보

화상삼보化相三寶는 석가여래를 불보佛寶로 삼고, 설법한 멸성제滅聖諦를 법보法寶로 삼으며, 고苦가 다한 선각자를 승보僧寶로 삼는 것을 말한다. 이 화상삼보는 혹 별상삼보別相三寶라고도 하는데, 체體는 항상함이 없어서 사상四相에 의해 변천하지만 입멸한 지 천 년이 지나더라도 멀리 미루어 더욱 공경을 더할 수 있으며, 현겁賢劫 중에[1] 삼불三佛 이후로 네

---

[1] 『大悲經』에서는 "겁이 이루어지려 할 때에 세계가 다 하나의 물이 된다. 정거천자淨居天子가 천안통으로 대천세계를 보니 오직 하나의 큰물에 여러 연꽃이 있었는데, 낱낱의 꽃에 각각 천 개의 잎이 있어 매우 아름다웠다. 천자가 찬탄하였다. '훌륭하고 희유하구나! 이 겁에서 마땅히 천 명의 현인이 세상에 나올 것이다.'"*라고 하였다. 가깝게 3겁 동안 삼천불이 출세한 것으로 논의하자면, 과거의 장엄겁莊嚴劫에 천불이 출세하여 세계를 장엄하였으므로 이를 장엄겁이라 하며, 미래의 성수겁星宿劫에 천불이 출세한 것이 여러 별이 하늘을 수놓은 것과 같으므로 이를 성수겁이라 하며, 현재의 현겁賢劫에 천불이 출세하였으므로 이를 현겁이라 한다. 겁에는 성주괴공成住壞空이 있는데 저마다 스무 번의 증감이 있다. 부처님이 출현하심은 마땅히 주겁인데, 그 속에서 또 겁이 감소하기를 기다렸다가 흥기하신다. 현겁 중에 앞의 여덟 개의 감소한 겁에는 헛되이 지나가 부처님이 없으며, 아홉 번째 감소한 겁에 이르러서야 네 분의 부처님이 출현하신다. 사람의 수명이 6만 세일 때 구류손불拘留孫佛이 나오고, 4만 세일 때 구나함불拘那含佛이 나오며, 2만 세일 때 가섭불迦葉佛이 나오고, 1백 세일 때 석가불이 나온다. 사람의 수명이 30세일 때 석가의 법이 소멸하는데, 감소하는 것은 백 세에 1년 감소하며, 사람의 수명이 10세에 이르면 정명正命의 한계를 삼는다. 증가하는 것도 백 세에 1년 증가하는 것으로 정명을 삼는데, 증가하는 것이 8만 4천 세에 이른다. 또 4천 세가 감소할 때 미륵불이 출현하니, 석존이 입멸한 이후부터 이때에 이르기까지 계산해 보면 60억 세이다. 어떤 사람은 "56억만 세이니 이는 9번째 감소하는 겁이다."라고 하였다. 후에 11·12·13·14는 네 개의 감소하는 겁이니, 이때에는 부처님이 출현하심이 없다. 15번째 감소하는 겁에 이르러서는 995분의 부처님이 차례대로 나와서 교화한다. 말후에는 누지불樓至佛이 출현하여 뒤의 5겁 동안을 교화한다. 원컨대 불교를 공부하는 모든 이들은 간절히 나아가 공부해서 미륵불과 어긋나지 않도록 해야 할 것이다. 또 『大方廣佛華嚴經隨疏演義鈔』에서는 "삼겁을 지나 삼천불이 출세하시고, 그 이후로 6만 2천 겁 동안 헛되이 지나가 부처님이 없으니, 이를 무불겁無佛劫이라 한다."**라고 하였다. 후학들은 자세히 살펴볼지니, 번잡한 문장이라고 싫어하지 말라.

* 겁이~것이다 : 『大悲經』 권3(T12, 958a13~19)에는 다음과 같이 나온다. "此三千大千世界劫欲成時盡爲一水. 時淨居天以天眼觀見此世界唯一大水, 見有千枚諸妙蓮華, 一一蓮華各有千葉, 金色·金光大明普照, 香氣芬薰甚可愛樂. 彼淨居天因見此已,

번째 부처님이 없다면 중생들이 어디에 의지하겠는가? 고해에 오래도록 빠져서 해탈할 길이 없을 것이다.

그러므로 능인能仁께서 때에 맞추어 세상에 출현하여 삼아승지겁 동안 만행을 닦으신 공덕으로 터럭만 한 허물까지도 제거하여 법성이 맑게 모이고 작은 선행마저 갖추어 보신·화신이 미묘하셨다. 그 후로 도솔천에 탄생하고 왕궁에 강림하여 30세에 보리수 아래에서 성불하고 49년간 세상에 머물면서 교화하셨으니, 350차례 설법하시고 팔만사천법문을 연설하셨도다. 사해와 구주에서는 왕과 신하가 외호하였고, 인간 세계와 천상에서는 스승과 제자가 안에서 법을 전하였으니, 이익은 광대하며 전해진 법은 헤아리기 어렵다. 그러므로 다음과 같은 게송이 전한다.[2]

가령 부처님을 머리 위에 받들어 무수한 겁을 지나고
이 몸을 자리 삼아 삼천대천세계를 두루 다녀도
만일 법을 전하여 중생을 제도하지 못한다면
끝내 부처님의 은혜에 보답하지 못하리.

전법에는 다섯 가지가 있으니 첫째는 받아 지님(受持)이고, 둘째는 눈으로 읽는 것이고(看讀), 셋째는 소리 내어 암송하는 것(諷誦)이고, 넷째는 해설解說함이고, 다섯째는 베껴 쓰는 것(書寫)이다. 안팎으로 보호하여 유통시킨다면 불법승 삼보가 끊어지지 않을 것이다.

---

心生歡喜踊躍無量而讚歎言: '奇哉奇哉! 希有希有! 如此劫中當有千佛出興於世.'"
**삼겁을~한다:『大方廣佛華嚴經隨疏演義鈔』권40(T36, 305c17~18)에는 다음과 같이 나온다. "此後六萬二千劫, 空過無有佛, 名爲無佛劫."
2 『大智度論』의 게송이다. 게偈라는 것은 다함이니 뜻을 밝혀 다하기 때문이다.

## 化相三寶

化相三寶者, 謂釋迦如來爲佛寶也, 所說滅諦爲法寶也, 先智苦盡爲僧寶也. 此化相三寶, 或名別相, 體是無常, 四相所遷, 滅過千載, 但可追遠, 用增翹敬, 以賢劫中,【『大悲經』云: "劫欲成時, 世界盡爲一水. 淨居天子, 以天眼觀大千, 唯一大水, 有諸蓮華, 一一華各有千葉, 甚可愛樂. 天子讚言: '奇哉希有! 如此刧中, 當有千賢, 出興於世.'" 近以三劫三千佛出世爲論, 則過去莊嚴劫, 有千佛出世, 莊嚴世界, 故名莊嚴劫. 未來星宿劫, 千佛出世, 如星宿麗天, 故劫名星宿. 現在賢劫, 以千賢出世故, 劫名賢劫. 劫有成住壞空, 各有二十增減. 佛出須當住劫, 其中又待減劫而興, 賢劫中前八減劫, 空過無佛, 至第九減, 四佛出焉. 人壽六萬歲時, 拘留孫佛出, 四萬歲時, 拘那含佛出, 二萬歲時, 迦葉佛出, 一百歲時, 釋迦佛出. 若人壽三十歲時, 釋迦法滅, 減則百歲減一年, 至人壽十歲, 正命爲限; 增亦百歲增一年, 爲正命, 增至八萬四千歲. 又減四千歲時, 彌勒佛出, 從釋尊入滅已後, 至於此時, 計六十億歲. 一云: "五十六億萬歲, 是第九減劫也." 後十一十二十三十四, 是四減劫, 無佛出世. 至十五減劫, 有九百九十五佛, 次第出化. 末後樓至佛出, 化後五劫矣. 願諸學佛者, 切須進功, 不差彌勒耳. 又『華嚴鈔』云: "過三劫三千佛出世, 以後六萬二千劫, 空過無佛, 名無佛劫." 來學審看, 勿厭繁文.】三佛已往, 無我第四, 群生何依? 長淪苦海, 解脫無路. 是以能仁膺期出世, 三祇修鍊, 萬行功圓, 纖瑕去而法性凝淸, 片善具而報化微妙. 爾後上生兜率, 下降王宮, 三十歲居道樹成佛, 四十九年, 住世敎化, 說法三百五十度; 宣演八萬四千門. 王臣外護於四海九州; 師僧內傳於人間天上, 利益廣大, 傳法難思, 故有偈云:【『智論』偈也. 偈者, 竭也, 以其明義竭故.】"假使頂戴經塵劫, 身爲牀坐遍三千, 若不傳法度衆生, 畢竟無能報恩者." 傳法有五: 一受持, 二看讀, 三諷誦, 四解說, 五書寫. 外護內護流傳, 即佛法僧寶不斷也.

# 인종 황제가 삼보를 찬탄한 글

### 불보를 찬탄함

하늘 위와 하늘 아래에 금빛 신선 세존이시여!
한마음에 열 개의 명호와 사지四智와 삼신三身으로
오음五陰을 벗어나 육진六塵을 초월하셨네.
중생(生靈)들이 귀의하여 공경하니 능인이라 하네.[1]

### 법보를 찬탄함

모든 법은 오직 마음이요, 마음은 지극히 고요할 뿐이네.
그 한마음을 말미암아 온갖 행을 내니
깨달음을 등지면 망령되고 참된 진리 깨달으면 성인이네.
법문의 밝은 불성에 머리 숙여 예경하노라.

### 승보를 찬탄함

육바라밀을 부지런히 행하며 사은四恩[i]도 예사롭게 여기지 않으니
사람들의 안목이 되고 부처님을 돕는 나루와 교량이라네.
몸을 한 줄기 비에 적시고[2] 마음을 여러 향 내음에 물들이니[3]
불도가 여기저기에 있지 않은 곳이 없네.

---

1 일체중생에게 모두 신령스러운 깨달음이 있으므로 생령生靈이라 한다.
2 한 줄기 비는 부처님의 일미법을 비유하니, 모든 대사문들이 몸을 일미법의 빗줄기에 촉촉이 젖게 한다.
3 승보는 마음을 참된 계정혜 등의 오분향으로 물들인다.

仁宗皇帝讚三寶文

**讚佛**

天上天下, 金僊世尊.

一心十號, 四智三身.

度脫五陰, 超踰六塵.

生靈歸敬, 所謂能仁.【一切衆生皆有靈覺, 故曰生靈.】

**讚法**

萬法唯心, 心須至靜.

由彼一心, 能生萬行.

背覺爲妄, 悟眞則聖.

稽首法門, 昭然佛性.

**讚僧**

六度無懈, 四恩匪常.

爲人眼目, 助佛津梁.

體潤一雨,【一雨譬佛一味法也. 諸大沙門, 以身霑潤一味法雨也.】心熏衆香.【僧寶, 心染戒定慧五分眞香也.】

道無不在, 此土他方.

# 주

i  사은四恩 : 사은은 국왕·부모·스승·시주의 은혜이다.

## 대혜선사의 간경회향문

제가 업력의 마장으로 신령스런 뜻이 어긋나 버려 둔한 근기로 가는 곳마다 저절로 망념이 생겼습니다. 그리하여 (글귀가) 누락되고 뒤섞이며 전도되고 중첩되어 문장을 대하여서는 자의自意를 따르고 자구가 어긋났으며 청탁清濁의 바른 음을 어그러뜨리고 알음알이의 삿된 견해에 빠져 버렸습니다.

혹은 여러 일들이 의지를 빼앗기도 하여 마음이 경전에 있지 않았으며, 묻고 대답하고 일어나고 앉는 사이에 단절되고 막혀 버려 오래도록 송경하는 것을 게을리하였습니다. 그러다가 여러 일들로 인하여 화를 내기도 하여 정결해야 할 것이 때로는 더러운 티끌로 물들기도 했으며, 공경해야 할 것이 때로는 거만함으로 변질되기도 했습니다.

몸에 걸치고 입으로 먹는 것이 청정하지 못하고, 의관의 예법이 공손하지 못하며, 공양을 올림에 위의에 맞지 않고, 처소가 적절하지도 못했습니다. 처신이 잘못되고 오염되어 갖가지로 전일하지도 않고 성실하지도 못했으니, 크게 부끄럽고 두렵습니다.

삼가 바라옵건대, 제불 보살님과 법계·허공계의 일체 성현들과 호법선신과 천룡팔부 등은 자비로 애민히 여기셔서 죄업을 씻어 주시고 송경하는 공덕을 두루 원만하게 마칠 수 있도록 해 주소서.

제가 회향하옵나니, 마음에 염려스러운 것은 번역과 윤문이 혹여 틀렸거나, 주해를 한 것이 혹여 잘못되었거나, 전수해 준 것이 어긋났거나, 음석音釋이 착오가 났거나, 교감·대조·고친 것의 실수와 베껴 쓰고 판각할 때의 오류들이니 스승과 대중들에게 이 모든 것을 참회합니다. 부처님의 위신력에 의지하여 죄업을 소멸하고 늘 법륜을 굴려 중생들을 제도하겠습니다.

**大慧禪師看經回向文**

某甲業力障魔, 神志錯亂, 所歷根鈍, 自然想來, 脫略混淆, 顚倒重疊, 臨文徇意, 字誤句差, 乖淸濁之正音, 泥解會之邪見. 或事奪其志, 心不在經, 問對起居, 斷絶隔越, 久誦懈怠, 因事憒嗔, 嚴潔或涉於垢塵, 肅敬或成於瀆慢. 身口服用之不淨, 衣冠禮貌之弗恭, 供不如儀, 處非其地, 卷舒揉亂, 墜落污傷, 種種不專不誠, 大慚大懼. 恭願諸佛菩薩, 法界虛空界一切聖衆·護法善神·天龍等, 慈悲憐憫, 懺滌罪愆, 悉令誦經功德, 周圓畢遂. 某甲回向, 心願尙慮, 譯潤或誤, 註解或非, 傳授差殊, 音釋舛錯, 校對仍改之失, 書寫刊刻之訛, 其師其人, 悉爲懺悔. 仗佛神力, 使罪消除, 常轉法輪, 起濟含識.

# 나암 도추 화상의 법어[1]

부처님께서 라훌라를 훈계하는 게송에서 말씀하셨다.

"시방세계 모든 중생이 매 순간 이미 선서과善誓果를 증득하였네. 그도 장부이고 나도 장부인데 어찌 스스로 가볍게 여겨 물러나리오?"

육도 범부와 사성四聖[i]이 다 같이 한 성품이니, 그가 이미 이와 같은데 나도 어찌 그렇지 않겠는가? 반드시 안팎으로 훈습하여 일생에 마쳐야 하니, 만약 그럭저럭 세월을 보낸다면 이는 누구의 허물인가? 고덕이 "이 몸을 금생에 제도하지 못한다면 다시 어느 생에 이 몸을 제도하겠는가?"라고 하였다.

천태 지자대사가 "어찌하여 언어를 끊고 문자를 버리고 하나의 미세한 티끌을 깨트려 대천세계만 한 경전을 꺼내지 않는가?"라고 하였으니, 하나의 미세한 티끌이란 중생의 망념이고, 대천세계만 한 경전이란 중생의 불성이다. 중생의 불성이 망념에 덮여 있으니 망념을 깨트리면 불성이 드러날 것이다. 이 노인(지자대사)은 문자와 언어를 고집하는 자들을 위하여 이 탄식을 일으킨 것이다. 이것도 금비金錍로 눈의 망막을 긁어낸다는 뜻이니,[2] 훗날에 눈이 열리면 힘을 얻은 줄 비로소 알 것이다.

『능엄경』에서는 "어찌하여 도적이 나의 옷을 빌려 입고 여래를 팔아 갖가지 업을 짓는가?"[iii]라고 하였으니, 만약 계로써 마음을 단속하지 못한다면 설사 그 견해가 부처님과 조사들과 가지런한 자라도 여래를 팔아 갖가지 업을 짓는 것을 면하지 못할 텐데, 하물며 평범한 사람에 있어서랴!

---

1 영은사靈隱寺 나암 도추懶庵道樞 선사는 오흥吳興 엄안嚴安 서씨徐氏의 자손으로서 도량사道場寺 무전 거혜無傳居慧 선사의 법을 이었다.
2 금비란 『涅槃經』에서 "만약 어떤 맹인이 눈을 치료하기 위해 훌륭한 의사를 찾아가면 그 의사는 금비로써 눈의 망막을 도려내어 치료한다."라고 하였으니, 이로써 천태대사가 말한 "사람들의 마음의 눈을 열어 준다."라는 것을 비유하였다.

청량 국사가 열 가지 서원으로써 몸을 단속한 것은[3] 진실로 까닭이 있으니, 계는 삼가는 것으로 그 뜻을 삼는다. 또 "마음 씻는 것을 재齋라 하고, 근심을 막는 것을 계戒라 한다."라고 하였다.

**懶庵樞和尚語**【靈隱寺懶庵道樞禪師, 吳興嚴安徐氏子, 嗣道場居慧禪師.】
佛誠羅羅睺[1])羅頌云: "十方世界諸衆生, 念念已證善誓果. 彼旣丈夫我亦爾, 何得自輕而退屈?" 六凡四聖, 同此一性, 彼旣如是, 我何不然? 直須內外資熏, 一生取辦, 更若悠悠過日, 是誰之咎? 古德云: "此身不向今生度, 更向何生度此身?" 天台智者大師云: "何不絶語言, 置文字, 破一微塵, 出大千經卷?" 一微塵者, 衆生妄念也; 大千經卷者, 衆生佛性也. 衆生佛性爲妄念所覆, 妄念若破, 則佛性現前. 此老人爲固執文字語言[2])者, 興此歎也. 此亦是金鎞刮膜之義.【金鎞者, 『涅槃經』云: "如有盲人, 爲治眼故, 造詣良醫, 良醫卽以金鎞抉其眼膜." 以況台老所說開人心目也.】他日眼開, 方知得力. 『楞嚴經』云: "云何賊人假我衣服, 裨販如來, 造種種業?" 若不以戒攝心者, 縱饒解齊佛祖, 未免裨販如來, 造種種業, 況乎乎之人! 淸凉國師, 以十願律身者,【華嚴第六祖澄觀大士, 字大休, 會稽夏候氏子也. 至德中, 以十事自勵曰: "體不損沙門之表, 心不違如來之制, 坐不背法界之經, 性不染情礙之境, 足不履尼寺之塵, 脇不觸居士之榻, 目不視非儀之彩, 舌不味過午之餚, 手不釋圓明之珠, 宿不離衣鉢之側."】良有以也. 戒以愼爲義. 又曰: "洗心曰齋, 防患曰戒."

1) ㉑ '睺'는 '睺'로 되어 있는 곳도 있다.   2) ㉑ '言'은 '音'으로 되어 있는 곳도 있다.

---

3 화엄 제6조 징관澄觀 대사는 자가 대휴大休이며 회계會稽 하후씨夏候氏의 자손이다. 지덕至德 연간(756~758)에 열 가지 일로써 스스로를 권면하였으니 다음과 같다. "몸은 사문의 본보기를 버리지 않고, 마음은 여래의 규율을 어기지 않으며, 앉을 때는 법계의 경전(『華嚴經』)을 등지지 않고, 성품은 망정妄情에 막히는 경계에 물들지 않으며, 발은 비구니 절의 땅을 밟지 않고, 옆구리는 거사의 평상에 닿지 않으며, 눈은 위의에 맞지 않는 색채를 보지 않고, 혀는 정오가 지나면 음식을 맛보지 않으며, 손에는 둥글고 밝은 구슬(염주)을 놓지 않고, 잘 때는 의발의 곁을 떠나지 않는다."

**▌주**

i  육도 범부와 사성四聖 : 육도 범부는 지옥·아귀·축생·인간·천상·아수라이고, 사성은 성문·연각·보살·부처이다.
ii  어찌하여 도적이~업을 짓는가 :『大佛頂萬行首楞嚴經』권6(T19, 132b11~12).

# 사구게

경전에서 사구게四句偈는 아상·인상·중생상·수자상이다. 만약 아상·인상·중생상·수자상이 있으면 사구게를 수지할 수 없고, 아상·인상·중생상·수자상이 없으면 사구게를 수지할 수 있다. 산승이 볼 때에는 사람마다 모두 수지할 수 있는데 수지할 줄 아는 자는 만 명 중 한 사람 꼴이니, 어째서 이와 같은가? 다만 이 경을 읽으면서 저 앞의 티끌에 덮여 있어서 스스로 알지 못하기 때문이다.

### 四句偈

經中四句偈者, 我相·人相·衆生相[1]·壽者相也. 若有我相·人相·衆生相·壽者相, 則不能受持四句偈; 若無我相·人相·衆生相·壽者相, 則能受持四句偈. 山野看來, 人人皆能, 受持知者, 萬中有一, 何故如此? 祇爲此經, 被他前塵盖覆, 不自覺知也.

---

1) ㉑ '相'은 '者'로 되어 있는 곳도 있다.

## 비구에게 자기의 덕행이 공양을 받을 만한지 여부를 헤아릴 것을 보이다

자기의 덕행이 공양을 받기에 온전한가 아닌가를 헤아린다는 것은 덕행이 온전하면 공양을 받을 만하고, 덕행이 부족하면 공양을 받아서는 안 된다는 것이다.

요즘의 비구들은 혹 나이가 삼사십 세이거나 혹 오륙십 세이거나 간에 하루도 공양을 받지 않는 적이 없는데, 과연 덕행이 온전한가? 덕행이 결여되었는가? 그러므로 "도를 배워도 이치를 통달하지 못하면 몸을 바꾸어 신도들의 시주를 갚아야 하리니, 장자가 여든한 살이 되어서야 그 나무에 버섯이 나지 않았다."라고 하였다. 나이가 많아져서야 정원에 버섯(蕈)이 나지 않았다는 것은[1] 교법에 분명한 문장이 있으니 믿지 않을 수 없다. 만약 한순간이라도 회광반조한다면 하루에 만 냥의 황금을 소화할 수 있을 것이다.

**示比丘忖己德行受食**

忖己德行全缺應供者, 德行全, 可以應供; 德行缺, 則不可應供. 今之比丘, 或年三四十歲, 或年五六十歲, 未嘗一日不應供也, 德行全耶? 德行缺耶? 所以云: "學道不通理, 覆身還信施. 長者八十一, 其樹不生耳." 年齒旣高, 園中蕈不生.【蕈, 慈任切, 音朕. 菌生木上, 一曰地菌.】敎有明文, 不可不信. 若也一念回光, 日消萬兩黃金.

---

[1] 짐蕈은 자慈와 임任의 반절음이니 음이 짐朕이다. 버섯이 나무에서 자라는데, 어떤 이는 땅버섯(地菌)이라고도 한다.

# 비구에게 삼가 방일하지 말 것을 보이다

『증일아함경』에서는 "눈은 색으로써 양식을 삼고, 귀는 소리로써 양식을 삼으며, 코는 향기로써 양식을 삼고, 혀는 맛으로써 양식을 삼으며, 몸은 감촉으로써 양식을 삼고, 뜻은 법으로써 양식을 삼으며, 열반은 방일하지 않음으로써 양식을 삼는다."[i]라고 하였다.

요즘의 총림에서는 세 번의 8일 날에 염송하고 나서 종을 울려 대중을 모으고 유나가 "대중들은 정진하기를 마치 머리에 붙은 불을 끄듯이 부지런히 해야 한다. 다만 무상만을 생각하고 절대 게을리하지 말라."라고 한다.[1] 이 말은 『증일아함경』과 마찬가지로 자주 듣는 자들이 이를 흔한 예로 여겨 마치 바람이 나무를 지나가듯이 그 뜻을 따르거나(餐) 그 말을 습득하지(采)[2] 않으니, 부처와 조사의 뜻이 마침내 헛된 말이 되고 만다.

### 示比丘慎勿放逸

『增一阿含經』云: "眼以色爲食, 耳以聲爲食, 鼻以香爲食, 舌以味爲食, 身以觸爲食, 意以法爲食. 涅槃, 以無放逸爲食." 如今叢林中, 三八念誦, 鳴鐘集衆, 維那白云: "衆等當勤精進, 如救頭燃,[1)] 但念無常, 愼勿放逸."『禪苑』云: "初八十八二十八日, 維那白云: '大衆! 如來入涅槃, 至二千餘年, 命亦隨減,

---

1 『禪苑淸規』에서는 "8일·18일·28일에 유나가 아뢴다. '대중들이여! 여래께서 열반에 드신 지 2천여 년이 되었다. 목숨도 세월 따라 감소되니, 무슨 즐거움이 있으리오? 대중들은 부지런히 정진해야 한다……' 또 부처님 앞의 대중들은 차례대로 향을 사르며 '황제의 덕화가 오래도록 번성하고, 황제의 도가 멀리까지 펼쳐지고, 불일佛日이 더욱 밝아지고 법륜이 늘 굴려져서 가람신과 토지신은 나라를 보호하고 백성을 편안하게 하며, 시방세계와 시주자들은 복덕과 지혜가 증가되게 하소서.'라고 염원한다."라고 하였다.
  *8일~염원한다 : 『重雕補註禪苑淸規』 권2(X63, 527c4~9)에는 다음과 같이 나온다. "初八十八二十八念白: 大衆! 如來大師入般涅槃, 至今皇宋元符二年, 已得二千四十七年. 是日已過, 命亦隨減, 如少水魚, 斯有何樂? 衆等當勤精進, 如救頭燃, 但念無常, 愼勿放逸. 伽藍土地護法安人, 十方施主增福增慧."
2 (찬채餐采는) 그 뜻을 따르고 그 말을 습득하는 것이다.

其有何樂? 衆等當勤精進云云.' 又佛前大衆, 次第燒香, 念皇風永扇, 帝道遐昌, 佛日增明, 法輪常轉, 伽藍土地, 護國安民, 十方施主, 增福增惠."】此語與『增一』頗同, 往往聞者, 以爲常例, 如風過樹, 畧不餐采【餐服其旨, 采撫其言.】, 佛祖之意, 遂成虛設矣.

---

1) ㉑ '燃'은 '然'으로 되어 있는 곳도 있다.

# 주

i   눈은 색으로써~양식을 삼는다 : 『增壹阿含經』 권31(T2, 719a14~a21)에는 다음과 같이 나온다. "世尊告阿那律曰:'汝可寢寐. 所以然者, 一切諸法由食而存, 非食不存. 眼者以眠爲食, 耳者以聲爲食, 鼻者以香爲食, 舌者以味爲食, 身者以細滑爲食, 意者以法爲食, 我今亦說涅槃有食.' 阿那律白佛言:'涅槃者以何等爲食?' 佛告阿那律:'涅槃者以無放逸爲食, 乘無放逸, 得至於無爲.'"

# 보살은 세 가지 일에 싫증이 없어야 한다

『대지도론』에서는 다음과 같이 말하였다.

"보살은 오직 세 가지 일에 싫증이 없어야 한다. 첫째, 부처님께 공양 올리는 일에 싫증이 없어야 하고, 둘째, 법을 들음에 싫증이 없어야 하며, 셋째, 승려에게 공양 올림에 싫증이 없어야 한다."[i]

그런데 요즘의 학인들은 아직 보살의 지위에 이르지 않았는데도 인과를 무시하는 자가 간혹 있으며, 앞선 성인의 은미한 말씀을 더 이상 궁구하지도 않는다. 이들은 이치 그대로가 현상이며 현상 그대로가 이치여서 현상과 이치가 원융하여 으레 이와 같음을 전혀 알지 못한다. 그러므로 영명永明 선사가 "개구리가 바다의 드넓음을 싫어하고[1] 반딧불이 햇빛을 가리려 하는 것인가?"[ii]라고 하였다.

**菩薩三事無厭**

『智論』云: "菩薩唯有三事無厭: 一者, 供養佛無厭; 二者, 聞法無厭; 三者, 供給僧無厭." 今之學者, 雖未至菩薩地位, 撥棄因果者, 或有之, 更不究先聖之微言, 殊不知即理而事, 即事而理, 事理圓融, 法爾如是. 故永明云: "擬欲蛙嫌海量,【井䵷拘墟而爲至樂, 却嫌海濶無垠之量也. 墟, 居也, 謂局其所居自樂也.】螢掩日光乎?"

---

1 우물 안의 개구리는 자기가 사는 곳(墟)에 구속되어 지극한 즐거움으로 삼고는 도리어 드넓은 바다의 끝없는 경계를 싫어한다. 허墟는 사는 곳이니 자기가 거처하는 곳에 국한하여 스스로 즐거워하는 것을 말한다.

## 주

i   보살은 오직~없어야 한다 : 『大智度論』 권10(T25, 128a27~28).
ii   개구리가 바다의~하는 것인가 : 『萬善同歸集』(T48, 959a11~12).

# 계정혜

계정혜 삼학은 중생의 자성에 본래부터 있는 것이니 닦아 증득함을 통해 얻는 것이 아니다. 이는 제불과 보살들만 구족하고 있는 것이 아니라 일체 범부들도 모두 다 갖추고 있다. 자성에 선·악이 없으며 지킬 것도 없고 범할 것도 없는 것이 자성의 계이며, 자성이 고요하거나 혼란함이 없고 취할 것도 없고 버릴 것도 없는 것이 자성의 정이며, 자성이 본래 아는 것도 없고 알지 못하는 것도 없는 것이 자성의 혜이다. 제불과 보살들은 있는 줄을 알기 때문에 받아서 쓰지만 일체 범부들은 있는 줄을 모르기 때문에 받아서 쓰지 못한다. 있는 줄 아는 것과 있는 줄 모르는 것이 조금 다른 듯하지만 계정혜는 일찍이 조금도 다른 적이 없었다.

**戒之慧**

戒之慧三學者, 衆生自性, 本有之物, 不因修證而得, 非唯諸佛菩薩具足, 一切凡夫悉皆具足. 自性無善惡, 無持亦無犯, 是自性戒; 自性無靜亂, 無取亦無捨, 是自性之; 自性本無知, 而無所不知, 是自性慧. 諸佛菩薩知有, 故得受用; 一切凡夫不知有, 故不得受用. 知有不知有, 似乎少異, 而戒之慧, 未嘗少異也.

# 단월의 네 가지 공양이 고통으로부터 연기하여 나온 것임을 살피도록 경계하다

종남산終南山 도선道宣 율사律師가 제자 자인慈忍을 위해 짓다[1]

생명을 손상시키는 것을 고업苦業이라 하고, 근육과 뼈를 다 소진하는 것을 고연苦緣이라 한다. 경전에서는 "음식이란 씨 뿌리고 김매고 거두어 들이고 탈곡해서 저장하고 수레에 실어 나르고 찧어서 불을 때어 밥 짓고 (炊爨)[2] 요리하여 상을 차려 그저 공급할 것을 차려 드리는 것이다. 또 울타리를 만들어 채소를 심고, 밭에 물을 대고, 간장(醬)과 식초(酢)[3]를 만드는 것이다."라고 하였다.

한 발우의 음식을 헤아리면 한 발우만큼의 땀에서 나온 것이며 살갗에 난 땀은 바로 피이니, 한 끼의 공력은 농부가 흘린 한 발우만큼의 피에서 나온 것이다. 더구나 일생 동안 받는 모든 음식이 밭 갈고 씨 뿌리는 것에서부터 시작하여 입에 들어오기까지 무수한 작은 벌레들을 해치고 죽인 것임에랴!

그러므로 부처님이 경계하시기를, "매일 한 끼만 받아먹으면서[4] 생명

---

1 율사의 휘諱는 도선道宣이며 경조京兆 전씨錢氏의 아들이다. 아버지는 이부상서吏部尙書였으며 양梁나라 우율사祐律師의 후신이다.
2 불붙은 것을 취하는 것을 찬爨이라 하고, 연기가 올라감을 취하는 것을 취炊라 한다.
3 (초酢는) 음이 조措이니 신맛이다.
4 『增一阿含經』 게송에서는 "많은 음식은 고통과 병을 초래하고, 적은 음식은 기력이 쇠하게 되며, 때에 맞게 먹는 것은 마치 저울에 높고 낮음이 없는 것과 같다."*라고 하였고, 또『四十二章經』에서는 "하루에 한 번 먹고 나무 아래에서 한 번 자니 절대로 두 번 하지 말라."**라고 했으며,『佛說處處經』에서는 "부처님이 말씀하셨다. '오후에 먹지 않는 것에 여섯 가지 복이 있으니 첫째, 음욕이 적으며, 둘째, 수면이 적으며, 셋째, 일심一心을 얻으며, 넷째, 하풍下風이 없으며, 다섯째, 몸이 편안함을 얻으며, 여섯째, 병을 일으키지 않는다.'"라고 하였고,『僧祇律』에서는 "정오에 해 그림자가 한 터럭 한 순간을 넘기면 (먹는) 때가 아니다."라고 하였다. 송 문제宋文帝가 승려들에

을 지탱하고 일생을 보내야 한다."라고 하셨다.

의복이란 누에를 길러 고치를 죽이고 뽕나무를 취하고 실을 짜서 염색하고 빨아서 잘라 기운 것이니, 여러 인연을 생각하면 그 고생이 한량없다. 위아래 옷에 들어간 밑천을 헤아리면 모두 얼마만큼의 누에를 죽였으며, 얼마만큼의 기력을 냈으며, 누에고치를 끓는 물에 넣어 얼마나 많은 고통을 받게 한 것인가? 그러므로 부처님께서 분소의를 걸쳐 누추한 몸을 가리시고는 도를 닦기를 바라셨던 것이다.

방사란 벽을 세우고 땅에 구덩이를 파서 흙속의 벌레를 해치거나 죽이며, 목재를 베어서 나무 벌레를 해치고, 벽돌과 기와를 만들 때 진흙 속의 물벌레를 죽이며, 불을 놓아서 도기를 구울 때 나무와 풀 속의 벌레를 죽이며, 집 짓는 사람의 수고, 시주자의 재물과 음식 등 여러 인연들의 노고와 손실이 더해진 것이니, 이렇게 해서 비로소 하나의 방사가 이루어진다. 그러므로 수행자는 무덤가나 나무 아래에 의지하여 풀방석으로 스스로를 편안하게 해야 한다.

음식은 고통으로 만들어졌음을 생각하여 몸을 절제하여 먹어야 하며, 의복은 생명을 죽여서 만들어졌음을 생각하여 분소의를 입어야 한다. 방사와 와구는 고통의 인연으로 생겼음을 생각하고 두타행[5]에 뜻을 두어 삼개월에 한 번 옮기며, 네 가지 공양물(의복·음식·와구·방사)을 녹이기 어려

---

게 공양을 올릴 때에 대중들과 함께 땅에 자리를 깔고 앉았다. 식사가 늦어지자 대중들이 저물어서 먹지 못할까 걱정하니 문제가 말하였다. "이제 막 정오가 되었다." 도생이 말했다. "밝은 해가 하늘에서 빛나고 천자께서 이제 막 정오라 하셨으니, 어찌 정오가 아니겠습니까?" 마침내 발우의 음식을 먹자 대중들도 이를 따르니 문제가 크게 기뻐하였다.
 \*많은~같다 : 『增一阿含經』에는 보이지 않고 『出曜經』 권9(T4, 655b29~c2)에는 보인다. "尊者曇摩難提說曰: '多食致患苦, 少食氣力衰, 處中而食者, 如稱無高下.'"
 \*\*하루에~말라 : 『四十二章經』(T17, 722b4~5).
5 두타頭陁는 바르게 말하면 두다杜多인데, 한역하면 제거하여 버리는 것(除弃)이다. 또는 '두수抖擻'라고도 하니, 마음속의 번뇌를 털어 버리는 것이다.

운 줄을 생각해서 소욕지족少欲知足해야 한다.[6]

경전에서는 "단월의 음식을 받을 때에는 기근이 든 시절에 자식의 살을 먹듯이 생각하고, 시주자에게 옷을 받을 때에는 뜨거운 쇳물을 몸에 두르듯이 하며, 방사에 들어갈 때에는 가마솥에 들어가듯 하고, 좌구를 받을 때에는 뜨거운 철상처럼 여겨야 하니, 차라리 이 몸을 부수어 티끌같이 할지언정 파계한 몸으로 다른 사람의 공급을 받아서는 안 된다."라고 하였다. 삼악도의 고통스러운 과보가 모두 옷과 음식에 애착하고 좋은 방사를 바랐기 때문이다.

만약 계의 인연을 깨트리면 시주자에게 도로 갚아 주어야 하니 혹 노비가 되어 채찍질을 당하거나, 혹 축생의 형상을 받아 털과 뿔을 지니고 살아서는 근육과 뼈를 써서 갚고 죽어서는 가죽으로 갚으며, 짐은 무겁고 힘은 소진되어 일어섰다가는 다시 넘어지게 된다.[7] 신도의 시줏물을 헛되이 받으면 그 즐거움은 말할 수 없겠지만 시주자에게 갚아야 할 때의 고통은 만 배가 넘는다. 그러므로 너희들에게 부끄러움을 알게 하여 삼가 후세에 호지하도록 하니, 파계하지 않고 보시를 받는 것을 청정한 마음이라 한다.

### 誡觀檀越四事從苦緣起出生法

終南山宣律師, 爲弟子慈忍作.【律師諱道宣, 京兆錢氏子, 父吏部尙書, 梁祐律

---

6 『涅槃經』에서는 "미래의 원하는 일을 구하지 않는 것을 소욕少欲이라 하며, 쌓아 모으지 않는 것을 지족知足이라 한다."*라고 하였다.
  *미래의~한다 : 『大般涅槃經』 권27(T12, 526c7~9)에는 다음과 같이 나온다. "不求未來所欲之事, 是名少欲; 得而不著是名知足. 不求恭敬, 是名少欲; 得不積聚, 是名知足."
7 수授 스님이 "여기에 다섯 가지 고통이 있다. 첫째, 채찍질 받는 고통이고, 둘째, 달리는 고통이며, 셋째, 무거운 짐을 지고 멀리 가는 고통이고, 넷째, 목을 묶고 코뚜레를 뚫는 고통이며, 다섯째, 쇠를 달구어 태우고 지지는(烙) 고통이다."라고 하였는데, 주석에서는 "락烙 또한 소燒이다."라고 하였으니, 쇠를 태워서 말발굽을 붙이는 것을 말한 것이다.

師後身.】

損害生命, 名苦業; 觔<sup>1)</sup>骨斯盡, 名苦緣. 經云: "食者, 從耕種, 鋤刈收治, 颺簸窖藏, 運輦舂磨, 炊爨【取其進火謂爨, 取其氣上謂之炊.】蒸煮, 聊設供給奉送. 又種菜造牆, 漑灌田園, 營爲醬酢【音措, 酸味.】. 計一鉢食, 出一鉢汗, 汗<sup>2)</sup>在皮肉, 即是其血, 一食功力, 出於作者一鉢之血, 況復一生凡受幾食, 始從耕種, 乃至入口, 傷殺無數雜類小蟲! 是以佛戒: "日受一食,【『增一阿含』偈云: "多食致苦患, 少食氣力衰, 處中而食者, 如秤無高下." 又『四十二章經』云: "日中一食, 樹下一宿, 愼勿再矣."『處處經』云: "佛言: '中後不食, 有六福: 一少婬, 二少睡, 三得一心, 四無下風, 五身得安穩, 六不作病.'"『僧祇』云: "午時, 日影過一髮一瞬, 即是非時." 宋文帝飯僧, 同衆御于地筵. 班食遲, 衆疑將旰不食. 帝曰: "始可中矣." 生公曰: "白日麗天, 天言始中, 何得非中?" 遂取鉢食, 衆從之, 帝爲大悅.】支持性命, 寄過一生." 衣服者, 養蠶殺璽, 取柔織綟, 染浣截縫, 衆緣調度, 無量辛苦, 計上下衣資, 凡殺幾蠶, 出幾氣力, 蠶璽入湯, 受幾痛苦? 是故佛教着糞掃衣, 障弊陋質, 冀得修道. 房舍者, 從起立墻<sup>3)</sup>壁, 穿坑掘地, 傷殺土蟲; 斫伐材木, 傷林樹蟲; 造塼瓦時, 殺泥水蟲; 放火陶冶, 殺柴草蟲. 作人苦力, 施主費財, 飲食衆緣, 勞損甚大, 始成一房, 是故行者依於塚樹, 草蓐自安. 念食是苦, 節身而食; 念衣殺命, 着糞掃衣; 念房舍臥具, 從苦緣生, 志樂頭陀<sup>4)</sup>【頭陁, 正云杜多, 此云除弃. 又云抖擻, 抖擻心中煩惱也.】, 三月一移; 念四事難消, 少欲知足.『涅槃』云: "不求未來所欲之事, 是名少欲. 得不積聚, 是名知足."】經云: "受檀越食, 如飢<sup>5)</sup>饉世, 食子肉想; 受施主衣, 如熱鐵纏身; 入房舍時, 如入鐵鑊; 受牀座時, 如熱鐵牀, 寧破此身, 猶如微塵, 不以破戒之身, 受人供給." 三塗苦報, 皆爲愛衣貪食, 樂好房舍. 若破戒因緣, 還償施主, 或作奴婢, 鞭打驅策, 或受畜生形, 披毛帶角, 生償觔骨, 死還皮肉, 負重力盡, 起而復倒,【授師云: "此有五苦: 一鞭杖苦, 二駈馳苦, 三負重致遠苦, 四項領穿破苦, 五熱鐵燒烙苦." 注: 烙亦燒也, 言燒鐵以着脚蹄也.】虛受信施, 樂不足言, 及償施主, 苦過萬倍. 是故敎汝知慙知愧, 愼護後世,莫破戒受施, 名爲淨心.

---

1) ㉮ '筋'은 '筯'로 되어 있는 곳도 있다. 아래에도 같다.  2) ㉮ '汙汙'는 '汗汗'으로 되어 있는 곳도 있다. ㉯ '汗汗'이 문맥상 잘 통하여 번역에서는 '汗汗'으로 하였다.  3) ㉮ '墻'은 '牆'으로 되어 있는 곳도 있다.  4) ㉮ '陀'는 '陁'로 되어 있는 곳도 있다. ㉯ '陀'는 '陁'와 통용된다.  5) ㉮ '飢'는 '饑'로 되어 있는 곳도 있다.

## 주

i  단월의 음식을~안 된다 : 『大般涅槃經』 권7(T12, 406a13~433b3)에 걸쳐 나온다.

## 말법 중에 심행을 헤아리는 법을 살피도록 경계하다

　범부가 뜻을 이해하는 것은 다 듣고 배움으로 인한 것이다. 법을 안다는 사람도 (첫째) 몸으로 네 가지 중죄(살·도·음·망)를 범하며, (둘째) 여덟 가지 부정한 재물[i]을 쌓으며, (셋째) 세속 음식을 먹으며, (넷째) 부끄러워하지 않으며, (다섯째) 알면서 고의로 범하여 후세를 두려워하지 않는다. 그러므로 그대에게 심행心行을 잘 살피게 하는 것이니 먼저 금계를 청정히 지키고 나서야 비로소 경을 들 수 있다. 그대가 이 오계로 경계하는 것을 정심淨心이라 한다.

　옛날에 대덕께서는 『화엄경』을 오직 한 권의 주석서(疏)로 강설했는데, 그 후에 법사가 세 권의 주석서를 짓더니 지금 강사들은 「십지품」 하나에만 10권의 주석서를 지어 저마다 공력을 다하여 화려한 문장을 다투어 드러내는데 문자가 너무 많아서 마음 둘 곳이 없다. 그러나 문자는 본체가 그대로 이치이거늘 어찌 사람들의 말을 필요로 하겠는가?

　요즘의 어리석은 사람은 다투어 명성은 구하면서 법은 구하지 않는다. 법도 집착하지 말아야 하는데 하물며 문자에 집착해서야 되겠는가? 법은 문자를 떠났고 언어가 끊어졌기 때문에 『대집경』에서는 "경문은 하나인데 강설하는 자가 설명을 다르게 하여 저마다 자기 견해를 옳다고 여긴다."[ii]라고 하였다. 정법을 허물고 어지럽혀 천신이 화를 내기 때문에 삼재가 함께 일어난다. 이 인연으로 불법이 옅어지니 마치 열 말의 물에 한 되의 우유를 섞음에 보기에는 우유와 색이 같지만 먹어 보면 맛이 없는 것과 같다. 강론을 자세히 사유하는 것은 인정으로 부처를 헤아리는 것이니 불지佛智의 경계를 어떻게 인정으로 헤아릴 수 있겠는가? 이와 같이 자세히 살피는 것을 청정한 마음이라 한다.

**誡觀末法中校量心行法**

凡夫解義, 皆因聽學, 爲知法人, 身犯四重, 畜八不淨財, 食噉俗饌, 無羞無恥, 知而故犯, 不畏後世. 是故令汝校量心行, 先淨禁戒, 後方聽經, 汝用五誡, 得名淨心. 古者, 大德講『華嚴經』, 唯一卷疏, 於後法師作三卷疏. 今時講者,「十地」一品, 出十卷疏, 各逞功能, 競顯華誦, 文字浩博,[1] 寄心無所. 然文者, 當體卽義, 何須人語? 今時愚人競求於名, 不求於法, 法尙不可着, 何況着文字? 法離文字, 言語斷故.『大集經』云: "經文是一, 講者異說, 各恃己見." 壞亂正法, 天神瞋故, 三災俱起. 以是因緣, 佛法淡薄, 如一斛水, 解一升酪, 看似酪色, 食卽無味. 諦思講論, 人情測佛, 佛智境界, 豈人能測? 如是審察, 名爲淨心.

---

1) ㉑ '博'은 '愽'으로 되어 있는 곳도 있다.

### 주

i  여덟 가지 부정한 재물 : 금·은·노비·소·양·창고·판매販賣·경종耕種을 말한다.
ii 경문은 하나인데~옳다고 여긴다 :『大方等大集經』권18(T13, 125b15)에는 다음과 같이 나온다. "經文是一, 說義各異, 各是己論."

## 파계한 승니는 출세간법을 닦지 못함을 살피도록 경계하다

 승니의 파계라는 것은, 노비·동복僮僕[1]·소·나귀·수레·전답·집과 농사·정원·꽃과 열매, 금은·곡식·비단, 병풍·털옷, 베개·비싼 깔개, 상자·분옹,[i] 구리 그릇·접시와 주발, 값 비싸고 좋은 삼의, 상아 침상[2]·좌욕,[ii] 방사·퇴옥,[3] 부엌·방아, 기름진 국수·약주, 여러 어채(鮭)[4]·젓갈·식초, 색다른 입맛을 돋우는 것 등을 쌓고 증식하는 것이며, 신분이 높은 왕공 등 많은 사람을 사귀고, 부귀한 가문(生緣)[5]과 자주 친구를 맺으며, 조문을 보내고, 관청에 호소하며, 자신이 대중의 우두머리가 되어 문도를 강성케 하고, 강설로 힐난하며, 음악을 좋아하고, 항상 한 절에 기거하면서 승사를 품평하고, 번갈아 서로 배척하며, 가뭄과 장마·풍년과 흉년(儉)[6]·도적·수재와 화재·독짐승에 관한 일을 남에게 묻고, 주점酒店·시전市廛[7]·도살장·사냥꾼의 집에 드나들며, 친구나 부녀자와 거문고를 켜며 시를 짓고, 바둑을 두거나 노름을 하고, 외전을 읽고, 큰소리로 웃으며, 불만을 품고서 말다툼을 하며, 술 마시고 고기를 먹으며, 오색이 선명한 화려한 비단 옷을 입고, 머리와 수염을 자주 깎고,[8] 손톱을 날카

---

1 어린 종을 동僮이라 하고, 장성한 종을 복僕이라 한다.
2 상아로 장식한 침상.
3 편안히 혼자 쉬는 방.
4 (규鮭는) 음이 규圭인데, 요즘의 식염食鹽이니 이른바 육장肉醬이다.
5 태어난 가문이다.
6 농사가 흉년인 것을 검儉이라 한다.
7 주점은 술을 파는 곳이고, 시전은 시장 안의 빈 땅이며 또는 시장 안의 여관이다.
8 율장에는 "부처님께서는 제자들에게 보름에 한 번 삭발하게 하셨다."라고 했으며,『僧祇律』에서는 "부처님께서 넉 달에 한 번 삭발하셨는데 세속 사람들은 부처님이 삭발한다는 소식을 들으면 갖가지 음식들을 다투어 보내왔다."*라고 하였다.
　*부처님께서~보내왔다 :『摩訶僧祇律』권18(T22, 373c7~8).

롭게 기르고,[9] 여덟 가지 부정한 재물을 축적하여 풍족하게 하는 것이다. 이러한 일을 탐착하고 구하여 쌓아 놓고 버리지 않는 것을 진파계眞破戒라 한다.

경전에서는 이런 비구를 대머리 거사·가사 걸친 도적·대머리 사냥꾼·삼악도인·부끄러움이 없는 자·일천제[10]·삼보를 비방하는 자·일체 단월의 안목을 해치는 자·생사의 종자·팔성도를 장애하는 자라 하였다. 이러한 열 가지 악명을 멀리 벗어나는 것을 청정한 마음이라 한다.

### 誡觀破戒僧尼不修出世法

僧尼破戒者, 所謂畜養奴婢僮僕【小曰僮, 大曰僕.】, 牛驢車乘, 田宅種植, 園林華果, 金銀粟帛, 屏風氈被, 好枕細席, 箱匱盆瓮, 銅器盤[1)]椀, 上好三衣, 牙牀【象牙飾牀】坐褥, 房舍退屋【燕安私息之室】, 厨庫碓磨, 脂麨藥酒, 雜鮭【音圭, 今之食鹽, 所謂肉醬.】醬酢, 異種口味. 王公貴重, 多人顧識, 生緣【所生之家也.】富貴, 數過親舊, 餉送吊問, 申訴衙府, 身爲衆首, 門徒强[2)]盛, 講說相難, 好喜音樂, 常居一寺, 評量僧事, 迭相擯罰, 借問旱潦, 豊儉[3)]【歲凶曰儉.】盜賊, 水火毒獸之事, 經過酒店市廛【酒店, 沽酒之處. 市廛, 市中空地, 又市中邸舍也.】, 屠膾獵射之家, 親友婦女, 琴瑟詩賦, 圍碁[4)]雙陸, 讀外書典, 高語大笑, 嫌恨諍競, 飮酒食肉, 綾羅衣服, 五色鮮明, 勤剃鬚髮,【律:

---

9 『涅槃經』에서는 "악한 비구의 모습은 수염·손톱·모발이 모두 길고 날카롭다."*라고 하였으니, 이는 파계한 모습이다.
  *악한~날카롭다 : 『大般涅槃經』 권4(T12, 386b14~22)에 다음과 같이 나온다. "善男子! 我涅槃後, 無量百歲, 四道聖人悉復涅槃, 正法滅後, 於像法中, 當有比丘, 似像持律, 少讀誦經, 貪嗜飮食長養其身, 身所被服麁陋醜惡, 形容憔悴無有威德, 放畜牛羊擔負薪草, 頭鬚髮爪悉皆長利, 雖服袈裟猶如獵師, 細視徐行如猫伺鼠, 常唱是言: '我得羅漢.' 多諸病苦, 眠臥糞穢, 外現賢善, 內懷貪嫉, 如受瘂法婆羅門等, 實非沙門現沙門像, 邪見熾盛, 誹謗正法."
10 『涅槃經』에서는 "일천一闡을 신信이라 하고 제提를 불구不具라 하니, 말하자면 믿음이 갖추어지지 않았기 때문에 일천제라 한다."*라고 하였다.
  *일천一闡을~한다 : 『大般涅槃經』 권26(T12, 519a14~15).

"佛令弟子, 半月一剃髮." 『僧祇』云: "佛四月一剃髮, 世人聞佛剃髮, 爭送種種飮食."】爪利如鋒,【『涅槃』云: "惡比丘相, 頭鬚爪髮, 悉皆長利." 是破戒之相.】畜八不淨, 財寶富足. 於此等事, 貪求愛着, 積聚不離, 名眞破戒. 經云: "此等比丘, 名禿居士, 名披袈裟賊, 名禿獵師, 名三塗人, 名無羞人, 名一闡提,【『涅槃』云: "一闡名信, 提名不具, 謂信不具, 故名一闡提."】名謗三寶, 名害一切檀越眼目, 名生死種子, 名障聖道, 遠離此等十種惡名, 卽爲淨心.

---

1) ㉑ '盤'은 '槃'으로 되어 있는 곳도 있다.  2) ㉑ '强'은 '彊'으로 되어 있는 곳도 있다.
3) ㉑ '儉'은 '薇'으로 되어 있는 곳도 있다.  4) ㉑ '碁'는 '棊'로 되어 있는 곳도 있다.

# ▌주

i   분옹 : 대접·사발·대야 따위로 술이나 음료를 담는 그릇을 가리킨다.
ii   좌욕 : 앉을 때 밑에 까는 작은 깔개. 네모지거나 둥글며 주로 밑이 배기거나 바닥이 찰 때 쓴다.

# 육난을 스스로 기뻐하며 수도하는 법을 살피도록 경계하다

첫째, 수많은 부류 중에 사람 몸을 받기가 어렵다는 것은 『제위경提謂經』에서 말한 것과 같으니[1] 지금 사람 몸을 얻음은 맹구우목盲龜遇木[i]보다 더 어렵다.

둘째, 비록 사람 몸을 얻었더라도 중국에 태어나기 어려우니 이 국토는 변방의 중앙에 해당되며 대승 정법의 경과 율을 구족한 곳이다.

셋째, 비록 정법이 있더라도 믿고 따르기 어려우니 이제 역량에 따라 믿고 의심하거나 비방하지 말라.

넷째, 사람 몸을 갖추기도 어려운데 지금 남자 몸을 받아 육근에 결함이 없는 모습을 성취하였다.

다섯째, 비록 남자 몸을 받고 육근에 결함이 없더라도 오욕에 얽매이고 물들어서 출가하기 매우 어려운데 지금 애욕을 끊고 출가하여 도를 닦으며 가사를 입고 부처님의 청정한 계를 받았다.

여섯째, 비록 금계를 받았더라도 계를 지키기가 매우 어려운데 그대는 계율을 존중하고 좋아하며 부끄러워하고 삼가 지키고 있다.

이 여섯 가지를 관찰하지 않는다면 방일하여 성도聖道를 매우 장애할 것이다.

육난을 뛰어넘었다면 항상 기뻐해야 할 것이며, 얻기 어려운 것을 얻었다면 얻은 것을 잃지 말아야 한다. 이와 같이 헤아리는 것을 청정한 마음

---

[1] 『本行經』에서는 다음과 같이 말하였다. "부처님이 성도하신 지 7일째에 북천축국의 두 상인이 수신樹神에게 이르러 복을 청하였는데, 한 명은 제위提謂이고 또 한 명은 파리波利였다. 수신이 두 사람에게 '너희는 여래께 공양 올려야 한다.'라고 하였다. 이에 각각 보리와 밀을 바쳤는데 부처님께서 이를 받고 그들에게 보시의 인과를 말씀하셨다. 또 제위에게 '미래에 성불할 것이니, 호를 밀성여래蜜成如來라 할 것이다.'라고 수기를 내리셨다."

이라 한다.[2]

### 誡觀六難自慶修道法

一者, 萬類之中, 人身難得, 如『提謂經』說.【『本行經』云: "佛成道七日, 北天竺二商人, 詣樹神請福, 一名提謂, 二名波利. 樹神告二人云: '汝可供如來.' 於是各獻麨蜜. 佛受之, 爲說布施因果. 又授記提謂未來成佛, 號蜜成如來."】今得人身, 難於龜木. 二者, 雖得人身, 中國難生, 此土卽當邊地之中, 具足大乘正法經律. 三者, 雖有正法, 信樂復難, 今隨力信, 不敢疑謗. 四者, 人身難具, 今受男形, 根無殘缺, 相貌成就. 五者, 雖具男形, 六根無缺, 五欲纏染, 出家甚難, 今得割愛, 出家修道, 披着佛衣, 受佛淨戒. 六者, 雖受禁戒, 隨戒甚難, 汝可於戒律中, 尊重愛樂, 慚愧愼護. 於此六事, 若不觀察, 卽便放逸, 深障聖道. 旣超六難, 常應喜慶, 難得已得, 得已莫失, 如是思量, 名爲淨心.【邊地之中者, 沙門慧嚴, 與南蠻校尉何承天, 共論華梵中邊之義, 謂此土夏至之日, 猶有餘陰, 天竺則無也. 天竺夏至之日, 日正中時, 竪晷無影, 所謂三千大千之中也. 此國卽邊地之中, 非正天下之中也.】

---

2 '변방의 중앙'이라는 것은, 사문 혜엄慧嚴이 남만南蠻 교위校尉 하승천何承天과 함께 중국말과 범어에서 중中과 변邊의 뜻을 함께 논하였으니, 말하자면 중국에는 하짓날에 아직도 남은 그늘이 있으나 이때 천축국에는 없다. 천축국의 하짓날에 해가 중앙에 떴을 때에는 세워진 해시계에 그림자가 없으니, 이른바 삼천대천의 중앙이다. 중국은 변방의 중앙이고 천하의 중앙이 아니다.

# 주

i 맹구우목盲龜遇木 : 눈먼 거북이가 망망대해 한가운데서 구멍 뚫린 나무를 만난다는 뜻으로 『雜阿含經』 15권에 나오는 우화이다. 바다 깊은 곳에 사는 거북이가 100년 만에 한 번씩 해수면 위로 올라와서 휴식을 취하는데, 때마침 구멍 뚫린 통나무를 만나야만 그 속에 머리를 밀어 넣고서 망망대해를 구경하면서 휴식을 취할 수가 있고, 통나무를 만나지 못하면 다시 바닷속으로 들어가야 한다는 내용이다. 이 비유는 인간으로 태어나기 어렵고 또 인간으로 태어나더라도 부처님 법을 만나기가 어렵다는 뜻으로 쓰인 표현이다.

## 계현논사의 관음기도문

듣는 성품[1] 공할 때 미묘함 비할 데 없고
사유[2]와 수행[3]으로 단박에 삼매에 들어가셨네.[4]
무연자비의 힘으로 중생들의 근기에 나아감은
밝은 달그림자가 일천 강에 비치듯 하네.

저 계현은 대자대비하신 어버이 관세음보살님께 머리 숙여 목숨 바쳐 귀의합니다. 우러러 바라옵나니, 타심통의 도안道眼으로 막힘없이 보고 들으시어 크게 애민히 여기시어 그윽이 가피를 내려 주소서.

첫째, 제가 모든 번뇌(漏結)[5]를 어서 끊고 무생법을 빨리 증득하며, 삼업이 원만히 밝아지고 육근이 청정해지기를 원하옵니다.

둘째, 제가 하나를 들으면 천 가지를 깨달아 대총지를 얻고, 변재[6]와 사무애해四無礙解를 구족하며, 무릇 성스러운 가르침에 이 마음을 훈습하고, 한 번 귀에 스치면 영원토록 잊지 않으며, 공덕과 지혜로 이 몸을 장엄하여 육근과 육진마다 법계에 두루하기를 원하옵니다.

셋째, 제가 위로는 불과佛果를 구하고, 아래로는 중생을 제도하며, 범행梵行이 빨리 원만해지고, 삼륜三輪이 공적하며,[7] 곧바로 성불에 이르기까

---

1 문혜聞慧.
2 사혜思慧.
3 수혜修慧.
4 관음보살이 처음에 옛 관음여래를 만났을 때에 문사수 삼혜로 삼매에 들어갈 수 있었으니, 곧 대적정大寂定이다.
5 루漏는 삼루三漏이다. 첫째, 욕루欲漏이니 욕계의 미혹이고, 둘째, 유루有漏이니 색계와 무색계의 미혹이고, 셋째, 무명루無明漏이니 삼계의 미혹에 통한다. 결結은 구결九結이니, 애愛·에恚·만慢·무명無明·견見·취取·의疑·질嫉·간慳이다.
6 말하는 바가 명백한 것을 변辯이라 하고, 말이 문채를 머금은 것을 재才라 하는데, 변辯이 아니면 때에 맞을 수 없고, 재才가 아니면 말에 채택할 만한 것이 없다.

지 그 사이에 몸을 버리든 몸을 받든 늘 남자가 되어 부처님 따라 출가하여 보리심을 내어 나와 남을 이롭게 하는 수행과 발원이 다함 없도록 하겠습니다. 그런 후에 "내가 목숨을 마치려 할 때에 일체의 모든 장애와 번뇌를 다 제거하고 눈앞에서 저 아미타불을 친견하고 곧바로 안락국에 왕생하기를 원하옵니다."[8·i] 저 국토에 태어나서는 모든 서원을 만족시키고 보살행을 구족하여 여러 중생들과 함께 불도를 이루기를 원하옵니다.

### 戒賢論師祈禱觀音文

聞性【聞慧】空時妙無比, 思【思慧】修【修慧】頓入三摩地.【觀音菩薩, 初遇古觀音如來, 以聞思修三慧, 得入三摩地, 即大寂定也.】

無緣慈力赴群機, 明月影臨千澗水.

比丘某甲, 稽首歸命大慈悲父觀世音菩薩, 仰願他[1)]心道眼, 無礙見聞, 動大哀憐, 冥薰加被.

一者, 願某甲早斷漏結,【漏者, 三漏: 一欲漏, 欲界惑. 二有漏, 上二界惑. 三無明漏, 通三界惑. 結者, 九結: 愛恚慢無明見取疑嫉慳也.】速證無生, 三業圓明, 六根淸淨.

二者, 願某甲一聞千悟, 獲大摠持, 具足辯才【所說明白曰辯, 言含文采曰才, 非辯則無以適時, 非才則無言可采.】四無礙解, 凡是聖敎, 薰習其心, 一歷耳根, 永無忘失, 功德智慧, 莊嚴其身, 根根塵塵, 周遍法界.

三者, 願某甲上求佛果, 下度群生, 梵行早圓, 三輪空寂【三輪, 施受物也. 輪有二意: 一圓滿義, 以三者常自周圓故. 二摧輾義, 以三者周圓而知其空寂, 摧破煩

---

7 삼륜은 시주자·받는 자·시줏물이다. 윤輪에는 두 가지 뜻이 있는데, 첫째는 원만의 뜻이니, 세 가지가 늘 스스로 두루 원만하기 때문이다. 둘째는 꺾는다는 뜻이니, 세 가지가 두루 원만하지만 그 공적함을 알아서 번뇌를 꺾기 때문이다. 시주자도 무심하며 받는 자도 무심하며 시줏물 자체도 공하다.

8 『華嚴經』「普賢行願品」의 게송이다.

惱故. 施者無心, 受者無心, 中間物自空.} 直至成佛, 於其中間, 捨身受身, 常爲男子, 隨佛出家, 發菩提心, 自利利他, 行願無盡, 然後"願我臨欲命終時, 盡除一切諸障礙, 面見彼佛阿彌陀, 卽得徃生安樂刹."【『華嚴行願品』偈.】生彼國已, 滿諸大願, 足菩薩行, 與諸衆生, 皆成佛道.

1) ㉮ '他'는 '它'로 되어 있는 곳도 있다. ㉯ '他'는 '它'와 통용된다.

**|** 주

i 내가 목숨을~왕생하기를 원하옵니다 : 『大方廣佛華嚴經』 권40 「入不思議解脫境界
普賢行願品」(T10, 848a9~10).

## 영가 진각 선사의 발원문[1]

원만하게 두루 깨달으시고 고요하며 평등한
본래의 참된 근원이신 부처님께 머리 숙여 귀의하옵나니
상호의 장엄함과 빼어남은 있는 모습도 없는 모습도 아니지만
지혜의 광명은 티끌 같은 세계를 널리 비추시네.[2]
고요하고 참되고 오묘한 깨달음인
매우 깊은 십이부의 수다라에 머리 숙여 귀의하옵나니
문자로도 아니 되고 말로도 표현할 수 없지만
일음一音으로 부류를 따라 모든 것이 명료하네.[3]
청정하신 여러 현성들과
시방세계 화합하는 아라한 스님들께 머리 숙여 귀의하옵나니
금계를 굳게 지켜 어김이 없으니
석장 짚고 물병을 지니고 중생을 이롭게 하시네.[4]
난생·태생·습생·화생
유색有色·무색無色·유상有想·비상非想
비유비무상非有非無想의 여러 부류가
잠시도 멈추지 않고 육도를 윤회합니다.
저는 지금 머리 숙여 삼보께 귀의하오며
널리 중생을 위하여 도심道心을 일으킵니다.
중생들이 고통바다 속에 깊이 빠져 있으니

---

1 영가永嘉는 대씨戴氏의 자손으로 육조의 법을 이었으며 일숙각一宿覺이라 불렸다. ○먼저 삼보에 귀경함을 서술한다.
2 불보.
3 법보.
4 승보. ○이 아래는 육취를 제도할 것을 기원하였다.

여러 불법승의 힘을 빌려 발원합니다.
자비로운 방편으로 모든 고통 제거해 주시고
큰 서원 버리지 말고 중생을 제도하소서.
자재한 교화의 힘으로 한량없는 중생을 제도하시어
항하의 모래처럼 많은 중생이 정각을 이루게 하소서.[5]

(이 게송을 말한 후에)[i] 저는 다시 머리 숙여 시방삼세의 모든 불법승 앞에 귀의하노니, 삼보의 힘을 이어받아 지극한 마음으로 발원합니다. 위없는 보리도를 닦아 맹세코 금생으로부터 바른 깨침 이룰 때까지 중간에는 결정코 물러나지 않기를 부지런히 구하겠나이다.[6]

도를 얻기 전까지 몸에는 갑작스런 병이 없고 목숨은 중간에 요절하지 않기를 바라옵니다. 타고난 수명이 다할 때에는 흉한 모습 보이지 않고, 모든 두려움이 없으며, 뒤바뀐 생각을 내지 않고, 몸에는 고통이 없으며, 마음은 산란하지 않기를 바라옵니다.

바른 지혜 분명하여 중음신을 거치지 않고 지옥·축생·아귀도에 들어가지 않으며, 물과 육지와 허공으로 다니는 것과 천마·외도와 저승의 귀신과 온갖 어지러운 모습을 모두 받지 않기를 바라옵니다.

오래도록 사람 몸을 얻되[7] 총명하고 정직하며, 나쁜 나라에 태어나지 않고, 악한 임금을 만나지 않으며, 변지邊地[ii]에 태어나지 않고, 가난한 고통을 받지 않기를 바라옵니다.

노비와 여인의 형상이라거나, 성 불구자(黃門)[8]와 혼성인[9]이라거나, 황

---

5  이 아래는 불퇴전을 구함을 맹세하는 것이다.
6  이 아래는 악이 소멸하고 선이 생겨나기를 바라는 내용이다.
7  모든 천취天趣는 즐거운 곳이어서 발심할 이유가 없고 삼악도(三塗)는 고통을 받기 때문에 도를 닦기 어려운 곳에 해당한다. 오직 인간 세계에서만 발심할 수도 있고 도를 닦을 수 있다.
8  남근이 없는 사람으로 왕궁 문을 지키므로 황문黃門이라 한다.

발黃髮과 흑치黑齒[10]라거나, 답답하고 어리석고 어둡고 아둔하다거나, 누추하고 모자라다거나, 소경·귀머거리·벙어리 등 모든 미워할 만한 모습으로 끝내 태어나지 않기를 바라옵니다.[11]

중국에 태어나고 바른 법 믿는 집안에 태어나되, 언제나 남자의 몸 얻어 육근이 완전하게 갖춰지고, 단정하고 깨끗하여 모든 더러움이 없으며, 뜻이 온화하고 맑기를 바라옵니다.

몸은 편안하고 마음은 고요하며 탐내고 성내고 어리석지 아니하고 삼독을 영원히 끊어서[12] 여러 악한 짓을 짓지 않고 항상 모든 선을 생각하기를 바라옵니다.

왕의 신하가 되지 않고 심부름꾼이 되지 않으며, 화려한 꾸밈을 바라지 않고 가난을 편히 여겨 세상을 살아가며, 욕심을 줄여서 만족할 줄 알고 의식주를 몸에 공급하기 위해 오래 쌓아 두지 않으며, 도둑질하지 않고 중생을 죽이지 않으며, 생선이나 고기를 먹지 않고 중생을 공경하며 사랑하되 내 몸과 다름없게 하기를 바라옵니다.

성품과 행동이 부드러워 남의 허물을 찾아내지 않고 나의 장점을 칭찬하지 않으며 중생과 다투지 아니하고, 원수와 친한 이를 평등하게 여겨 분별을 일으키지 않고 미움과 사랑을 내지 아니하며, 남의 물건을 바라지 않으며, 자기 재물을 아끼지 않고, 침범하기를 좋아하지 않으며, 항상 질박하고 바른 뜻을 품고 마음은 갑작스레 난폭하지 아니하며, 겸손하게 낮추기를 늘 좋아하고, 입은 악한 말이 없고 몸은 악한 행동이 없으며, 마음은 아첨하거나 왜곡되지 않아 삼업이 청정하며, 있는 곳마다 안온하여 온

---

9 반개월은 남자이고 반개월은 여자이다.
10 이 두 가지는 모두 변국의 명칭이다.
11 무릇 모든 나쁜 모습을 모두 여의기를 원함이다.
12 탐진치貪嗔痴 세 가지를 독으로 이름하는 것은, 독은 짐독鴆毒을 뜻하니 사람의 목숨을 죽인다. 이 셋은 혜명慧命을 끊기 때문에 독이라 한다.

갖 장애와 곤란이 없기를 바라옵니다.[13]

도둑질과 겁탈이라거나, 국법을 어겨서 들어가는 감옥이라거나, 형틀과 몽둥이와 쇠사슬이라거나, 칼과 창이라거나, 화살과 쌍창(槊)[14]이라거나, 맹수와 독충毒蟲이라거나, 산에서 떨어지고 물에 빠진다거나, 불에 타고 바람에 날린다거나, 우레와 벼락이라거나, 나무가 부러지고 바위가 무너진다거나, 집이 무너지고 기둥이 썩는다거나, 몽둥이질을 당하고 두려움에 떤다거나, 쫓기고 포위된다거나 붙잡혀 묶인다거나, 무고와 훼방을 당한다거나, 죄명이 잘못 기록되고 끌려가거나 하는 등 이와 같은 여러 가지 어려운 일들을 모두 받지 않기를 바라옵니다.

재앙을 퍼뜨리는 악귀나 하늘을 나는 독려毒厲나 간사한 마구니와 도깨비들, 혹은 강과 바다, 높고 깊은 산악山嶽, 나무에 붙어사는 수신樹神들일지라도 이러한 영지靈祇들이 저의 이름을 듣거나 저의 형상을 보게 되면 보리심을 일으켜 모두가 서로를 보호해 주고, 서로 침범하거나 괴롭히지 않으며, 밤낮으로 편안하여 모든 놀라움과 두려움이 없어지기를 바라옵니다.

사대가 강건하고 육근이 청정하며, 육진에 물들지 않고 마음에 어지러운 생각이 없으며, 혼미함과 막힘이 없고 단견斷見을 내지 않으며, 공空과 유有에 집착하지 않고 모든 상相을 멀리 떠나 부처님(能仁)을 믿고 받들겠나이다.

자기 견해에 집착하지 않고 분명하게 깨달아 알며, 날 때마다 바른 지혜를 견고하게 닦아 익혀서 마구니에게 포섭되지 않고, 목숨을 마칠 때에 편안하고 즐거우며, 이 몸 버리고 새 몸 받을 때에는 원망할 대상이 없도록 일체중생과 함께 좋은 벗이 되겠나이다.

---

[13] 이 아래는 액난이 소멸하고 선이 생겨나기를 바라는 내용이다.
[14] (삭槊은) 삭矟과 같으니, 창(矛)의 부류이다. 창 길이가 8장丈인 것을 삭矟이라 하는데 말 위에서 소지하는 것이다.

• 131

태어나는 곳마다 부처님 만나 법문을 듣고 동진 출가로 승려가 되어 화합하며, 몸에 입는 옷은 가사를 여의지 않고 밥을 먹는 그릇은 발우를 어기지 않으며, 도 닦는 마음 견고하여 교만한 마음을 내지 않겠나이다.
　삼보를 공경하고 존중하며, 항상 청정한 행을 닦고 밝은 스승을 가까이 하며, 선지식을 따르고 바른 법을 깊이 믿으며, 육바라밀을 부지런히 행하고 대승 경전을 독송하며, 정도正道를 행하고 예배를 올리겠나이다.
　미묘한 맛과 향기로운 꽃으로, 음성으로 올리는 찬패讚唄[15]로, 등촉과 누각(觀)[16]으로, 산과 바다와 숲과 샘으로, 허공과 평지로, 세간에 있는 미진微塵 등 이상의 것들을 모두 가져다 공양을 올리고 공덕을 모아서 보리를 돕는 데에 회향하겠나이다.
　요의了義를 사유함에 뜻으로는 한가롭고 고요하고 맑게 침묵함을 즐기고 시끄럽고 요란함을 애착하지 않으며, 무리 속에 섞여 살기를 즐기지 않고 항상 홀로 있기를 좋아하겠나이다.[17]
　어떠한 것도 구하지 않고 선정과 지혜에 마음을 오롯이 하며, 여섯 가지 신통력을 구족하고 중생을 교화하며 제도하되, 마음이 원하는 바를 따

---

[15] 찬패는 중국말과 범어를 함께 쓴 것인데, 패唄는 범어이다. 『善見論』에서는 "그대가 찬패 하는 소리를 듣는다."라고 하였는데, 패는 말로 하는 언사이다. 『法苑珠林』에서는 "살펴보건대 서방에 패唄가 있는 것은 동방에 찬讚이 있는 것과 같다. 찬讚은 문장을 좇아 결론짓는 장이고, 패唄는 게송을 짧게 해서 흐리는 송頌이다. 그 사례와 뜻을 비교해 보면 이름은 다르나 뜻은 같다."*라고 하였다.
*살펴보건대~같다 : 『法苑珠林』 권36(T53, 574b12~14).
[16] (관觀은) 음이 관貫이다. 누각이 높이 솟아서 멀리 바라보이는 곳을 관觀이라 한다. 또는 도사道士가 사는 곳을 관이라 한다.
[17] 양의 성품은 무리지어 다니고, 여우의 성품은 외로우며, 개의 성품은 홀로 있고, 사슴의 성품은 추하다. 『埤雅』에서는 "독獨*은 원숭이 부류인데, 원숭이와 비슷하지만 (원숭이보다) 크며 또 원숭이를 잡아먹는다. 원숭이의 성품은 무리지어 다니고, 독의 성품은 홀로 있으며, 원숭이는 세 번 울지만 독은 한 번 울기 때문에 독獨('홀로'의 뜻)이라 한다. 또 독이 한 번 욺에 원숭이가 놀라고, 악어가 한 번 욺에 거북이가 숨는다."라고 하였다.
*독獨 : 원숭이를 잡아먹는 큰 원숭이과이다.

라 걸림 없이 자재하게 만행을 성취하고, 정미하고 묘함이 끝없이 바르고 곧고 뚜렷이 밝게 하여 부처님의 도를 이루는 데에 뜻을 두겠나이다.[18]

바라옵건대 이 선근이 시방세계에 널리 미쳐서, 위로는 유정천의 끝에 달하고 아래로는 풍륜에까지 닿아 천상과 인간과 육도의 여러 몸 가진 것들과 일체의 유정들에게 이르게 하소서. 제가 가진 공덕을 중생들에게 모두 주어서 미진겁이 다하도록 한 중생뿐만이 아니라 제가 가진 선근을 따라 널리 모든 중생이 충분히 훈습되게 하겠나이다.[19]

지옥 속의 고통에서도 불법승에 귀의(南無)하여[20] 불법승의 명호를 칭송하리니 모두가 해탈하기를 바라옵고, 아귀 중의 고통에서도 불법승에 귀의하여 불법승의 명호를 칭송하리니 모두가 해탈하기를 바라옵고, 축생 중의 고통에서도 불법승에 귀의하여 불법승의 명호를 칭송하리니 모두가 해탈하기를 바라옵니다.

천상과 인간과 아수라의 항하사처럼 많은 중생들이 여덟 가지 고통에 시달리더라도 불법승에 귀의하리니, 저의 이 선근으로 인해 모든 속박들이 널리 면해지기를 바라옵니다.[21]

삼세의 부처님께 귀의하옵고, 수다라·보살·성문승과 미진수의 많은 성인들께 귀의하옵나니, 본래의 자비를 버리지 마시고 중생의 무리들을 거두어 주소서.

온 허공의 모든 중생이 불법승에 귀의하여 고통을 여의고 삼악도에서

---

**18** 이 아래는 선근을 회향하여 중생을 이롭게 하려는 내용이다.
**19** 이 아래는 타인을 위한 발원으로 모두 해탈을 얻도록 서원함이니, 이는 삼악도의 중생을 위하여 고통에서 벗어나도록 함이다.
**20** 나무南無는 범어이며, 혹 '나모那謨'라고도 한다. 한역하면 '목숨을 바친다(歸命)'이며, 또는 '공경히 따른다(敬從)'라고도 한다.『大品般若經』에서는 "만약 어떤 사람이 '나무불'이라 부르면 고통을 끝내는 데 이르고 그 복이 다함이 없을 것이다."*라고 하였다.
   *만약~것이다 :『摩訶般若波羅蜜經』권21(T8, 375a14~15).
**21** 이는 삼선취三善趣를 위하여 화택火宅에서 벗어나게 함이다. ○이 아래는 자신과 남에게 두루 젖어 들도록 하는 것이다.

벗어나서 속히 삼계를 넘어서서 저마다 보리심을 내어 밤낮으로 반야를 행하고 태어날 때마다 부지런히 정진하기를 항상 머리에 붙은 불 끄듯 하여 먼저 보리를 얻었을 때에는 서로 제도하여 주기를 서원합니다.

제가 정도를 행하며 예배하고, 제가 경을 외우며 염불하고, 제가 계정혜를 닦아 불법승에 귀의할지니, 널리 모든 중생의 불도가 이루어지이다. 저희들 모든 중생이 굳고 단단한 마음으로 보리를 구하여 불법승 삼보님께 머리 숙여 예배를 올리는 것이오니, 바라옵건대 서둘러 정각을 성취하게 해 주소서.

**永嘉眞覺禪師發願文**[1]【永嘉, 戴氏子, 嗣六祖, 號一宿覺. ○先叙歸敬三寶.】
稽首圓滿徧知覺, 寂靜平等本眞源,
相好嚴特非有無, 慧明普照微塵利.【佛寶】
稽首湛然眞妙覺, 甚深十二修多羅,
非文非字非言詮, 一音隨類皆明了.【法寶】
稽首淸淨諸賢聖, 十方和合應眞僧,
執持禁戒無有違, 振錫携缾[2]利含識.【僧寶 ○下祈度六趣.】
卵生胎生及濕化, 有色無色想非想,
非有非無想雜類, 六道輪廻不暫停.
我今稽首歸三寶, 普爲衆生發道心,
群生沉淪苦海中, 願因諸佛法僧力.
慈悲方便拔諸苦, 不捨弘願濟含靈,
化力自在度無窮, 恒沙衆生成正覺.【下誓求不退.】
說此偈已, 我復稽首歸依十方三世一切諸佛法僧前, 承三寶力, 志心發願, 修無上菩提, 契從今[3]生, 至成正覺, 中間決之勤求不退.【下惡滅善生.】未得道前, 身無橫病, 壽不中夭, 正命盡時, 不見惡相, 無諸恐怖, 不生顚倒, 身無苦痛, 心不散亂, 正慧明了, 不經中陰, 不入地獄畜生餓鬼, 水陸空行, 天魔外道,幽冥鬼神,一切雜形,皆悉不受.長得人身,【諸天着樂,無由發心,三塗受苦,正當難處,唯於人中,必能發心,可修其道也.】聰明正直,不生惡國,不值惡王,不生邊地,不受貧苦,奴婢女形,黃門【無根之人,守王宮中門,故曰黃門.】二根【半月能男,半月能女.】,黃髮·黑齒【二皆邊國名.】,頑愚暗鈍,醜陋殘缺,盲聾瘖瘂,凡是可惡,畢竟不生.【凡諸惡相,願皆離之.】出處中國,正信家生,常得男身,六根完具,端正香潔,無諸垢穢,志意和雅,身安心靜,不貪嗔癡,三毒永斷.【貪嗔痴三,以毒名者,毒以鴆毒為義,殺人之命,此三斷慧命,故亦名毒也.】不造衆惡,恒思諸善,不作王臣,不為使命,不願榮餙,⁴⁾ 安貧度世,少欲知足,不長畜積,衣食供身,不行偸盜,不殺衆生,不噉魚肉,敬愛含識,如我無異.性行柔輭,不求人過,不稱己善,不與物諍,怨親平等,不起分別,不生憎愛,他物不希,⁵⁾ 自財不悋,不樂侵犯,恒懷質直,心不卒暴,常樂謙下,口無惡說,身無惡行,心不謟曲,三業清淨,⁶⁾ 在處安隱,無諸障難.【下難滅善生.】竊盜劫賊,王法牢獄,枷杖鉤鎖,刀鎗箭槊【與矟同,矛屬.矛長丈八者,謂之矟,馬上所持者.】,猛獸毒蟲,墮峯溺水,火燒風飄,雷驚霹靂,樹折巖頹,堂崩棟柝,撾打怖畏,赴逐圍遶,執捉繫縛,加誣毀謗,橫註鉤牽,凡諸難事,一切不受.惡鬼飛災,天行毒厲,⁷⁾ 邪魔魍魎,若河若海,崇山穹嶽,居止樹神,凡是靈祇,聞我名者,見我形者,發菩提心,悉相覆護,不相侵惱,晝夜安隱,無諸驚懼.⁸⁾ 四大康強,六根清淨,不染六塵,心無亂想,不有昏滯,不生斷見,不着空有,遠離諸相,信奉能仁.不執己見,悟解明了,生生修習,正慧堅固,不被魔懾,⁹⁾ 大命終時,安然快樂,捨身受身,無有怨對,一切衆生,同為善友.所生之處,值佛聞法,童眞出家,為僧和合,身身之服,不離袈裟,食食之器,不乖盂鉢,道心堅固,不生憍慢.敬重三寶,常修梵行,親近明師,隨善知識,深信正法,勤行六度,讀誦大乘,行道禮拜,妙味香花,音聲讚唄【讚唄,唐梵雙存.唄,梵天之音.『善見』云:"聽汝作唄."唄,言說之詞也.『法苑』云:"尋西方之有唄,猶東國之有讚.讚者,從文以結章;唄者,短偈以流頌.比其事義,名異意同."】,燈燭臺觀【音貫,臺閣高出而望遠者, 謂之觀. 又道士所居曰觀.】, 山海林泉, 空中平地, 世間所有微塵已上, 悉持供養, 合集功德, 廻助菩提. 思惟了義, 志樂閒[10]靜, 淸素寂默, 不愛喧擾, 不樂群居, 常好獨處.【羊性群, 狐性孤, 犬性獨, 鹿性麀.『埤雅』云: "獨, 猿類也, 似猿而大, 又食猿. 猿性群, 獨性特, 猿鳴三, 獨鳴一, 是以謂之獨. 又獨一鳴而猿驚, 鼉一鳴而龜伏."】一切無求, 專心之慧, 六通具足, 化度衆生, 隨心所願, 自在無礙, 萬行成就, 精妙無窮, 正直圓明, 志成佛道.【下廻善益物.】願以此善根, 普及十方界, 上窮有頂, 下極風輪, 天上・人間, 六道諸身, 一切含識, 我所有功德, 悉與衆生, 共盡於微塵劫, 不惟一衆生, 隨我有善根, 普皆充薰餝.*【下爲他發願, 願皆蒙解脫, 此爲三惡道, 令離苦惱.】地獄中苦惱, 南無【南無, 梵語, 或那謨, 此云歸命, 又云敬從.『大品』云: "若有一人, 稱南無佛, 乃至畢苦, 其福不盡也."】佛法僧, 稱佛法僧名, 願皆蒙解脫; 餓鬼中苦惱, 南無佛法僧, 稱佛法僧名, 願皆蒙解脫; 畜生中苦惱, 南無佛法僧, 稱佛法僧名, 願皆蒙解脫. 天・人・阿修羅, 恒沙諸含識, 八苦相煎迫, 南無佛法僧, 因我此善根, 普免諸纏縛.【此爲三善趣, 令離火宅. ○下自他普霑.】南無三世佛, 南無修多羅・菩薩・聲聞僧, 微塵諸聖衆, 不捨本慈悲, 攝受群生類. 盡空諸含識, 歸依佛法僧, 離苦出三塗, 疾得超三界, 各發菩提心, 晝夜行般若, 生生勤精進, 常如救頭然, 先得菩提時, 誓願相度脫. 我行道禮拜, 我誦經念佛, 我修戒之慧, 南無佛法僧, 普願諸衆生, 悉皆成佛道. 我等諸含識, 堅固求菩提, 頂禮佛法僧, 願早成正覺.

---

1) ㉠ 이 發願文이 없는 곳도 있다. 2) ㉠ '携鉼'은 '攜缾'으로 되어 있는 곳도 있다. 3) ㉠ '今'은 '令'으로 되어 있는 곳도 있다. 4) ㉠ '餝'는 '飾'으로 되어 있는 곳도 있다. 아래에도 같다. 5) ㉠ '希'는 '怖'로 되어 있는 곳도 있다. 6) ㉠ '淨'은 '靜'으로 되어 있는 곳도 있다. 7) ㉠ '厲'는 '癘'로 되어 있는 곳도 있다. 8) ㉠ '惧'는 '懼'로 되어 있는 곳도 있다. 9) ㉠ '懾'은 '攝'으로 되어 있는 곳도 있다. 10) ㉠ '閒'은 '閑'으로 되어 있는 곳도 있다.

## 주

i 이 게송을 말한 후에 : 원문에는 본문 내용으로 되어 있으나 발원문 전체의 흐름상 이 구절이 없어야 앞뒤 연결이 원활하다.

ii 변지邊地 : 아미타불의 정토에 상대한 변두리 땅으로 부처님 계신 곳과 멀리 떨어져 있어 삼보를 뵙기 어려운 곳이다.

# 수주 대홍산 수수 선사의 화엄경예찬문[1]

비로교주화장[2]자존께서 보배로운 게송의 금문金文을 연설하시고 함 속의 옥 두루마리를 펼치시니, 티끌마다 섞여 들어가고 찰토마다 원융한 십조 구만오천 사십팔 자로 이루어진 일승원교『대방광불화엄경』에 귀의합니다.

만약 어떤 사람이 삼세의 일체 부처님을 알고자 한다면 반드시 법계의 성품을 보아야 하니 일체가 오직 마음이 지은 것입니다.

칠처구회七處九會[i]의 불보살님께 공양 올리고 늘 공경하기를 항상 원하옵니다.

증득해서 오주사분五周四分의『화엄경』[3]을 늘 연설하기를 항상 원하옵니다.

구십 찰토의 수많은 보살 대중에게 쉼 없이 늘 공양 올리기를 항상 원하옵니다.

깨달아서『대방광불화엄경』을 늘 연설하기를 항상 원하옵니다.

엎드려 바라옵건대 제가 세세생생 있는 곳마다 눈으로는 이와 같은 경

---

1 수수守遂 선사는 대홍 보은大洪報恩 선사의 법을 이었다.
2 화장華藏은 연꽃이 씨를 품은 곳이다. 여기서는 찰종刹種*과 찰토가 큰 연꽃에 함장되었기 때문에 화장이라 하였다.
  *찰종刹種 :『華嚴經』에 의하면 연화장세계의 맨 아래에 풍륜風輪이 있고, 풍륜 위에 향수해香水海가 있으며, 향수해 안에 대연화大蓮華가 있고, 대연화 위에 십불가설불찰미진수찰종十不可說佛刹微塵數刹種이 있으니, 이것을 화장세계라 한다. 그 많은 찰종들은 모두 이십중세계二十重世界로 되어 있고, 그 중앙에 있는 찰종의 제13층에 우리가 살고 있는 사바세계가 있는데 13불찰미진수세계로 둘러싸여 있다고 한다.
3 오주五周는 믿는 것, 차별, 평등, 증득하는 것, 행을 이루는 것이다. 사분四分은 과를 들어 즐거움을 권하여 믿음을 내게 하는 분(擧果勸樂生信分), 인을 닦아 과에 계합하여 이해를 내게 하는 분(修因契果生解分), 법에 의탁하여 나아가 닦아 수행을 이루게 하는 분(托法進修成行分), 사람에게 의지하여 증득해서 덕을 이루게 하는 분(依人證入成德分)이다. 제2분에 나아가 차별과 평등의 두 가지 뜻을 열었기 때문에 오주로 나뉜 것이다.

전을 늘 보고, 귀로는 이와 같은 경전을 늘 듣고, 입으로는 이와 같은 경전을 늘 독송하고, 손으로는 이와 같은 경전을 늘 쓰고, 마음으로는 이와 같은 경전을 늘 깨닫고자 하옵니다.

원하옵건대 세세생생 가는 곳마다 늘 화장세계의 일체 성현들을 가까이하며, 늘 화장세계의 일체 성현들이 자비로 섭수해 주심을 받고자 합니다.

원하옵건대 경전에서 말씀하신 대로 다 증명해 주소서.

원하옵건대 선재보살처럼 되고, 문수사리보살처럼 되고, 미륵보살처럼 되고, 보현보살처럼 되고, 관세음보살처럼 되고, 비로자나불처럼 되고자 하옵니다.

이렇게 경을 칭송한 공덕과 이렇게 발원한 공덕으로

원하옵건대 사은삼유四恩三有의 법계 일체중생들과 함께 무시이래의 법계와 허공계를 다하도록 한량 없는 죄와 허물을 소멸하기를 바라옵니다.

원하옵건대 사은삼유의 법계 일체중생들과 함께 무시이래의 법계와 허공계를 다하도록 한량없는 원한과 업을 풀기를 바라옵니다.

원하옵건대 사은삼유의 법계 일체중생들과 함께 무시이래의 법계와 허공계를 다하도록 한량없는 복과 지혜를 모아 함께 화장세계의 장엄한 바다에 노닐고 함께 보리의 대도량에 들어가『대방광불화엄경』에 귀의하기를 바라옵니다.

**隨州大洪山遂禪師禮華嚴經文**【守遂禪師, 嗣大洪恩禪師.】

南無毗盧教主華藏【華藏者, 蓮花含子之處, 目之曰華藏. 今刹種及刹, 爲大蓮華之所含藏, 故云華藏.】慈尊, 演寶偈之金文, 布琅函之玉軸, 塵塵混入, 刹刹圓融, 十兆九萬五千四十八字, 一乘圓教大方廣佛華嚴經.

若人欲了知, 三世一切佛, 應觀法界性, 一切惟心造.

常願供養常恭敬, 七處九會佛菩薩.

常願證入常宣說, 五周四分華嚴經【五周者: 所信, 差別, 平等, 證入, 成行. 四分者: 舉果勸樂生信分, 修因契果生解分, 托法進修成行分, 依人證入成德分. 就第二分, 開差別平等二義, 故分爲五周.】

常願供養無休歇, 九十刹塵菩薩衆.

常願悟入常宣說, 大方廣佛華嚴經.

伏願某甲, 生生世世, 在在處處, 眼中常見如是經典, 耳中常聞如是經典, 口中常誦如是經典, 手中常書如是經典, 心中常悟如是經典.

願生生世世, 在在處處, 常得親近華藏一切聖賢, 常蒙華藏一切聖賢慈悲攝受.

如經所說, 願悉證明.

願如善財菩薩, 願如文殊師利菩薩, 願如彌勤[1]菩薩, 願如普賢菩薩, 願如觀世音菩薩, 願如毘盧遮那佛.

以此稱經功德, 以此發願功德,

願與四恩三有法界一切衆生, 消無始以來盡法界虛空界無量罪垢.

願與四恩三有法界一切衆生, 解無始以來盡法界虛空界無量冤業.

願與四恩三有法界一切衆生, 集無始以來盡法界虛空界無量福智, 同遊華藏莊嚴海, 同入菩提大道場, 南無大方廣佛華嚴經.

---

[1] ㉮ '勤'은 '勒'으로 되어 있는 곳도 있다. ㉯ '勤'은 '勒'의 오자인 듯하다.

# 주

i   칠처구회七處九會 : 『八十華嚴經』이 일곱 처소에서 모두 아홉 번에 걸쳐 설해졌는데, 나열해 보면 다음과 같다. 제1회 아란야법보리장, 제2회 보광명전, 제3회 도리천, 제4회 야마천, 제5회 도솔천, 제6회 타화자재천, 제7회 보광명전, 제8회 보광명전, 제9회 서다림 급고독원이다.

ii   사은삼유四恩三有 : 사은은 국왕·부모·스승·시주의 은혜이고, 삼유는 삼계三界와 같은 말로 욕계·색계·무색계를 말한다.

## 동강 영 법사의 관심명

마음이여! 마음이여! 본래부터 천연天然하도다.
우뚝 홀로 서 있음이여! 고요히 외롭고도 견고하도다.
오묘하고도 지극히 오묘하며 현묘하고도 현묘하도다.
오고 감이 없고 변하지도 옮겨가지도 않도다.
미혹한 것도 깨달은 것도 아니며 성인도 현인도 다 끊어졌도다.
생각으로 미칠 수 없으나 억지로 말로 표현할 뿐이다.
바탕이 밝은 깨달음이므로 마침내 여러 인연들을 내니
거울이 온갖 형상을 머금고 바다가 온갖 물을 다 받아들이듯 한다.
거두면 신묘함이 마음속에 잠기고
펼치면 광명이 대천세계에 가득하도다.[1]
변화가 자재하여 작용함에 끝이 없으니
중생도 되고 부처도 되며 실제도 되고 방편도 되는구나.
미혹하면 드넓게 흘러가 돌아올 줄 모르고
깨달으면 또렷하여 서로 전한다.
그대의 신령스런 마음이여! 그대의 신령스런 마음이여!
그대에게 말하노니 잊지 말라! 그대에게 가르치노니 반드시 들어라!
그대는 만법을 갖추고 있으니 본래부터 원만히 이루어져 있고
만법이 바로 그대이니 그 바탕이 공하고 평등하도다.
경계는 실제의 경계가 아니고 이름은 거짓 이름일 뿐
그대가 옛날에는 깨닫지 못하여 비틀거렸지만[2]
그대가 지금은 스스로 깨달아 견고한 곧음을 지킬 수 있구나.

---

1 한산寒山의 시에서는 "천진한 물건이여, 귀하기도 하구나! 오직 홀로 있을 뿐, 짝할 게 없구나. 재촉하면 마음속에 있고, 늘리면 모든 곳에 있다."라고 하였다.
2 행동이 바르지 못한 모양.

가는 곳마다 막히지 말고 망념이 일어나면 성성히 알아차려
육진에 물들지 말고 삼독에 오히려 청정해져라.
다시 탁월함을 일으켜서 본래의 밝음을 잃게 하지 말고
스스로 청정함을 맑혀서 원래의 정기로 돌아가도록 하라.

### 桐江瑛法師觀心銘

心焉心焉, 本自天然.
卓爾獨立, 湛寂孤堅.
妙中至妙, 玄中又玄.
無來無去, 不變不遷.
非迷非悟, 絕聖絕賢.
思不可及, 强以言詮.
由體明覺, 遂生諸緣.
鏡含萬像,[1] 海納百川.
收之兮, 神潛方寸.
舒之兮, 光充大千.【寒山詩: "可貴天然物, 獨一無伴侶. 促之在方寸, 延之一切處."】
變化自在, 作用無邊.
乃生乃佛, 爲實爲權.
迷之則, 浩浩不返.
悟之則, 了了相傳.
心焉汝靈, 心焉汝靈.
語汝莫忘, 誨汝須聽.
汝具萬法兮, 本自圓成.
萬法是汝兮, 其體空平.
境非實境, 名是假名.

汝昔不悟兮, 枉受玲姘[2)]【行不正貌.】.

汝今自覺兮, 可保堅貞.

觸途莫滯, 念起即惺.

六塵不染, 三毒乃淸.

休更鼓之, 令濁兮失本明.

宜自澄之, 令淨兮歸元精.[3)]

---

1) ㉮ '像'은 '象'으로 되어 있는 곳도 있다.  2) ㉮ '姘'는 '媥'으로 되어 있는 곳도 있다.  3) ㉮ 甲本에는 이 아래에 다음의 간기刊記가 나온다. "惠湜 敬岑 戒悅 克先 嘉靖三年六月日順天土母后山大光寺自儉自鍊板與前集 廣施流通 正悟自刊 達修 智禪 法贊] 又有『緇門警訓卷上』. 丙本有『緇門警訓卷上』又施主秩如下[□養大施主金光弼兩主 □大施主挨德兩主 □施大施主林㐫山兩主 □施大施主文百右兩主 大施主金萬千兩主 崔仁山兩主 鄭時謂兩主 崔希同兩主 崔㐫山兩主 成凡兩主 韓春孫兩主 鄭云鶴兩主 栗伊保體 末今保體 金代同兩主【중간에 결락됨.】金世彌兩主 李成孫兩主 朴銀長兩主 莫德保體 李失兩主 廉祖希兩主 高介兩主 朴一孫兩主 訥叱德保體 文龍兩主 王非保體 徐延孫兩主 貴孫兩主 朴貴石兩主 張人斤乃兩主 李伊金兩主 崔石只兩主 崔石文兩主 黃知巨非兩主 禹千同兩主 崔閑孫兩主 徐成同兩主 韓加應兩主 尹亨兩主 柳今金兩主 金於叱同兩主 柳於叱同兩主 鄭岩回兩主 李守昌兩主 莫今保體 金希石兩主 金難閑兩主 王非保體【이하는 결락됨.】"

# 동산 양개 화상이 부모님과 하직하며 쓴 편지[1]

삼가 듣자오니, 모든 부처님이 세상에 나올 때에는 모두 부모를 의탁하여 태어났으며, 만물이 생명을 일으킬 때에는 모두 하늘이 덮어 주고 땅이 실어 줌에 의지한다고 했습니다. 그러므로 부모가 없으면 태어나지 못하고 천지가 없으면 자라나지 못하니, 양육해 주는 은혜를 모두가 입었고 덮어 주고 실어 주는 은덕을 모두가 받았습니다.

아아! 일체의 중생과 온갖 형상들은 모두 무상無常에 속하므로 태어나고 죽는 것을 떠나지 못합니다. 어려서 젖을 먹여 준 정이 무겁고[2] 길러 준 은혜가 깊으니, 만약 온갖 재물(賄賂)[3]로 봉양하며 돕더라도 끝내 보답하기 어려우며, 만약 좋은 음식(血食)[i]을 만들어 시봉하더라도 어찌 오래 할 수 있겠습니까? 그러므로 『효경』에서는 "날마다 세 가지 희생물[4]로 봉양하더라도 여전히 불효가 된다."라고 하였으니 (결국에) 서로 끌어당겨 침몰해서 영원히 윤회의 길에 들어갈 뿐입니다.

망극한 은혜를 보답하고자 한다면[5] 출가하는 공덕만 한 것이 없습니다.

---

1 화상은 회계會稽 유씨兪氏의 자손으로서 운암 담성雲巖曇晟 선사의 법을 이었다.
2 경전에서는 "자식이 어머니의 태중에 있을 때, 마신 젖이 84말이다."라고 하였고, 또 『心地觀經』에서는 "모든 남녀가 태중에 자리할 때, 입으로 젖을 빨고 어머니의 피를 먹었으니, 모태를 나와서는 이미 먹은 젖이 1800말이나 된다."*라고 하였고, 『中陰經』에서도 이와 같이 말했다.**
　*모든~된다 : 『大乘本生心地觀經』 권2(T3, 297b16~18).
　**『中陰經』에서도 이와 같이 말했다 : 『中陰經』 권상(T12, 1059b5~10)에는 다음과 같이 나온다. "飲乳一百八十斛, 除母腹中所食血分. 東弗于逮兒生墮地乃至三歲, 飲乳一千八百斛; 西拘耶尼兒生墮地乃至三歲, 飲乳八百八十斛; 北欝單曰兒生墮地坐著陌頭, 行人授指, 唊指七日成人, 彼土無乳; 中陰衆生飲吸於風."
3 회賄는 재물이며 또는 선물을 보낸다는 것이다. 뢰賂는 재물을 다른 사람에게 주는 것이다.
4 소·양·돼지이다. 처음 기르는 것을 축畜이라 하고, 이것을 가지고 (제물로) 쓰는 것을 생牲이라 한다.
5 『詩經』에서는 "그 덕을 갚고자 하나 높은 하늘처럼 끝이 없도다."라고 하였다.

삶과 죽음으로 이어지는 애욕의 강물을 끊고 번뇌로 가득 찬 고통의 바다를 뛰어넘어 천생의 부모에게 보답하고 만겁의 자애로운 육친에게 보답하노니, 삼계의 네 가지 은혜를 갚지 않음이 없을 것입니다. 그러므로 "한 아들이 출가하면 구족九族이 천상에 난다."라고 했습니다. 양개는 금생의 몸과 목숨을 버리더라도 맹세코 집에 돌아가지 않고 영겁의 육근과 육진을 가지고 반야를 단박에 밝히려 합니다.

엎드려 바라옵건대, 부모님께서는 마음으로 들으시고 기꺼이 버리시어 뜻으로 세연世緣에 얽매이지 마시고 정반국왕을 본받으시며 마야모후를 본받으십시오.[6] 훗날 다른 때에 부처님의 회상會上에서 서로 만날 것이오니, 오늘 지금은 잠시 이별할 뿐입니다. 양개는 맛있는 음식으로 봉양하지 못하는 오역죄五逆罪를 거부하는 것이 아니니, 세월이 사람을 기다려주지 않기 때문입니다. 그러므로 "이 몸을 금생에 제도하지 못하면 다시 어느 생을 기다려 이 몸을 제도할 것인가?"라고 한 것입니다.

엎드려 바라옵건대, 부모님의 마음에 저를 다시는 기억하지 마십시오. 게송으로 읊어 봅니다.

마음 근원 못 깨치고 몇 해를 지냈던가?
들뜬 세상에 부질없이 지낸 것을 돌이켜 탄식합니다.
그 얼마나 많은 사람들이 불문(空門)에서 도를 얻었던가?
나만 홀로 티끌세상에 빠져 있었습니다.
삼가 짧은 글(尺書)로[7] 권속의 사랑 하직하고
큰법 밝혀 자애로운 어버이께 보답하려 합니다.
눈물 흘리며 자주 저를 생각하지 마소서.

---

6 정반과 마야는 부처님의 부모이다.
7 옛날에는 대쪽으로 만드는 편지 조각의 길이를 단지 8치나 1척으로 재단했기 때문에 척서尺書라 한다.

애초부터 이 몸은 없던 걸로 여기소서.
깊은 숲속 흰 구름이 늘 벗이 되고
문 앞의 푸른 산을 이웃으로 삼으니
세상의 명예 이익에서 벗어나
인간 세상의 애욕과 성냄을 영원히 이별합니다.
조사들의 뜻을 단박에 깨우치고
언구言句 속의 미묘한 진리 반드시 꿰뚫지니
온 집안의 친척들이[8] 저를 보고자 한다면
다만 미래의 바른 인과를 기다릴 뿐입니다.

### 洞山良介和尙辭親書[1]【和尙, 會稽兪氏子, 嗣雲巖曇晟禪師.】

伏聞, 諸佛出世, 皆托父母而受生, 萬類興生, 盡假天地之覆載. 故非父母而不生, 無天地而不長, 盡霑養育之恩, 俱受覆載之德. 嗟夫! 一切含靈, 萬像形儀, 皆屬無常, 未離生滅. 稚則乳哺情重,【經云: "子在母胎, 飮乳八斛四斗." 又『心地觀經』云: "一切男女, 處於胎中, 口吮乳根, 飮噉母血, 及出胎, 已飮乳百八十斛."『中陰經』亦如此說.】養育恩深, 若把賄[2]賂【賄, 財也. 又贈送也. 賂以財與人也.】供資, 終難報答, 若作血食侍養, 安得久長? 故『孝經』云: "日用三牲【牛·羊·豕也. 始養謂之畜, 將用謂之牲.】之養, 猶爲不孝也." 相牽沉沒, 永入輪廻. 欲報罔極之恩,【『詩』云: "欲報之德, 昊天罔極."】未若出家功德. 截生死之愛河, 越煩惱之苦海, 報千生之父母, 答萬劫之慈親, 三有四恩, 無不報矣. 故云: "一子出家, 九族生天." 良介捨今生之身命, 誓不還家, 將永劫之根塵, 頓明般若. 伏惟, 父母心聞喜捨, 意莫攀緣, 學淨飯之國王, 效摩耶之聖后.【淨飯·摩耶, 佛之父母.】他時異日, 佛會上相逢, 此日今時, 且相離別.

---

[8] 가까운 이를 친親이라 하고 먼 이를 척戚이라 하며, 내부의 혈족을 친이라 하고 외부의 혈족을 척이라 하며, 부친의 일가를 친이라 하고 모친의 일가를 척이라 한다.

良介非拒五逆[3]於甘旨, 盖時不待人, 故云: "此身不向今生度, 更待何生度此身?"

伏冀, 尊懷莫相記憶! 頌曰:

未了心源度數春? 翻嗟浮世謾逡巡.

幾人得道空門理?[4] 獨我淹留在世塵.

謹具尺書【古者, 簡牘之長, 只裁咫尺, 故曰尺書也.】辭眷愛, 欲明大法報慈親.

不須洒泪[5]頻相憶, 比似當初無我身.

林下白雲常作伴, 門前靑嶂以爲隣.

免于世上名兼利, 永別人間愛與嗔.[6]

祖意直敎言下曉, 玄微須透句中眞.

合門親戚【近曰親, 遠曰戚; 內族曰親, 外族曰戚; 父黨曰親, 母黨曰戚.】要相見, 直待當來正果因.

---

1) ㉑ 이 글이 결락된 곳도 있다.  2) ㉑ '賄'는 '若'으로 되어 있는 곳도 있다.  3) ㉑ '五逆'은 '違'로 되어 있는 곳도 있다.  4) ㉑ '理'는 '裡'인 듯하다.  5) ㉑ '泪'는 '淚'로 되어 있는 곳도 있다.  6) ㉑ '嗔'은 '親'인 듯하다.

## 주

i  좋은 음식(血食) : 혈식은 원래 제례 용어로 희생 제물을 바쳐 제사를 지내는 것을 말한다. 이것이 전하여 집안에서 희생 제물을 기르듯이 고이 기른 짐승을 잡아 부모님께 공양 올려 정성껏 봉양함을 이른다.
ii 삼계의 네 가지 은혜 : 삼계는 욕계·색계·무색계이다. 네 가지 은혜는 국왕·부모·스승·시주의 은혜이다.

## 양개 화상이 뒤에 또 보낸 편지

양개가 맛있는 음식으로 봉양하는 일을 떠나면서부터 지팡이를 짚고 남쪽으로 유랑하며 세월이 이미 열 차례나 바뀌었고[1] 갈림길은 어느새 만 리나 벌어져 버렸습니다. 엎드려 바라옵건대, 자애로운 어머님께서는 마음을 가다듬어 도를 사모하시고 뜻을 거두시어 불문(空門)에 귀의하셔서 이별의 정을 품지 마시고 문에 기대어 기다리는 일은 하지 마십시오. 집안의 일은 다만 인연을 따를 뿐, 있으면 있을수록 더욱 많아지니 날로 번뇌만 더할 뿐입니다.

형님은 부지런히 효순孝順을 행하여 반드시 얼음 속의 고기를 구할 것이며,[2] 아우는 힘을 다해 봉양하여 또한 서리 속에서 죽순을 구하고자 울 것입니다.[3]

대저 사람은 세상에 살면서 자신을 수양하고 효도를 행하여 하늘의 마음에 합치하며, 승려는 불문에 들어 도를 사모하고 선을 참구하여 자비로운 덕에 보답하는 법입니다. 지금은 천 개의 산과 만 개의 물줄기가 아득히 두 길[4]을 가로막고 있으니, 한 장의 종이에 여덟 줄의 글로써 아쉬운 대로 마음속 소회를 적어 봅니다.

---

1 두보의 시에서는 "세 차례 서리가 내렸고, 초 땅의 집집마다 다듬이질 소리 나네."라고 하였는데, 주석에서는 "초 땅에서 세 번 해가 바뀌었다."라고 하였다.
2 『類苑』에서는 "왕상王祥은 성품이 지극히 효성스러웠으나 계모 주씨朱氏가 자애롭지 못하여 자주 그를 헐뜯었으니, 그 때문에 부친으로부터 사랑을 잃었다. 주씨가 병이 들어 산 물고기를 먹고 싶어 하였으나 때는 한겨울이라 꽁꽁 얼어 있었기에 물고기를 구할 수가 없었다. 왕상이 얼음에 누워 물고기를 구하니 얼음이 홀연히 저절로 열리더니 두 마리의 잉어가 뛰쳐나왔다."라고 하였다.
3 또 맹종孟宗은 자가 태무泰武*이니, 성품이 지극히 효성스러웠다. 어머니가 죽순을 즐겨 먹었으나 겨울이라 죽순이 없었다. 맹종이 대나무 숲에 들어가 슬피 우니 죽순이 그를 위해 생겨났다.
  * 태무泰武 : 『盂蘭盆經疏孝衡鈔』에서는 맹종의 자가 '공무恭武'로 나온다.
4 출세간과 세간.

명리 얻기를 바라지 않고 선비 되기를 바라지 않고
불문에서 노닐고자 세속길을 버렸네.
번뇌가 다할 때에 근심의 불 소멸되고
은혜의 정 끊어진 곳에 애증의 물 마르리.
육근이 텅 빈 지혜를 향기바람이 끌어오고
한 생각 나자마자 지혜의 힘으로 붙잡으리.
어머님께 여쭈노니 슬픈 바람 그치소서.
죽은 자식처럼 없는 듯이 여기소서.

### 後書

良介自離甘旨, 策杖南遊, 星霜已換於十秋,【杜詩: "三霜楚戶砧." 注云: "在楚三換星霜也."】歧路俄隔於萬里. 伏惟, 慈母收心慕道, 攝意歸空, 休懷離別之情, 莫作倚門之望. 家中家事, 但且隨緣, 轉有轉多, 日增煩惱. 阿兄勤行孝順, 須求氷裏之魚;【『類苑』云: "王祥, 性至孝. 繼母朱氏不慈, 數譖之, 由是失愛於父. 朱嘗病, 欲食生魚, 時天寒氷凍, 魚不可得. 祥臥氷求之, 氷忽自開, 雙鯉躍出.】少弟竭力奉承, 亦泣霜中之笋.【又孟宗, 字泰武, 性至孝. 母好食竹笋, 冬月無竹笋. 宗入竹林中哀號, 笋爲之生.】夫人居世上, 修己行孝, 以合天心; 僧在空門, 慕道叅禪, 而報慈德. 今則千山萬水, 杳隔二途【物外·人間】, 一紙八行, 聊書寸懷. 頌曰:

不求名利不求儒,[1] 願樂空門捨俗途.
煩惱盡時愁火滅, 恩情斷處愛河枯.
六根空慧香風引, 一念才生慧力扶.
爲報北堂休悵望, 比如死子比如無.

---

1) ㉘ '儒'는 '偹'로 되어 있는 곳도 있다.

## 양개 화상의 모친이 답한 글

나는 너와 더불어 숙세의 인연이 있었기에 비로소 어미와 아들로 맺어져 애정을 쏟았다. 잉태하면서부터는 부처님과 천신께 기도하며 아들 낳기를 발원하였다. 임신한 몸에 달이 차자 목숨이 실 끝에 매달린 듯하였지만 마침내 마음에 바라던 아들을 얻게 되었다. 구슬 보배마냥 아껴 똥오줌도 그 악취를 싫어하지 않았으며, 젖 먹일 때도 그 수고로움을 게을리하지 않았다. 차츰 성인이 되면서부터는 밖으로 내보내 배우고 익히게 하였는데, 간혹 잠시라도 때가 지나 돌아오지 않으면 문에 기대어 기다리곤 하였다.

보내온 편지를 보니 출가를 굳게 결심했거늘 아버님은 돌아가셨고 어미는 늙었으며 네 형은 각박하고 아우는 싸늘하니, 내가 누구를 의지할 수 있겠느냐? 아들은 어미를 포기할 뜻이 있으나 어미는 아들을 버릴 마음이 없다. 네가 훌쩍 다른 지방으로 떠나고부터는 아침저녁으로 항상 슬픈 눈물을 뿌렸으니, 괴롭고도 괴롭도다! 고향으로 돌아오지 않는다고 이미 맹세하였다면 너의 뜻을 따를 것이다.

나는 네가 왕상이 얼음 위에 누운 것이나 정란이 나무를 새긴 것처럼 하기를 감히 기대하지 않는다.[1] 단지 네가 목련존자같이 나를 제도하여 윤회에 빠진 것을 해탈시켜 주고 위로는 불과佛果에 오르게 하기를 바랄

---

[1] 『類苑』에서는 "난蘭은 하내河內 사람이다. 젊어서 부모님을 여의고 봉양하지 못하자 이에 부모님 모습과 흡사하게 나무를 조각하여 살아 계실 때처럼 섬기며 아침저녁으로 안부를 살폈다. 훗날 이웃사람 장숙張叔의 처가 난의 처에게 무엇을 빌리려 하였는데 난의 처가 목인에게 무릎을 꿇고 절을 하니 목인이 기꺼워하지 않는지라 빌려주지 않았다. 장숙이 술김에 와서 목인을 꾸짖고 욕하며 지팡이로 그 머리를 두드렸다. 난이 돌아와서 목인의 안색이 기쁘지 않음을 보고 처에게 묻자 처가 소상하게 일렀더니 곧 격분하여 칼로 장숙을 살해하였다. 관리가 난을 체포하자 난이 목인에게 하직 인사를 하니 목인이 난을 보고는 그를 위해 눈물을 흘렸다. 그의 지극한 효심이 신명에 통했음을 현에서 가상히 여겨 공당公堂에 그 형상을 그려 놓았다."라고 하였다.

뿐이다.[2] 만일 그렇지 못하다면 깊은 허물이 있을 것이니, 반드시 알아야
한다.

### 娘廻答

吾與汝, 夙有因緣, 始結母子, 取愛情注. 自從懷孕, 禱神佛天, 願生男子, 胞胎月滿, 命若懸絲, 得遂願心, 如珠寶惜, 糞穢不嫌於臭惡, 乳哺不倦於辛勤. 稍自成人, 送令習學, 或暫逾時不歸, 便作倚門之望. 來書堅要出家, 父亡母老, 兄薄弟寒, 吾何依賴? 子有抛母之意, 娘無捨子之心. 一自汝徃他方, 日夕常洒悲泪, 苦哉苦哉! 既誓不還鄉, 即得從汝志. 我不敢汝如王詳[1]臥氷·丁蘭刻木,【『類苑』云: "蘭, 河內人, 少喪考妣, 不及供養, 乃刻木彷彿親形, 事之如生, 朝暮定省. 後隣人張叔妻, 從蘭妻有所借, 蘭妻跪拜木人, 木人不悅, 不以借之. 叔乘醉來, 誶罵木人, 以杖叩其頭. 蘭還見木人色不悅, 問妻, 妻以其告. 即奮釰殺叔, 吏捕蘭, 蘭辭木人. 木人見蘭, 爲之垂淚. 縣嘉其至孝通於神明, 圖其形於公堂.】但望汝如目連尊者, 度我解脫沉淪, 上登佛果.【目連見其亡母生地獄中, 不得食, 以此白佛. 佛言: "七月十五日, 具百味五果着盆中, 供養十方佛菩薩, 然後得食. 目連如敎, 母得食生天.】如其未然, 幽愁有在, 切須體悉.[2]

---
1) ㉲ '詳'은 '祥'으로 되어 있는 곳도 있다. 2) ㉲ '悉' 아래에 '緇門卷上'이라고 되어 있는 곳도 있다.

---

2 목련존자는 그의 죽은 어머니가 지옥에 태어나서 음식을 먹지 못하는 것을 보고는 이를 부처님께 아뢰니 부처님께서 말씀하셨다. "7월 15일에 온갖 음식과 다섯 가지 과일을 그릇에 담아 시방의 부처님과 보살님께 공양 올린 후에 드시게 하라." 목련존자가 가르침대로 하니 어머니가 음식을 먹고는 하늘에 태어나게 되었다.

# 장로산 자각 종색 선사의 귀경문[1]

대저 두 그루의 계수나무가 그늘을 드리움에[2] 한 송이 꽃이 상서로움을 나타내었다.[3] 이로부터 총림叢林이 개설되었으니[4] 요약컨대 본래 대중스님들을 위한 것이다.

그러므로 승려들에게 (불법을) 열어 보이는 까닭에 장로長老가 있고,[5]

---

1 거북(龜)은 머뭇거리는(猶豫) 일을 결정하며, 거울(鏡)은 예쁘고 추함을 판단한다. ○유예猶豫에서 유猶는 족제비이니, 나무를 잘 타고 의심하는 성품이 많다. 늘 산속에 머물면서 문득 사람의 소리를 들으면 미리 나무 위로 올라갔다가 한참 후에 사람이 없으면 감히 내려와서 잠깐 있다가 또 올라간다. 이렇게 하는 것이 한두 번이 아니므로 사람들이 무엇을 의심하여 결정하지 못하는 것을 여기에 비유하였다.
2 두 그루의 계수나무란, 숭산의 소림굴 앞에 두 그루의 계수나무가 있기 때문에 소림이라 하였다. 『應聖纖』에서 "두 그루의 어린 계수나무 오래도록 푸르고 푸르도다."라고 한 것은, 이것을 은밀히 기록한 것이다. 또 임제와 조동의 두 종파가 잇달아 꽃을 피워 끊어지지 않는 까닭에 "두 그루가 오래도록 푸르고 푸르도다."라고 하였다. 그늘을 드리운다는 것은 초조(달마대사)가 9년간 여기에서 면벽하고는 혜가대사를 만나 그에게 심인心印을 전수하였으니, 이것이 선종의 시초이다. 이로부터 천하에 퍼지게 되었으니 어찌 그늘을 드리운 것이 아니겠는가?
3 한 송이 꽃이란 우담바라優曇鉢羅이니, 한역하면 신령스럽고 상서로운 꽃(靈瑞花)이다. 잎사귀는 배나무와 흡사하고 열매는 크며 꽃이 없이 열매를 맺는다. 또는 꽃이 피기도 하지만 그런 경우를 만나기 어렵기 때문에 경전에서는 이를 희유한 일에 비유하였다. 『泥洹經』에서는 "염부제 안에 존귀한 나무의 왕이 있는데, 이름은 '우담바라'이고 열매는 있으나 꽃은 피지 않는다. 만약 금빛 꽃이 피면 부처님이 세상에 출현하신다."라고 하였다. 이제 백장 선사가 법을 열어 세상에 나오셨으니, 또한 이 꽃이 희유한 것과 같기 때문에 상서로움을 나타냈다고 하였다.
  *염부제~출현하신다:『佛般泥洹經』권하(T1, 172c5~7).
4 달마가 양梁나라로 와서 위魏 땅에 은거하면서부터 6대 동안 이어져 대적大寂(마조 도일, 709~788)에 이르기까지 250년간 선종의 사찰이 없었는데 백장이 처음으로 뜻을 일으켜 선원을 따로 설립하였으니, 선원의 대중들이 도를 실천하는 데 필요한 것, 자신의 생활에 필요한 것, 참선에 필요한 것, 공양하고 휴식하는 데 필요한 것들을 낱낱이 갖추었고 그 각각에 소임자를 두었다.
5 선종의 주지는 반드시 장로라 호칭한다. 『阿含經』에 세 가지 장로가 있으니 첫째는 기년장로耆年長老로서 승랍이 많은 자이고, 둘째는 법장로法長老로서 법성을 통달하여 안으로 지혜와 덕행이 있는 자이며, 셋째는 작장로作長老이니 사칭하는 자이다. 지금은 두 번째를 취하였다. 또 덕이 높으면 장長이 되고, 나이가 많으면 노老가 된다.

승려들에게 위의를 보여 주는 까닭에 수좌首座가 있으며,[6] 승려들을 짊어지는 까닭에 감원監院이 있고,[7] 승려들을 화합시키는 까닭에 유나維那가 있으며,[8] 승려들에게 공양 올리는 까닭에 전좌典座가 있고,[9] 승려들을 위하여 업무를 보는 까닭에 직세直歲가 있으며,[10] 승려들을 위하여 출납을

---

[6] 즉 예전의 상좌上座이다. 지금의 선문에서 소위 수좌라 하는 사람은 반드시 자신의 일을 이미 마치고 대중들이 복종하는 대상이며 덕행과 선업을 겸비한 자를 가려서 직책을 맡긴다.

[7] 즉 감사監寺이다. 승사僧史에서는 "사찰의 삼강三綱*을 맡은 자는 마치 그물의 굵은 줄과도 같으니, 그것을 들면 전체 그물코가 바르게 되는 것과 같다. 상세히 고찰해 보면 사주寺主는 동한東漢 때의 백마사白馬寺에서 시작되었는데, 사찰이 도처에 퍼지게 되자 반드시 그곳을 주관하는 사람이 필요하게 되었다."라고 하였다. 지금의 선문에도 안팎으로 소임자(知事)들이 있는데 감사로서 우두머리를 삼는다. 『大集經』에서는 "승물僧物은 관장하기 어렵고 불법佛法은 주인이 없으나 내가 두 종류의 사람에게 삼보의 물건을 관장하도록 허락하니, 첫째는 업보를 아는 자이고, 둘째는 부끄러움을 아는 자이다."**라고 하였다. 지금의 선문에서는 반드시 마음은 법도를 통달하고, 몸은 이양利養을 잊은 자를 선택하여 승려의 업무를 관장하게 하였으니, 이는 돌아가신 대덕 스님들의 유지이다.

　*사찰의 삼강三綱 : 선원의 주지·상좌·유나, 또는 상좌·유나·전좌, 또는 주지·지사·유나를 가리킨다.

　**승물僧物은~자이다 : 『大方等大集經』권31(T13, 216a25~28)에는 다음과 같이 나온다. "大王! 僧物難掌, 我今惟聽二人掌護: 一者, 羅漢比丘具八解脫; 二者, 須陀洹人. 大王! 除是二人更無有人掌護僧物."

[8] 『寄歸傳』에서는 "중국말과 범어를 함께 든 것이다. 유維는 벼리의 밧줄(綱維)이고, 나那는 범어를 줄인 것이니, '갈마타羯磨陀' 세 자를 떼어 버린 것이다. 한역하면 열중悅衆이다."라고 하였으며, 『十誦律』에서는 "승방僧坊에 때를 알아서 물 뿌리고 청소하는 사람이 없고 대중이 혼란할 때 그것을 지적하여 나무라는 사람이 없는 등의 이유로 부처님께서 유나를 세우도록 하였다."*라고 하였다. 지금의 선문에서는 승적僧籍 및 표백表白(선종에서 제문이나 회향문 등을 읽는 일 또는 그 소임) 등의 일을 관장하게 하고자 마땅한 인재를 반드시 선출한다.

　*승방僧坊에~하였다 : 『十誦律』권34(T23, 250b19~24).

[9] 승사僧史에서는 "침상과 좌구의 일을 맡아 주관하는 것이다."라고 했는데, 아홉 가지 일* 가운데 이제 한 가지를 들어 그 전체를 거두었으니 잡다한 일을 통틀어 맡는 것이다. 지금의 선문에서는 관례를 좇아 이 이름을 두었을 뿐이다.

　*아홉 가지 일 : 침상과 좌구(牀座), 모임을 청함(請會), 방房, 의복衣服, 꽃(華), 향香, 과일과 열매(果蓏), 따뜻한 물(煖水), 여러 가지 떡과 음식(雜餅食)을 말한다.

[10] 승사僧史에서는 "1년 동안 업무를 담당하기 때문에 이 직책을 두었다."라고 하였다. 지

처리하는 까닭에 고두庫頭가 있고,¹¹ 승려들을 위하여 문서를 주관하는 까닭에 서장書狀이 있으며,¹² 승려들을 위하여 바른 가르침을 수호하는 까닭에 장주藏主가 있고, 승려들을 위하여 시주자들을 영접하고 상대하는 까닭에 지객知客이 있으며, 승려들을 위하여 심부름하는 까닭에 시자侍者가 있고, 승려들을 위하여 옷과 발우를 간수하는 까닭에 요주寮主가 있으며, 승려들을 위하여 탕약을 받들어 공양 올리는 까닭에 당주堂主가 있고, 승려들을 위하여 세탁을 하는 까닭에 욕주浴主와 수두水頭가 있으며, 승려들을 위하여 추위를 막는 까닭에 탄두炭頭와 노두爐頭ⁱ가 있고, 승려들을 위하여 탁발하는 까닭에 가방화주街坊化主ⁱⁱ가 있으며, 승려들을 위하여 노역을 맡는 까닭에 원두園頭와 마두磨頭와 장주莊主ⁱⁱⁱ가 있고, 승려들을 위하여 (측간을) 청소하는 까닭에 정두淨頭가 있으며, 승려들을 위하여 시봉하는 까닭에 정인淨人이 있다.¹³

그러므로 도를 수행하는 인연이 충분히 갖추어지고 몸에 필요한 도구들이 갖추어져 만사에 아무런 근심할 일이 없어야 일심으로 도를 닦을 수 있다. 세간에서는 존귀하게 여기고 세간을 벗어나서는 유유자적하고 청정하며 하는 일(作爲)이 없기로는 승려의 무리가 최고이니, 많은 사람들의 노력을 돌이켜 생각하건대 어찌 은혜를 알아 그 은혜에 보답하지 않을 수 있겠는가?

아침에 참문하고 저녁에 청익請益ⁱᵛ하여 촌음도 버리지 않아야 장로에게 보답하는 것이고, 높고 낮음에 순서가 있고 행동거지가 침착하여야 수좌에게 보답하는 것이며, 밖으로 법령을 준수하고 안으로 규약을 지켜

---

금의 선문에서는 비록 세시歲時를 정하여 이름을 세운 것은 아니지만 또한 옛 제도를 본받은 것이다.
11 출납이란 꺼내어 쓰고 넣어 두어 간직함이다.
12 문서와 서한을 관장하는 것이니, 산문에서는 방榜·상소문·서간문·기도문·일반글 등을 모두 서장에게 맡긴다.
13 『毘奈耶』에서는 "청정한 업을 짓기 때문에 정인이라 한다."라고 하였다.

야 감원에게 보답하는 것이고, 육화六和[14]로 함께 모여 물과 우유처럼 서로 섞여야[15] 유나에게 보답하는 것이며, 도를 이루기 위하여 비로소 이 음식을 받는 것이 전좌에게 보답하는 것이고, 승방에 편안히 거처하며 모든 집물什物[16]을 보호하고 아끼는 것이 직세에게 보답하는 것이며, 상주물을 털끝만큼도 범하지 않는 것이 고두에게 보답하는 것이고, 손으로 붓을 잡지 않고 마치 머리에 붙은 불을 끄듯 (참선 수행을) 하는 것이 서장에게 보답하는 것이며, 밝은 창가의 깨끗한 책상에서 옛 성현의 가르침을 마음에 비춰 보는 것이 장주에게 보답하는 것이고, 마음의 빛을 감추고 행적을 숨기며 추종하거나 모시고 다님을 일삼지 않는 것이 지객에게 보답하는 것이며, 거처하는 곳이 반드시 일정하고 부르면 반드시 먼저 도착하는 것이 시자에게 보답하는 것이고, 하나의 물병과 하나의 발우로 산과 같이 대중에 거처하는 것이 요주에게 보답하는 것이며, 병고에 마음을 편안하게 하고 미음과 약은 적절히 하는 것이 당주에게 보답하는 것이고, 조용히 말없이 천천히 목욕함에 물이라는 인자因子에 어둡지 않은 것이[17] 욕주와 수두에게 보답하는 것이며, 입을 다물고 손을 맞잡은 채 자신

---

**14** 계戒로 화합하여 함께 수행하고, 몸으로 화합하여 함께 거주하고, 입으로 화합하여 다툼이 없고, 뜻으로 화합하여 함께 기뻐하고, 견해로 화합하여 함께 이해하고, 이익으로 화합하여 함께 균등히 한다. 구마라집 법사가 "만약 대중이 화합하지 않으면 공경하고 순종하는 도리가 아니다."라고 하였다.

**15** 명공明公이 "물과 우유는 본성이 화합되니 우유에 물을 더하여도 우유 색이 변하지 않는다."라고 하였다.

**16** 집什은 무더기이며 잡다한 것이다. 모인 무리의 이름과 생활에 필요한 물건들이 하나가 아닌 까닭에 이를 집물이라 한다. 관윤關尹*이 "무릇 모양과 형색이 있는 것을 모두 물物이라 한다."라고 하였다.

 *관윤關尹 : 윤희(尹喜, ?~?)는 중국 주나라와 전국 시대 진나라의 도가道家 철학자이다. 그가 맡았던 관직의 이름을 따서 관윤關尹이라 부르기도 한다. 관씨 연원에 따르면, 윤희가 관직 이름을 따서 관關을 성으로 하였다고 전한다. 『史記』에 의하면 노자가 주나라의 쇠함을 보고 주나라를 떠나려고 함곡관에 이르렀을 때, 관령인 윤희에게 부탁받아 『道德經』 5천여 자를 저술하였다고 한다.

**17** 『楞嚴經』에서는 "발다바라跋多波羅가 목욕하다가 문득 물이라는 인자(水因)를 깨달았

은 물러나 다른 사람에게 (따뜻한 자리를) 양보하는 것이 탄두와 노두에게 보답하는 것이고, 자신의 덕행이 공양을 받기에 충분한가를 헤아리는 것이[18] 가방화주에게 보답하는 것이며, 시주자의 공이 얼마인지 헤아리고 그것이 온 곳을 헤아리는 것이[19] 원두와 마두와 장주에게 보답하는 것이고, (대변을 본 후 뒷물할 때에) 물을 뜨고 산가지를 사용함에 (냄새나는 자신의 몸에 대해) 부끄러움과 창피함을 아는 것이 정두에게 보답하는 것이며, 관대하여 따르기 쉽게 하고 간략하여 섬기기 쉽게 하는 것이 정인에게 보답하는 것이다.

이렇게 함으로써 총림에서의 도업道業이 더욱 새로워지니 뛰어난 근기라면 한생에 끝마치고, 중간 부류의 근기라면 성태聖胎[v]를 기를 것이며, 마음의 근원을 깨닫지 못한 자라도 시간을 헛되이 버리지는 않을 것이다. 이것이 참된 승보僧寶이며 세상의 복밭이다. 가깝게는 말법시대의 나루터와 교량이 되고 결국에는 화신장엄化身莊嚴과 법신장엄法身莊嚴의 궁극적인 과보를 증득하게 될 것이다.[20]

만약 총림이 다스려지지 않고 법륜이 굴려지지 않는다면 장로가 대중을 위하는 것이 아니고, 삼업이 순조롭지 않고 네 가지 위의가 엄숙하지 못하면 수좌가 대중을 통솔하는 것이 아니며, 대중을 포용하는 아량이 관대하지 못하고 대중을 사랑하는 마음이 후덕하지 못하면 감원이 대중을 보호하는 것이 아니고, 수행하는 자가 편안하지 않고 대중을 해치는 자가

---

다.[*]라고 하였는데, 주석에서는 "물은 접촉하는 인자이니 그것을 끝내 얻을 수 없음을 깨달은 것이다."라고 하였다.
 * 발다바라跋多波羅가~깨달았다 : 『首楞嚴經』 권5(T19, 126a10~12).
18 (자신의 덕행이) 부족하면 (공양을 받기에) 마땅치 않으며, 충분하면 받을 자격이 있다.
19 '공이 얼마인지'라는 것은 한 발우의 밥이 그것을 일군 농부의 한 발우의 땀과 피에서 나왔다는 것이다. '그것이 온 곳을 헤아린다'는 것은 시주하는 자가 복을 구하고 화를 피하고자 함을 말한다.
20 다섯 가지 바라밀로 화신을 장엄하고 지혜바라밀로 법신을 장엄한다.

제거되지 못하면[21] 유나가 대중을 기쁘게 하는 것이 아니며, 음식의 여섯 가지 맛[vi]이 정갈하지 못하고 음식의 세 가지 덕[vii]이 제공되지 못하면 전좌가 대중을 받드는 것이 아니고, 요사채를 수리하지 않고 물품을 구비하지 못하면 직세가 대중을 편안하게 하는 것이 아니며, 상주물을 쌓아 두고서도 승려를 줄인다면 고두가 대중을 넉넉하게 하는 것이 아니고, 글이 정교하지 않고 문자가 어수선하면[22] 서장이 대중을 수식해 주는 것이 아니며, 책걸상이 정돈되지 못하고 시끄러움이 그치지 않으면 장주가 대중을 대우하는 것이 아니고, 가난한 자를 미워하고 부유한 자를 좋아하며 속인을 중시하고 승려를 경시한다면 지객이 대중을 돕는 것이 아니며, 절하는 모습이 공손하지 못하고 높고 낮음에 순서를 잃으면 시자가 대중에게 명령을 전달하는 것이 아니고, 정돈하기를 부지런히 하지 않고 지키기를 신중하게 하지 않으면 요주가 대중을 거처하게 하는 것이 아니며, 공급하고 시봉하기를 차분하게 하지 않고 병든 사람을 괴롭게 한다면 당주가 대중을 구휼하는 것이 아니고, 끓인 물이 부족하거나 온도가 적절하지 않으면 욕주와 수두가 대중을 씻을 수 있도록 하는 것이 아니며, 미리 앞서 준비하지 않아 많은 사람들을 어지럽게 한다면 노두와 탄두가 대중들에게 불을 쬐이게(向火) 하는 것이 아니고, 재물에 대하여 공정하지 못하고 있는 힘을 다하지 않으면 가방화주가 대중에게 공급하는 것이 아니며, 묵히는 땅이 있고 사람이 공력을 다하지 않는다면 원두와 마두와 장주가 대중을 대신하는 것이 아니고, 게을러서 한꺼번에 청소하고 (측간에 필요한) 여러 물품을 구비해 두지 않으면 정두가 대중을 섬기는 것이 아니며, 금지해도 그치지 않고 명령해도 하지 않으면 정인이 대중을 따르는 것이 아니다.

---

21 복식卜式의 『牧羊肥息』에서는 "비단 양뿐만이 아니라 백성을 다스리는 것도 이와 같으니, 악한 자는 그때마다 제거하여 무리를 해치지 못하게 하라."라고 하였는데, 주석에는 "식息은 번식을 말한다. 또는 번성하여 많아짐이다."라고 하였다.
22 (문장이) 짧으며 능숙하지 못함이다.

만일 승려들이 스승을 가벼이 여기거나 법을 업신여겨 성질대로 하고 되는대로 한다면 장로에게 보답하는 것이 아니고, 앉고 누움에 들쭉날쭉 하고 물러나고 나아감에 행동이 어그러지면 수좌에게 보답하는 것이 아니며, 왕법王法[23]을 가벼이 여기고 총림을 돌아보지 않으면 감원에게 보답하는 것이 아니고, 위아래가 화목하지 못하고 언쟁에 고집을 굳게 피우면 유나에게 보답하는 것이 아니며, 맛있는 음식만을 탐내고(貪婪)[24] 거친 음식을 싫어하면 전좌에게 보답하는 것이 아니고, 거처하는 곳과 받아서 쓰는 물건에 대해 뒷사람을 생각하지 않으면 직세에게 보답하는 것이 아니며, 이양利養[25]만 많이 탐하고 상주물을 걱정하지(恤)[26] 않으면 고두에게 보답하는 것이 아니고, 붓과 벼루 지니는 것을 일삼아 문장을 다듬는 일에만 전념하면 서장에게 보답하는 것이 아니며, 불경을 업신여겨 가벼이 보고 외전外典을 즐겨 찾는다면 장주에게 보답하는 것이 아니고, 세속의 선비를 추종하고 귀인들과 교류한다면 지객에게 보답하는 것이 아니며, 불러서 청한 사실을 잊어버리고 승려들과 오래도록 앉아 있으면 시자에게 보답하는 것이 아니고, 자기로써 남을 방해하고 갈무리를 게을리해서 도둑질을 가르치면[27] 요주에게 보답하는 것이 아니며, (병이 났을 때에) 화를 많이 내고 기쁜 마음을 적게 가져 질병의 인연에 순응하지 않으면 당주에게 보답하는 것이 아니고, 물통과 국자를 쓸 때 소리를 내고 절제하지 않고 물을 쓰면 욕주와 수두에게 보답하는 것이 아니며, 자기 몸

---

**23** 왕王은 거성去聲이니 아래에도 같다.
**24** 「左傳」에서는 "탐하고 탐하여 물림이 없다."라고 하였는데, 주석에서는 "재물을 좋아하는 것을 탐貪이라 하고, 음식을 좋아하는 것을 람婪이라 한다."라고 하였다.
**25** 재물에 대해 욕심 부리는 것을 이利라 하고, 그 이익을 즐기는 것을 양養이라 한다.
**26** 휼恤은 걱정함이다.
**27** 「繫辭傳」에서는 "갈무리를 게을리하는 것은 도적질을 가르치는 것이고, 용모를 꾸미는 것은 음탕질을 가르치는 것이다."라고 하였으니, '지키고 갈무리하는 것을 게을리하고 등한시하는 것은 도적질을 가르치는 것이다.'라는 말이다.

만 따뜻하게 함을 이롭게 여겨 많은 사람들을 방해하면 노두와 탄두에게 보답하는 것이 아니고, 수행할 생각은 하지 않고 편안히 공양만 받는다면 가방화주에게 보답하는 것이 아니며, 종일토록 배불리 먹으며 마음 쓰는 바가 없으면[28] 원두와 마두와 장주에게 보답하는 것이 아니고, 담과 벽에 코 풀고 침 뱉어(洟唾)[29] 측간(東司)[viii]을 지저분하게 쓰면 정두에게 보답하는 것이 아니며, 오로지 위엄만 부리고 미리 잘 가르치지 않는다면 정인에게 보답하는 것이 아니다.

대저 회오리바람이 천 번을 돌아도 오히려 두루 미치지 못하는 곳이 있으니,[30] 다만 (남의) 단점을 버리고 장점을 좇아서[31] 출가자의 일에 함께 힘쓸 줄 알아야 한다.

바라는 바는 사자굴 안에서 모두 사자가 되고 전단나무[32] 숲속에서는 순전히 전단이 되어 이로부터 5백 년 후에 영산회상靈山會上에서 다시 만나는 것이다. 그렇다면 불법 문중의 흥쇠는 승려들에게 달려 있다. 승려는 공경의 복밭[33]이므로 응당 받들고 소중히 여겨야 할 대상이니 승려가 소중하면 법도 소중해지고 승려가 업신당하면 법도 가벼워진다.

안에서 보호함이 이미 엄정하다면 밖에서 보호함도 반드시 신중해질

---

28 공자가 "종일토록 배불리 먹으며 마음 쓰는 바가 없으면 어렵도다. 장기나 바둑을 두는 자도 있지 않은가? 그거라도 하는 것이 오히려 아무것도 안 하는(已) 것보다 낫다."라고 하였고, 주석에서는 "이已는 그치는 것이다."라고 하였다.
29 눈에서 나오는 것을 '체洟'라 하고, 입에서 나오는 것을 '타唾'라 한다.
30 회오리치는 바람이 비록 천 번을 돌아 불더라도 반드시 미치지 못하는 곳이 있으니 "사람이 비록 행위를 잘하고 몸가짐을 가지런히 하여도 어찌 선행을 다하여 과오나 허물이 없을 수 있겠는가?"라고 말한 것이다.
31 구마라집공이 게송을 읊었다. "비유컨대 진흙 속에 푸른 연꽃이 피면 지혜로운 자는 연꽃을 취할 뿐, 진흙은 취하지 않는 것과 같다."
32 전단은 한역하면 '약이 되어 주다(與藥)'이니, 흰 전단은 열병을 치료할 수 있고, 붉은 전단은 풍종風腫을 제거할 수 있다. 모두 질병을 제거하여 몸을 편안하게 해 주는 약이므로 여약與藥이라 하였다.
33 복밭은 두 가지가 있다. 중생은 자비의 복밭이고, 삼보는 공경의 복밭이다.

것이다. 설사 사원의 주지(粥飯主人)라도³⁴ 한 차례 왕의 덕화를 입어 총림의 집사가 되어 우연히 권력을 맡게 되면 같이 공부하는 도반들을 항상 공경하고 우러러야 하니 망령되게 스스로를 존대해서는 안 된다. 만일 아만심을 높여 사사로운 일을 공적인 일로 갚는다면 만사가 무상한데 어찌 (소임을) 길이 보전할 수 있겠는가? 하루아침에 대중으로 돌아오면 무슨 면목으로 그들을 대하겠는가? 인과는 어긋남이 없으니 아마도 회피하기 어려울 것이다.

승려는 부처님의 아들로서 응공應供과 다를 바 없으니³⁵ 천상계와 인간계에서 모두 공경하는 대상이다. 두 때의 죽과 밥도 이치에 맞추어 정갈하고 풍족해야 하며 네 가지 물건ⁱˣ으로 공양함에 빠트리거나 부족함이 없게 하라.

세존이 남기신 2천 년의 음덕이 우리 자손을 덮어 주고 있는데, 백호白毫 광명의 일부분의 공덕도 다 받아서 쓰지 못한다. 다만 대중을 받들 줄 알아야 하고 가난을 근심해서는 안 된다. 승려는 범부와 성인을 막론하고 온 세상에 두루 회통할 수 있으니 이미 초제招提³⁶라고 하였으면 모두에

---

**34** 『大智度論』에서는 "여래께서 처음에는 비구가 하루에 한 끼의 식사만 하도록 제정하셨다. 후에 라훌라가 어려서 출가하여 배고파 우니 부처님께서 울음을 그치게 하기 위해 아침에 죽 먹는 것을 허락하셨다. 후세의 비구들이 이렇게 문을 열어 주신 것을 보고 '아침에는 죽을 먹고 점심때는 밥을 먹는 것'을 항상한 법칙으로 삼았다."라고 하였으며, 『博物志』에서는 "잡스러운 음식은 백 가지 질병과 요사함이 모이는 곳이니, 먹는 것이 적어질수록 마음은 더욱 밝아지고, 먹는 것이 많아질수록 마음은 더욱 손상된다."라고 하였다. 또 "야간野干*이 열 가지 선**을 마음으로 생각하며 7일 동안 음식을 먹지 않았더니 천상에 태어나게 되었다."라고 하였다.

* 야간野干 : 이리·여우와 유사한 짐승. 청황색을 띤 개와도 비슷한 짐승으로 떼 지어 다니고, 밤이면 이리 소리를 낸다. 수행이 성숙하지 않았는데도 망령되게 진리를 말하는 승려를 비유하여 야간이라 한다.

** 열 가지 선 : 불살생不殺生·불투도不偸盜·불사음不邪婬·불망어不妄語·불기어不綺語·불양설不兩舌·불악구不惡口·불탐不貪·불진심不瞋心·불치심不癡心이다.

**35** 응공은 부처님의 열 가지 명호 중 하나이니 부처님과 다름이 없음을 말한 것이다.

**36** 『一切經音義』에서는 다음과 같이 말하였다. "범어로 '초투제사招鬪提奢'는 당나라 말

게 다 몫이 있는데, 어찌 망령되게 분별심을 내어 객승이라 업신여길 수 있겠는가?

객실(旦過寮)[37]에서 사흘 아침을 (객승의) 권리로서 머물거든 예의를 다하여 받들어 모셔야 하며, 승당 앞에서 잠시 식사를 요구하더라도 평등한 마음으로 공양 올려라. 세속의 손님도 오히려 보살피는데 승가를 차마 영접하지 않을 수 있겠는가? 만일 분별하는 마음이 없으면 자연히 무궁한 복덕이 있을 것이다.

승문僧門은 화합이니 위아래가 같은 마음이 되어 서로 간에 장단점이 있을지라도 서로를 덮어 주어라. 승가의 추악한 일을 바깥으로 소문나게 하지 말지니, 비록 그러하더라도 불사에는 문제될 것이 없겠지만 결국에는 숭앙하는 사람들이 줄어들 것이다. 이는 마치 사자의 몸에서 생긴 벌레가 스스로 사자의 육신을 먹는 것과 같이 외도外道나 천마가 (불법을) 무너뜨리는 것이 아니다.[38] 만약 도풍道風이 실추되지 않고 부처님의 광명이 항상 밝아서 조사들의 영역에 밝은 빛을 왕성하게 하고 황제의 조정에

---

로 '사방승물四方僧物(사방의 모든 승려가 사용할 수 있는 물건)'이며 또는 '별방시別房施(따로 방을 시설함)'라고 번역된다. 후위後魏의 태무제太武帝 시광始光 원년(424년)에 가람을 건축하고 처음으로 '초제'라는 이름을 세웠다."

37 즉 객실이다. 나그네가 번갈아 숙식하며 거쳐가는 것이 마치 밤낮이 거듭 번갈아드는 것과 같으므로 '단과旦過'라 하였다.

38 『蓮華面經』에서는 다음과 같이 말하였다. "부처님께서 아난에게 말씀하셨다. '비유컨대 사자가 목숨이 다하여 죽었을 때에 어떤 중생도 감히 그 고기를 먹지 못했는데 오직 사자 몸속에서 저절로 생긴 벌레들이 도리어 사자의 육신을 모두 먹어 버렸다. 아난아! 나의 불법도 다른 것이 파괴시키는 것이 아니라 여러 비구들이 나의 삼대아승지겁의 법을 파괴하리라.'" 『七夢經』에도 이와 같은 내용이 있다.**

*부처님께서~파괴하리라 : 『蓮華面經』 권상(T12, 1072c23~28)에는 다음과 같이 나온다. "阿難! 譬如師子命絕身死, 若空·若地·若水·若陸, 所有衆生不敢食彼師子身肉, 唯師子身自生諸蟲, 還自噉食師子之肉. 阿難! 我之佛法非餘能壞, 是我法中諸惡比丘猶如毒刺, 破我三阿僧祇劫積行勤苦所集佛法."

**『七夢經』에도~있다 : 『阿難七夢經』(T14, 758a9~11)에는 다음과 같이 나온다. "七者, 夢師子王名華撒, 頭上有七毫毛, 在地而死, 一切禽獸, 見故怖畏, 後見身中蟲出, 然後食之."

성스러운 덕화를 돕고자 한다면, 이 글로써 귀감을 삼기 바란다.

**長蘆慈覺賾禪師龜鏡文**[1]【龜, 所以決猶豫; 鏡, 所以辨姸醜. ○猶豫者, 猶即貤也, 善登木, 性多疑慮, 常居山中, 忽聞人聲, 豫先上樹, 久之無人, 其後敢下, 須叟又上, 如此非一, 故人之不決疑者, 以比之.】
夫兩桂垂蔭[2]【兩桂者, 嵩山少林窟前, 有二株桂樹故, 因謂之少林.『應聖纖』云: "二株嫩桂久昌昌", 密記此也. 又臨濟·曹洞二宗, 聯芳不絶, 故云二株久昌昌也. 垂蔭者, 初祖九載, 面壁于此, 得可大士, 以傳心印, 此乃禪宗之始. 自此布于天下, 豈非垂蔭也?】, 一華現瑞.【一華者, 優曇鉢羅, 此云靈瑞花, 葉似梨而果大, 無花而結子, 亦有花而難値, 故經中以喩希有.『泥洹經』云: "閻浮提內, 有尊樹王, 名優曇, 有實無花. 若金花生者, 佛乃現世." 今百丈開法出世, 亦如此花之希有, 故云現瑞也.】自爾叢林之設,【自達摩來梁, 隱居魏地, 六代相繼, 至于大寂, 二百五十年間, 未有禪刹. 百丈剏意, 別立禪居, 禪衆行道·資身·禪宴·食息之資, 一一條具, 各有司存.】要之本爲衆僧. 是以開示衆僧, 故有長老;【禪宗住持, 必呼爲長老者.『阿含』有三長老: 一耆年長老, 年臘多者. 二法長老, 了達法性, 內有智德. 三作長老, 假號之者. 今取弟二. 又德高爲長, 年多爲老.】表儀衆僧, 故有首座;【即古之上座也. 今禪門所謂首座者, 必擇其己事已辦·衆所服從·德業兼備者, 充之.】荷負衆僧, 故有監院,【即監寺也.『僧史』曰: "知寺三綱者, 若網罟之巨繩也, 提之則百目正矣. 詳其寺主, 起於東漢白馬寺, 寺旣爰處, 人必主之." 今禪門有內外知事, 以監寺爲首.『大集經』云: "僧物難掌, 佛法無主, 我聽二種人掌三寶物, 一知業報者, 二知慚愧者." 今禪門, 必擇心通法道·身忘利養者, 以掌僧務, 此先德之遺意也.】調和衆僧, 故有維那;【『寄歸傳』云: "華梵兼擧. 維是綱維, 那是畧梵語, 刪去羯磨陀三字, 此云悅衆."『十誦』云: "以僧坊中, 無人知時灑掃, 衆亂時, 無人彈指等, 佛令立維那." 今禪門, 令掌僧籍及表白等事, 必選當材.】供養衆僧, 故有典座;【『僧史』謂"典主牀座", 九事, 今擧一以攝之, 乃通典雜事也. 今禪門, 相沿以立此名焉爾.】爲衆僧作務, 故有直歲;【『僧史』謂"直一年之務, 故立此職." 今禪門, 雖不止定歲時立名, 亦法於古制.】爲衆僧出納, 故有庫頭;【出納者, 出而用之, 納而藏之.】爲衆僧主典翰墨, 故有書狀;【執掌文翰. 山門, 牓疏·書簡·祈禱·語詞, 悉皆屬之.】爲衆僧守護正教, 故有藏主; 爲衆僧迎待檀越, 故有知客; 爲衆僧請召, 故有侍者; 爲衆僧看守衣鉢, 故有寮主; 爲衆僧供侍湯藥, 故有堂主; 爲衆僧洗濯, 故有浴主·水頭; 爲衆僧禦寒, 故有炭頭·爐頭; 爲衆僧乞丐, 故有街坊化主; 爲衆僧執勞, 故有園頭·磨頭·莊主; 爲衆僧滌除, 故有淨頭; 爲衆僧給侍, 故有淨人;『毘奈耶』云: "由作淨業, 故名淨人." 所以行道之緣, 十分備足; 資身之具, 百色現成, 萬事無憂, 一心爲道. 世間尊貴, 物外優閑, 清淨無爲, 衆僧爲最, 廻念多人之力, 寧不知恩報恩? 晨叅暮請, 不捨寸陰, 所以報長老也; 尊卑有序, 舉止安詳, 所以報首座也; 外遵法令, 內守規繩, 所以報監院也; 六和【戒和同修, 身和同住, 口和無諍, 意和同悅, 見和同解, 利和同均. 什師云: "如衆不和, 非敬順之道也."】共聚, 水乳相參,【明公云: "水與乳, 本性和合, 加水於乳, 乳色不變也."】所以報維那也; 爲成道故, 方受此食, 所以報典座也; 安處僧房, 護惜什物【什, 衆也, 雜也. 會數之名, 資生之物, 非一, 故謂之什物. 關尹曰: "凡有貞相形色者, 皆曰物."】, 所以報直歲也; 常住之物, 一毫無犯, 所以報庫頭也; 手不把筆, 如救頭燃, 所以報書狀也; 明窓淨案, 古敎照心, 所以報藏主也; 韜光晦跡, 不事追陪, 所以報知客也; 居必有常, 請必先到, 所以報侍者也; 一瓶一鉢, 處衆如山, 所以報寮主也; 寧心病苦, 粥藥隨宜, 所以報堂主也; 輕徐靜默, 不昧水因【『楞嚴』: "跋多波羅浴時, 忽悟水因." 注: "水爲所觸之因, 悟其了不可得也."】, 所以報浴主·水頭也; 緘言拱手, 退己讓人, 所以報炭頭·爐頭也; 忖己德行, 全闕【闕則不宜, 全乃可受.】應供, 所以報街坊化主也; 計功多少, 量彼來處,【功多少者, 一鉢飯出作夫一鉢汗血. 量來處者, 施者欲邀福免禍.】所以報園頭·磨頭·莊主也; 酌水運籌, 知慚識愧, 所以報淨頭也; 寬而易從, 簡而易事, 所以報淨人也. 所以叢林之下, 道業惟新. 上上之機, 一生取辦; 中流之士, 長養聖胎; 至如未悟心源, 時中亦不虛棄, 是眞僧寶, 爲世福田. 近爲末法之津梁, 畢證二嚴之極果.【五度, 莊嚴化身; 慧度, 莊嚴法身.】 若或叢林不治, 法輪不轉, 非長老所以爲衆也; 三業不調, 四儀不肅, 非首座所以率衆也; 容衆之量不寬, 愛衆之心不厚, 非監院所以護衆也; 修行者不安, 敗群者不去,【卜式, 『牧羊肥息』曰: "非獨羊也, 治民亦猶是也. 惡者輒去, 勿令敗群." 注: "息謂蕃息也, 又盛多也."】非維那所以悅衆也; 六味不精, 三德不給, 非典座所以奉衆也; 寮舍不修, 什物不備, 非直歲所以安衆也; 畜積常住, 減尅衆僧, 非庫頭所以贍衆也; 書狀不工, 文字滅裂【短也, 不熟也.】, 非書狀所以餞衆也; 几案不嚴, 喧煩不息, 非藏主所以待衆也; 憎貧愛富, 重俗輕僧, 非知客所以贊衆也; 禮貌不恭, 尊卑失序, 非侍者所以命衆也; 打疊不勤, 守護不謹, 非寮主所以居衆也; 不閒供侍, 惱亂病人, 非堂主所以恤衆也; 湯水不足, 寒煖失儀, 非浴主·水頭所以浣衆也; 預備不前, 衆人動念, 非爐頭·炭頭所以向衆也; 臨財不公, 宣力不盡, 非街坊化主所以供衆也; 地有遺利, 人無全功, 非園頭·磨頭·莊主所以代衆也; 懶惰[3]幷除, 諸緣不具, 非淨頭所以事衆也; 禁之不止, 命之不行, 非淨人所以順衆也. 如其衆僧輕師慢法, 取性隨緣, 非所以報長老也; 坐臥叅差, 去就乖角, 非所以報首座也; 意輕王法【王, 去聲, 下同.】, 不顧叢林, 非所以報監院也; 上下不和, 鬪諍堅固, 非所以報維那也; 貪婪【『左傳』: "貪婪無饜". 注: "愛財曰貪, 愛食曰婪."】美膳, 毀訾麤飡, 非所以報典座也; 居處受用, 不思後人, 非所以報直歲也; 多貪利養【財之所欲曰利, 利之所樂曰養】, 不恤【恤, 憂也.】常住, 非所以報庫頭也; 事持筆硯, 馳騁文章, 非所以報書狀也; 慢易金文, 看尋外典, 非所以報藏主也; 追陪俗士, 交結貴人, 非所以報知客也; 遺忘召請, 久坐衆僧, 非所以報侍者也; 以己妨人, 慢藏誨盜【『係辭』: "慢藏誨盜, 冶容誨淫." 言慢易守藏, 則示誨盜賊也.】, 非所以報寮主也; 多嗔小喜, 不順病緣, 非所以報堂主也; 桶杓作聲, 用水無節, 非所以報浴主·水頭也; 身利溫煖, 有妨衆人, 非所以報爐頭·炭頭也; 不念修行, 安然受供, 非所以報街坊化主也; 飽食終日, 無用所心,【孔子曰: "飽食終日, 無所用心, 難矣哉! 亦有博奕者乎? 爲之猶賢乎已." 註: "已, 止也."】非所以報園頭·磨頭·莊主也; 涕唾【從目出者爲涕, 從口出者爲唾.】墻[4)]壁, 狼籍東司, 非所以報淨頭也; 專尙威嚴, 宿無善敎, 非所以報淨人也. 蓋以旋風千匝, 尙有不周,【廻旋之風, 雖吹之千匝, 必有所未至處, 言人雖餙行揩躬, 豈可盡善而無過咎哉?】但知捨短從長,【什公偈云: "譬如淤泥中, 而生靑蓮華, 智者取蓮華, 勿取於淤泥."】共辦出家之事. 所冀獅子窟[5)]中, 盡成獅子, 栴檀【栴檀, 此云與藥, 白檀能治熱病, 赤檀能去風腫, 皆除疾安身之藥, 故名與藥.】林下, 純是栴檀, 令斯後五百年, 再親靈山之會. 然則法門興廢, 係在僧徒. 僧是敬田【福田有二: 衆生是悲愍田, 三寶是恭敬田.】所應奉重, 僧重則法重, 僧輕則法輕. 內護旣嚴, 外護必謹. 設使粥飯主人,【『智論』云: "如來初制比丘一日一食. 後, 羅睺羅幼少出家, 飢而啼之, 佛爲止啼, 且許朝粥. 後世比丘, 見此開門, 朝粥中食, 以爲恒式."『博物志』云: "雜食, 百疾妖邪之所鍾, 食逾少, 心逾明, 食逾多, 心逾損." 又 "野干心念十善, 七日不食, 得生天上!"】一期王化, 叢林執事, 偶爾當權, 常宜敬仰同袍, 不得妄自尊大. 若也貢高我慢, 私事公酬, 萬事無常, 豈能長保? 一朝歸衆, 何面相看? 因果無差, 恐難廻避. 僧爲佛子, 應供無殊,【應供, 即佛十號之一, 言與佛無異也.】天上人間, 咸所恭敬, 二時粥飯, 理合精豊, 四事供須, 無令闕少. 世尊二千年遺蔭, 蓋覆兒孫, 白毫光一分功德, 受用不盡, 但知奉衆, 不可憂貧. 僧無凡聖, 通會十方, 旣曰招提【『音義』云: "梵云招鬪提奢, 唐言四方僧物, 又翻別房施. 後魏太武始光元年, 造伽藍, 創立招提之名."】, 悉皆有分, 豈可妄生分別, 輕厭客僧? 且過寮【即客堂也. 旅客適相宿食而行過, 猶夜日之更代, 故云旦過.】, 三朝權住, 盡禮供承; 僧堂前, 暫爾求齋, 等心供養. 俗客尙猶照管, 僧家忍不逢迎? 若無有限之心, 自有無窮之福. 僧門和合, 上下同心, 互有長短, 遞相盖覆. 家中醜惡, 莫使外聞, 雖然於事無傷, 畢竟減人瞻仰, 如獅子身中蟲, 自食獅子肉, 非外道天魔所能壞也.【『蓮華面經』: "佛告阿難: '譬如獅子命終身死, 所有衆生, 不敢食肉, 惟獅子身自生諸蟲, 還自食盡獅子之肉. 阿難! 我佛法中, 非餘破壞, 是諸比丘破我三大阿僧祇法.'"『七夢經』亦同此說.】若欲道風不墜, 佛日常明,[6)] 壯祖域之光輝, 補皇朝之聖化,願以斯文爲龜鏡焉.
___
1) ㉘ '長' 위에 '緇門警訓卷下'라고 되어 있는 곳도 있다.  2) ㉘ '蔭'은 '陰'으로 되어 있는 곳도 있다.  3) ㉘ '惰'는 '憜'로 되어 있는 곳도 있다.  4) ㉘ '墻'은 '牆'으로 되어 있는 곳도 있다.  5) ㉘ '窘'은 '宭'로 되어 있는 곳도 있다.  6) ㉘ '明'은 '朙'으로 되어 있는 곳도 있다. 아래에도 같다.

# 주

i    탄두炭頭와 노두爐頭 : 탄두는 숯과 땔나무를 준비하는 소임이고, 노두는 화롯불을 담당하는 소임이다.
ii    가방화주街坊化主 : 사찰의 재정을 마련하는 화주승이다. 거리에 나가 시주를 받으며 세상 사람들을 불법과 인연을 맺어 주는 일을 한다.
iii    원두園頭와 마두磨頭와 장주莊主 : 원두는 채마밭을 관리하는 소임이고, 마두는 방아 찧는 소임이고, 장주는 농사를 관리하는 소임이다.
iv    청익請益 : 가르침을 받고 잘 모르는 부분에 대해서 거듭 질문하는 것이다.
v    성태聖胎 : 성인聖人이 될 인因이라는 뜻. 십주·십행·십회향의 삼현위를 말한다.
vi    음식의 여섯 가지 맛 : 쓴맛(苦)·단맛(甘)·짠맛(鹹)·싱거운맛(淡)·신맛(酸)·매운맛(辛)이다.
vii    음식의 세 가지 덕 : 청정淸淨·유연柔軟·여법如法이다.
viii    측간(東司) : 선원의 동쪽에 있는 측간을 동정東淨, 서쪽에 있는 측간을 서정西淨이라 하는데, 나중에는 위치에 관계없이 측간을 모두 동사라 했다.
ix    네 가지 물건 : 음식·와구·탕약·의복이다.

# 자수 선사가 대중에게 보인 가르침[1]

상당법문(陞堂)이 있거나[2] 염송하거나[3] 경전을 독송(諷經)하거나[4] 소참법문(小叅)이 있을 때에나[5] 다만 대중이 모이는 자리에는 반드시 먼저 나아가야 한다.

사방을 유람하는 상사上士들도 규범으로 몸을 단속하는데, 어찌 사람을 만나 점검하는 것을 어기거나 게을리할 수 있겠는가? 한 번은 용서받을 수 있으나 세 번 범한다면 무슨 면목이 있겠는가? 백장의 참된 가풍을 생각하지 못한다면 투자投子가 말한 것을 알아야 한다.[6]

'묵언' 패牌가 걸리면 당연히 각자 침묵해야 하며, 설사 패가 걸리지 않았을 때에도 어찌 담소할 수 있겠는가? 부처님께서 가르침을 내리시기를, 입을 병처럼 단속하라고 하셨다.[7] 하루 종일 항상 침묵해야 하니 삼업을 경계하지 않으면 온갖 화禍가 몰래 생겨날 것이다. 노조魯祖의 가풍을

---

1 옛 주석에서는 "수무량본壽無量本과 대동소이하다."*라고 하였다. ○자수 회심慈受懷深 선사는 수춘壽春에서 태어났고 하씨夏氏이며, 장로사長蘆寺 숭신崇信 선사의 법을 이었다.
  *수무량본壽無量本과 대동소이하다 : 이 주는 성화본『緇門警訓』에 그대로 나온다.
2 (승당陞堂은) 상당上堂이다. 백장이 "상당하여 법좌에 오름에 소임자와 대중들이 나란히 서서 귀 기울여 들으니 빈주賓主가 문답하며 종지를 드날린다. 이는 또한 법에 의지하여 머무는 것이다."*라고 하였으니, 이것이 그 깊은 뜻이다.
  *상당하여~것이다 :『百丈叢林淸規證義記』권1(X63, 373b6~7).
3 백장청규법에 24일간 염송하는 법도가 있다.
4 혹 단월들을 위하여 혹 죽은 승려들을 위하여 대중들에게 경전을 독송할 것을 요청한다.
5 선문에서는 아침 일찍 당에 오르는 것을 조참早叅이라 하고, 저물녘에 염송하는 것을 만참晩叅이라 하며, 수시로 설법하는 것을 소참小叅이라 한다. 모두 참叅이라 한 것은 죽은 자와 산 자가 모두 모이며 천신과 천룡이 함께 이르니, 이미 성인과 범부 간에도 분간이 없다면 어찌 승려와 속인을 구분하겠는가? 그러므로 참('섞인다'는 뜻)이라 하였다.
6 백장 선사에게 청규법이 있었고, 투자 의청 선사에게도 청규가 있었다.
7 경전에서는 "입을 병처럼 단속하고 뜻을 성城처럼 방어해야 한다. 옛날에 한 가난한 사람이 있었는데 늘 제석천을 섬기며 복을 구하였다. 제석천이 그에게 병 하나를 주면서 이를 '호덕護德'이라 이름하였고 병의 입구를 닫아 두게 하였는데, 필요로 하는 옷과 음식이 모두 그 병으로부터 나왔다."라고 하였다.

잘 외어서 입을 벽에 걸어 두어라.[8]

자기의 좌상 앞은 늘 정갈하게 해서 다만 향갑香匣·선책禪策[i]·경전만 두어 가지런히 정돈하기를 도모하고 세속의 책을 두어서는 안 된다. 약재와 향로, 갖가지 물품들은 좌상 아래에 두어야 한다.

소리를 내어 독송하여 대중들을 시끄럽게 하거나(噪吵),[9] 판자를 등지고 대중들을 가볍게 속이거나, 공연히 좌상을 차지하고 물건을 밝은 창가에 걸어 두는 일은 율의에도 합당하지 않으니 총림에서 어찌 허용하겠는가? 몸을 단정히 하고 뜻을 바르게 하여 조용히 책을 넘기며 성인의 말씀을 잘 음미해서 자기의 마음에 계합시켜야 하니, 책을 펼침이 헛되지 않아야 비로소 간경看經에 부합할 것이다. 평상시에도 좌상을 인접한 도반과 귓속말을 주고받지 말라.

빈객을 대할 때에는 예를 벗어나서는 안 된다.[10] 차를 대접하는 일을 마치고 담소가 끝나면 함께 요사채를 나와야 하고 오래 앉아 있지 말라. 만약 옛적의 도반이거나 먼 곳에서 온 친지라면 숲속 물가에서 맞이하여 마음을 다해 담론하여야 한다. 심지어 시장(交關)이라도 사고파는 데에[11] 온갖 부류의 사람을 끌어들이는 것은 전혀 납자의 행동이 아니니 문구 아래에 한 줄 적어 둔다.

죽 공양 후에 요사寮舍에 돌아와서는 서로 안부를 묻되, 위아래 좌차에게는 공경을 우선시해야 하니,[12] 혹 그렇지 않다면 남을 가볍게 여기고 자

---

8 노조 보운魯祖寶雲 선사는 승려가 오는 것을 볼 때마다 곧 면벽해서 앉았다.
9 조噪는 새떼가 지저귀는 것이다. 묘吵는 음이 묘杪이니 꿩이 우는 소리이다. 이는 대중들을 시끄럽게 하는 것을 말한다.
10 예는 천리天理의 절문節文이고 인사人事의 법칙이다. 『詩經』에서는 "사람으로서 예의가 없는 이는 어찌하여 빨리 죽지도 않는가?"라고 했으며, 또 "쥐를 보아도 이빨이 있는데 사람이면서 법도가 없으랴?"라고 하였다.
11 교관交關은 교역하여 관통하는 곳이니 시장을 여는 것이다.
12 공恭은 밖으로 나타나는 것이고, 경敬은 마음속에서 일어나는 것이다.

• 171

신을 거만하게 하는 것이다.

참선을 마치고 관물장을 열 때에는 반드시 요주寮主에게 말해야 하며, 출입시에 주렴을 올릴 때에는 손 뒤로 내려야 한다. 좌상에 올라 참선할 때에도 옷을 늘어뜨리지 말며, 움직이고 경행할 때에는 걸음을 천천히 해야 한다. 남들로 하여금 생각을 움직이게 하면 마장이 생겨나기 쉽다. 여러 사람의 입이 금을 녹인다 하니,[13] 자신이 어찌 즐겁겠는가?

옷을 세탁하고 바느질 하는 것은 재식齋食 후에 할 것이니 급하지 않은 일은 도업道業을 방탕하게 한다. 뜨거운 물로 빨래하거나 세수하지 말라. 탁자 위에는 종이를 재단하여 명단을 붙여야 한다. 점심(오전 간식)은 살짝 끓이고, 약석藥石(오후 간식)은 싸서 보관하라.[14]

대나무 장대는 더러운지(觸)[15] 깨끗한지를 알아야 하고,[16] 울두熨斗(다리미)는 한가한가 바쁜가를 살펴보아야 하니 한쪽 구석에 오래 가지고 있으면 대중들이 쓰는 데에 방해될 것이다. 옛 성현들은 해진 곳을 수선하여 추위를 막았고 바느질을 마치면 쉬었으니, 어찌 아침저녁으로 바느질을 일삼을 수 있겠는가?

간식과 차를 끓이는 것은 총림의 성대한 예이니 대중이 운집하면 가부

---

13 세속에서 통상 이르기를, "어떤 사람에게 좋은 금이 있는데, 대중들이 다 이를 헐뜯고 비난하면서 순수하지 못하다고 하면, 금을 파는 자는 이를 팔아서 제련하여 진금을 보이고자 한다."라고 하니, 이것이 '여러 사람의 입이 금을 녹인다.'는 것이다.
14 『神仙傳』에서는 "혹은 돌을 삶아 먹는다."라고 하였고, 옛 시에서는 "냇가에서 싸리나무 주워 돌아와서 흰 돌을 삶는다."라고 하였다. 혹은 병을 치료한다는 뜻도 있는데, 병을 다스리는 것을 약藥이라 하고 병을 제거하는 것을 석石이라 하니, 여기서는 이 뜻이 아니다.
15 (촉觸은) 탁濁과 같다.
16 율장에는 "비구가 욕실에 들어가서는 깨끗한 옷을 깨끗한 장대 위에 걸어 두고, 하의를 더러운 장대 위에 걸어 둔다."*라고 하였다. 목욕할 때에는 게송 신주를 묵묵히 염송할지니, 정신주淨身呪가 이것이다. 목욕을 삼간다는 것은 육재일六齋日이 목욕하는 날이니 8일·14일·15일·23일·29일·30일이다.
*비구가~둔다 : 『敎誡新學比丘行護律儀』(T45, 873a24~25)에는 다음과 같이 나온다. "入浴室內, 脫淨衣安淨竿上, 脫觸衣, 安觸竿上."

좌를 하고 앉는다. 찻잔(盞)과 찻상(橐)을 거두고 나서[17] 대중들이 일제히 물러난 후 남은 차를 사사로이 감추면 곁에서 보는 자들의 비웃음을 살 것이니, 한쪽 손으로 남에게 인사한다면 이것은 무슨 법도인가? 사유가 있어서 가지 않으면 반드시 요주寮主에게 알려야 한다. 뜨거운 차를 두고 잠시라도 앉으면[18] 갑자기 벗어나서는 안 된다.

새로 요사에 들어가면 반드시 겸손하게 하심하는 마음을 가져야 한다. 법도를 알지 못하면 장로(耆年)[19]에게 물어야 한다. 장소를 따른 계율(隨方毘尼)은[20] 사람에게 맞춰 성립된 것이다.

관물장을 정리하거나 좌상을 차지해서는 분망하지 말아야 하니 정성스레 세밀히 하는 사이에 저절로 편안해질 것이다. 요사에 들어가서 간식을 끓이는 것은 본래 대중들을 위한 것이며 뜻은 지극한 정성에 있으니 차는 반드시 다 마셔야 한다. 다구를 정리하고 있던 자리를 깨끗이 치우고 나서는 병속의 물을 비워 내고 즉시 새로 채워야 한다.

산에 가거나 물가에 이르러서는(次)[21] 큰소리로 말하는 것을 조심하여

---

17 탁橐은 탁托과 같다. 잔盞은 대臺이다. 또는 잔을 담아 지니는 자루이다.
18 차나무는 치자나무와 비슷하며 겨울에 잎이 나는데, 이를 끓여서 마실 수 있다. 『本草綱目』에서는 "차는 체지방을 제거하고 사람을 잠 못 들게 할 수 있다."라고 했으니 그러므로 선가에서는 항상 차를 끓여 마신다.
19 『周禮』에서는 "여든 살을 '기耆'라 한다."라고 하였고, 『釋名』에서는 "예순 살을 '기耆'라 한다."라고 하였다. 기耆는 가리키는 것(指)이니, 남은 힘을 쓰지 않고 일을 지시해서 타인을 부리는 것이다. 또는 이르는 것(至)이니, 늙은 지경에 이르렀다는 말이다.
20 『華嚴經隨疏演義鈔』에서는 "비록 내가 만든 것은 아니지만 다른 곳에서 행하지 말라고 한 것도 해서는 안 되니, 이를 '장소를 따른 계율'이라 한다."*라고 하였고, 『會玄記』에서는 "시기와 장소를 따라 승려들이 화합하여 제정한 법칙을 세우고 대중들이 제정한 법을 훗날 또한 버리니, 이것이 장소를 따른 계율이다. 대중들이 제정하고 나서는 범촉하면 반드시 죄가 있어……"**라고 하였다. 이미 제정한 법을 훗날 승려들이 화합해서 다시 버리면 앞서 죄를 지은 사람은 이때 벗어난다.
＊비록~한다 : 『大方廣佛華嚴經隨疏演義鈔』 권85(T36, 664b15~16).
＊＊시기와~있어…… : 『華嚴懸談會玄記』 권15(X8, 203a12~14).
21 차次는 이르는 것이다.

입을 여는 것은 활과 같이 하고, 말을 내뱉는 것은 화살과 같이 하라. 시빗거리(雌黃)[22]·[ii]로 타인을 품평하고 음식이나 돈을 말하며 비바람 불듯 꾸짖고 욕한다면 담벽에도 귀가 있고[23] 법령에는 친소가 없으니, 문득 범에게 물려 상처를 입어 비로소 칼끝이 크게 드러나 있음을 알게 될 것이다.

무릇 다비茶毘[24]를 만나면 흐린 날이든 갠 날이든 일제히 나아가서 저마다 슬퍼하는 마음을 가져야 한다. 저 죽은 사람이 헛되이 태어나 부질없이 죽었을까 염려하여 입으로는 경전과 주문을 외우고 어깨에는 땔나무를 짊어져야 하니, 어찌 버릇없이 함부로 담소할 수 있겠는가? 의복과 발우를 경매로 내놓는 것은[25] 본래 인색한 마음을 깨트리기 위함인데, 후세 사람들은 알지 못하여 도리어 탐욕과 애착을 내어 좋고 나쁜 점을 몰래 따져 보고, 옛것인지 새것인지 가만히 엿보고, 귀한 것을 싸게 부르고, 훌륭한 것을 보통 가격으로 팔고도 반성은커녕 오히려 적절했다고 말한다. 식견 있는 자들은 옆에서 보고 낯부끄러워 땀을 흘린다.

---

22 자황雌黃은 변경하는 것을 말하니 시비를 다스리는 것이다.
23 옛말에 "벽에 엿듣는 쥐가 있다."라고 하였다.
24 한역하면 분소焚燒이다.
25 율장에는 "무릇 본계本界 안에 죽은 승려의 의복과 물건은 크고 작은 것을 막론하고 조사해서 값을 매기고 나서는 대중에게 종을 쳐서 경매로 내놓는다. 혹은 사방의 승려에게 공양해서 나눠주고, 혹은 팔아서 식량을 마련한다. 유나가 아뢰기를, '대덕 스님들은 들으십시오. 아무개 비구가 병환으로 돌아가셨습니다. 그가 소유한 의복과 물건 등은 응당 공양물이 되어 사방 승려를 청하게 될 것이니, 대덕께서는 허락해 주십시오. 돌아가신 스님이 어서 정토에 나서 불퇴지不退地에 머물기를 원합니다.'라고 하며 이렇게 삼창한다."*라고 하였다.
*무릇~삼창한다 : 『經律戒相布薩軌儀』(X60, 798c22~a5)에 다음과 같이 나온다. "五百問云: 凡本界內, 若大若小, 所有亡僧, 衣物等件, 屬四方僧. 或師亡物, 或弟子亡物, 小界內五衆已上, 應作羯磨分. 若師弟子不作羯磨分, 五錢已上犯棄罪若大衆中, 亡僧物查批估直已竟. 衆中鳴搥估唱羯磨衣物等件, 給散四方僧. 或辨食, 或分物. 維那作白云: '大德僧聽! (某甲)比丘, 患病身亡. 所有衣物等件, 應作食請四方僧. 大德忍聽. 願亡僧早生淨土, 居不退地也.' 如是三唱."

선가(海門)의 훌륭한 승려이고 선원의 고덕(高德)이라면[26] 다만 망자를 위해 인연을 맺어 줄지언정 산자에게 비웃음을 받지 말라. 온화하고 유순하면 위아래 사람들이 존경하겠지만 아만심에 잘난 척한다면 모든 성현들이 도와주지 않는다. 8만 가지 세행과 3천 가지 위의에 있어[27] 하루 종일 낱낱의 행동거지를 볼 만하게 하라. 천당穿堂ⁱⁱⁱ을 곧장 통과하면 어찌 뻔뻔하지 않겠는가? 존전尊殿에서 쓸데없이 거닐면 박복함을 초래할 것이다.

가사(祇衣)[28] 차림으로 존전에 오르고 풀신을 신고 산을 유람할지니, (풀신으로) 법당을 밟지 말고 (가사 차림으로) 장로를 찾아뵈야 한다.

오경五更(새벽 3~5시)에 세수하는 것은 본래 수행을 위한 것이니 침 뱉고 대야를 끌면 대중을 시끄럽게 한다. 암암리에 일으킨 망념을 스스로 혼미하여 알지 못하다가 해가 가고 달이 감에 얼굴은 누레지고 몸은 수척해진다.

욕탕은 적게 쓰고 (해우소에서 쓰는) 산가지는 잡지 말아야 하니 지은 복이 많더라도 죄를 피하는 것만 못하다. 해우소에서 침 뱉거나[29] 좌상에서 머리를 긁는 것은 성현을 위배하고 자기의 편의를 따르는 것이다. 때때로 점검하고 걸음마다 조심하라. 다만 몸과 마음을 작게 하고 배짱을

---

26 선가는 사해의 사람들이 모이므로 해문海門이라 한다. 부처님이 녹야원鹿野苑에서 처음 설법했으므로 선가를 선원禪苑이라 하였다.
27 해석하면 다음과 같다. "행·주·좌·와 사위의에 각각 250가지의 갖추어진 계법이 있어 이를 합하면 천 가지이고, 삼세를 다 계산하면 3천 가지 위의가 된다. 이 3천 가지를 신·구 등의 7지에 배대하면 2만 1천 가지가 된다. 다시 탐·진·치·등분等分의 네 가지 번뇌에 배대하면 8만 4천 가지 세행이 된다." 여기서 8만이라 한 것은 그 대략을 든 것이다.
28 우祇는 음이 '우又'이다. 의衣는 어깨를 드러냄이다.
29 율장에서는 "부처님은 늙고 병든 자를 위해 침 뱉는 그릇을 두는 것을 허락하셨다."라고 하였고, 『根本說一切有部毘奈耶雜事』에서는 "사찰의 네 귀퉁이 기둥 아래에 각각 침 뱉는 그릇을 두었다."라고 하였다.

크게 가져라.

　열흘간 요주를 맡아 번갈아 공양 올릴 때에 늦게 자고 일찍 일어나서 정성을 다하는 데에 힘쓰며, 애써 간절히 마음 써서 남을 앞세우고 자신을 뒤에 두라. 대중의 의발은 잘 보호해야 하니, 한 가지 일이라도 세밀하지 못하면 대중들의 마음을 동요시킨다. 차 끓이고 마당 쓸고 나서는 새 물로 갈고 향로에 향을 넣어 두어라. 탕병湯甁ⁱᵛ의 물을 차갑게 하지 말지니, 선객들의 번뇌를 없애 주어야 한다.

　선원에서 수좌는 부드럽고 온화한 데에 힘써야 하니 법도(規矩)를 먼저 행하여야 본보기(繩墨)가 저절로 정해진다.³⁰ 시간에 맞춰 선상禪床에 올라가서는 간명하게 말하라. 하나라도 세밀하지 못한 것이 있으면 대중들이 입방아를 찧는다.

　강산을 유람할 때에는 출입함에 때가 있어야 한다. 성품이 고약한 승려는 잘 타일러서 이끌어야 하고, 혹 따르지 않으면 방장실(方丈)³¹에 은밀히 알려야 한다. 선을 지키고 악을 막아 시주자들에게 믿음을 주어야 한다. 깨끗이 삭발하고 화롯가에 둘러앉아서는 예를 갖춰 겸양해야 한다.

　이상의 법도들을 자세히 참여하여 들었다면 날마다 지키는지를 각자 돌아보아야 한다. 한 번에 곧바로 바뀐다면 이보다 더 좋을 수가 없지만,

---

30 나무가 컴퍼스와 곱자에 근거해서 네모지고 둥글게 재단되며 먹줄을 따라서 바르고 곧게 되는 것처럼 승려들도 이와 같이 계율의 가르침을 따라 삿된 것을 여의고 본보기를 얻어 자신에게 실천한다. 수좌는 대중의 모범이 되니 먼저 스스로 나아가 행동해야 한다.

31 방장실은 대개 사찰의 정침正寢*이다. 예전에 당나라 왕현책王玄策**이 서역에 갔다가 비야성毘耶城에 이르렀는데, 유마거사가 병을 앓았던 집터가 남아 있었으니 돌을 쌓아 만든 것이었다. 왕현책이 홀(手版)로 가로 세로를 측정해 보니 십홀十笏이었으므로 방장이라 하였다.

　*정침正寢 : 제사를 지내는 몸채의 방, 또는 주로 일을 보는 곳으로 쓰는 몸채의 방이다.

　**왕현책王玄策 : 생몰 연대 미상. 중국 당나라의 인도 사절使節. 인도를 세 번 다녀와 인도 사정을 중국에 알렸다.

세 번 불러도 돌아보지 않는다면 모여 있은들 무슨 이익이 있겠는가? 하물며 마음의 번뇌는 씻기가 어렵고 물 같은 성품은 소용돌이치기 쉬우니 중근기들은 상근기도 하근기도 될 수 있다.³²

극빈尅賓이 법거량에서 패배하여 벌칙으로 대중에게 죽공양을 베풀었고,³³ 문원文遠이 선문답에서 수승한 것과 하열한 것으로 선을 다투다가 호떡(糊餠)을 바쳤으니,³⁴ 이 두 가지는 총림의 본보기이다. 후학들은 이를 의지해서 따를지어다. 나(焦山)는 두 가지 선禪을 말하지 않나니 그저 기름 16량을 벌칙으로 부과하노라.

게송을 읊는다.

---

32 『孟子』에서는 "사람의 성품은 여울물(湍水)과 같으니 동쪽으로 물길을 터 주면 동쪽으로 흘러가고, 서쪽으로 터 주면 서쪽으로 흘러간다."라고 하였는데, 단湍은 급한 물살이다. 네모나게 될지 둥글게 될지는 그릇을 따르고 굽게 될지 곧게 될지는 형체를 따른다. 심성에 일정함이 없는 것도 이와 같다.

33 흥화興化가 극빈 유나에게 말했다. "그대는 오래지 않아 법을 창도하는 스승이 될 것이다." 극빈이 대답하였다. "제가 차라리 벌레가 될지언정 그런 소굴(保社)*에는 들어가지 않겠습니다." 흥화가 말했다. "네가 알아서 들어가지 않는가? 알지 못해서 들어가지 않는가?" 극빈이 말했다. "전혀 상관없습니다." 흥화가 몽둥이를 들었는데 극빈이 머뭇거리자 흥화가 곧장 때리고서는 다시 말했다. "극빈이 법거량에서 패배했으니 벌금 5백 관五百貫으로 대중들에게 죽(饘)을 베풀고 방부를 떼고(抽單)** 선원을 떠나라." 찬饘은 음이 찬贊이니 묽게 끓인 죽이다.
   *소굴(保社) : "다섯 집이 보保가 되고, 다섯 보가 사社가 된다."라고 하는 성총의 주석이 『緇門警訓』「法唱遇禪師小叅」에 나온다.
   **추단抽單 : 선가에서 선승이 지금까지 있던 승당을 하직하고 떠나는 것을 말한다.

34 조주가 일찍이 시자인 문원과 '하열한 것이 이기고 수승한 것이 지는 것'으로 하고 논쟁하였는데, 문원이 말했다. "스님께서 먼저 말씀하십시오." 조주가 말했다. "나는 한 마리 나귀와 같다." 문원이 말했다. "저는 나귀의 무릎과 같습니다." 조주가 말했다. "나는 나귀의 똥과 같다." 문원이 말했다. "저는 나귀 똥 속의 벌레와 같습니다." 조주가 말했다. "너는 그 속에서 무엇을 하느냐?" 문원이 말했다. "여름을 나고 있습니다." 조주가 말했다. "떡 가져오너라." 호糊는 떡(糵)이다. 『祖庭事苑』에서는 "(호糊는) 마땅히 '호胡'가 되어야 한다. 호로胡虜는 호마胡麻(참깨)로 떡을 만들기 때문에 호병胡餠이라 한다."라고 하였고, 또는 "호마 기름으로 구운 것이다."라고 하였다.

검은 거북이를 문득 쑥으로 태우니
천고의 영인令人들이 쉴 새 없이 웃네.[35]
후학들에게 안목을 높이 둘 것을 권하노니
한 근의 기름으로 벌주게 하지 말라!

**慈受禪師示衆箴規**【舊註: 壽無量本, 大同小異.[1)] ○慈受懷深禪師, 生壽春, 夏氏, 嗣長蘆崇信禪師.】

陞堂【即上堂也. 百丈云: "上堂陞座, 主事徒衆, 鴈立側聆, 賓主問酬, 激揚宗要也, 亦依法而住." 此其深意也.】念誦【百丈淸規法, 有三八日念誦之規.】諷經【或爲檀越, 或爲亡僧, 請大衆諷經.】小叅,【禪門, 詰旦陞堂, 謂之早叅; 日晡念誦, 謂之晚叅; 非時說法, 謂之小叅. 皆謂之叅者, 幽顯皆集, 神龍幷臻, 旣無間於聖凡, 豈轉分於僧俗? 是以謂之叅也.】但是衆集, 宜須先赴. 遊方上士, 規矩隨身, 豈可乖慵遭人撿[2)]點? 一回可恕, 三犯何顏? 不思百丈眞風, 便見投子道底.【百丈有淸規法, 投子義淸禪師亦有淸規.】靜牌纔掛, 宜各默然, 縱不掛時, 豈可

---

[35] 어떤 사람의 시에 "만약 삼신산의 서리 맞은 쑥이 아니면 천 년을 태워도 나는 죽지 않으리라. 자신의 입에서 나온 약이 도리어 자기를 죽이니 입 다물고 솥 안에서 삶기는 것만 못하리라."라고 하였다. 『異苑』에서는 다음과 같이 말하였다. "오吳나라 손권孫權 때에 어떤 사람이 산에 들어가서 큰 거북이를 만나 곧바로 이를 잡아서 돌아왔다. 거북이가 말하였다. '좋지 못한 때에 노닐다가 그대에게 잡혔다.' 사람들이 매우 괴이하게 여겨 거북이를 싣고 나와서 오왕에게 바치고자 하여 밤에 월리越里에 배를 대고 큰 뽕나무에 배를 매어 두었더니 밤중에 나무가 거북이를 부르며 말했다. '고생 많구나, 거북아! 무사하겠느냐?' 거북이가 말했다. '이제 잡혔으니 곧 삶아지겠지만 남산의 나무를 다 태우더라도 나를 삶지는 못할 것이다. 제갈원손諸葛元孫은 박식하니 필시 너에게도 고통을 초래할 것이다.' 나무가 말했다. '나 같은 나무를 구제하려면 계책을 어떻게 내야 하겠는가?' 거북이가 말했다. '말을 함부로 하지 말라. 재앙이 장차 그대에게 미칠 것이다.' 나무가 조용히 입을 다물었다. 이윽고 도착하자 손권이 명령을 내려 거북이를 삶게 하니, 1만 수레의 땔나무를 불살랐으나 여전히 말을 하였다. 제갈각諸葛恪이 말했다. '늙은 뽕나무를 태우면 거북이를 삶을 수 있습니다.' 거북이를 바친 자도 거북이와 나무가 함께 나눈 이야기를 말해 주었다. 손권이 명령하여 뽕나무를 베어다 거북이를 삶게 하니 곧바로 삶아졌다." 사례가 이와 비슷하므로 인용하여 둔다.

談笑? 古佛垂訓, 守口如瓶.【經云: "守口如瓶, 防意如城. 昔有一貧人, 常事天帝, 以求福報. 天贈之一瓶, 名曰護德, 戒其閉口, 衣食所需, 皆從瓶出."】二六時中, 常宜緘默, 三業不戒, 萬禍潛生. 善諳魯祖風, 便口掛壁上.【魯祖寶雲禪師, 凡見僧來, 便面壁而坐.】自己案前, 常令潔淨, 只安香匣·禪策·經文, 貴圖齊整, 不得安世俗文字. 藥裹香爐, 種種所須, 宜收案下. 出聲持誦, 噪吵稠人;【噪, 鳥群鳴也. 吵, 音杳, 雉鳴聲. 言其喧聒衆人也.】背靠板頭, 輕欺大衆; 虛占案分, 掛物明窓, 不合律儀, 叢林安許? 端身正意, 默爾披尋, 諦味聖言, 契合心地, 不虛開卷, 始會看經. 平時隣案道人, 切忌交頭接耳. 賓客相看, 禮不可免.【禮者, 天理之節文, 人事之儀則.『詩』云: "人而無禮, 胡不遄死?" 又"相鼠有齒, 人而無禮?"】茶湯纔罷, 叙話已周, 相引出寮, 不可久坐. 若是舊時道伴, 遠地親情, 相邀林下水邊, 方可傾心談論. 至於交關買賣,【交關, 交易關通處, 即開市之場.】引惹雜人, 盡非衲子所爲, 便可一筆句下. 粥後歸寮, 同伸問訊, 上中下座, 恭敬爲先.【恭現於外, 敬發於中.】苟或不然, 輕人慢己. 放叅開籠, 須白知寮; 出入掀簾, 要垂後手. 登床宴坐, 不可垂[3)]衣; 擧動經行, 更宜緩步. 使人動念, 魔障易生. 衆口爍金,【風俗通云: "人有美金, 衆咸詆訾, 言其不純. 賣金者, 欲其售取煆見眞." 此爲衆口爍金也.】自家何樂? 洗衣把針, 宜於齋後, 不急之務, 道業荒唐. 不可將湯瓶泡衣洗面. 卓上裁紙糊單, 偸煮點心, 包藏藥石.【『神仙傳』云: "或煮石而食." 古詩: "澗底拾荊薪, 歸來煮白石." 或取療病之義. 攻病曰藥, 却病曰石, 即非此意也.】竹竿要知觸【與濁同.】淨,【律云: 比丘入浴室, 將淨衣掛淨竿上, 將下衣掛濁竿上. 浴時默念偈呪, 淨身呪是也. 忌浴者, 六齋日: 初八·十四·十五·二十三·二十九·三十日也.】熨斗須看閑忙, 執在一隅, 恐妨衆用. 古聖補破遮寒, 縫了便休, 豈可朝昏事持針線? 煎點茶湯, 叢林盛禮, 大衆雲集, 方可跏趺. 盞槖收歸,【槖, 與托同. 盞, 臺也. 又貯盞所帶槖也.】衆人齊退, 私藏茶末, 取笑傍觀, 隻手揖人, 是何法度? 有故不赴, 須白知寮. 小坐茶湯,【茶樹似梔子, 冬生葉, 可煮飲.『本草』云: "茶能去脂, 使人不睡", 故禪家常煮茶湯.】輒不可免. 新到入寮, 宜懷謙下. 未諳法度,請問耆年【『周禮』: "八十曰耆." 『釋名』: "六十曰耆." 耆, 指也, 不從後力, 指事使人也. 又至也, 言至老境也.】. 隨方毘尼,【『演義』云: "雖非我所作, 於餘方所, 不應行者, 亦不應行, 名曰隨方毘尼." 『會玄』云: "隨時隨處, 衆僧和合立所制法則, 後還捨衆制法, 即是隨方毘尼. 衆旣制已, 獨4)必有罪云云." 後僧和合還捨所制, 先犯罪人, 是時出離.】任人建立. 安籠占案, 不必着忙, 欵細之間, 自然穩便. 入寮煎點, 本爲衆人, 意在至誠, 茶須通喫. 使了家事, 舊處安排, 瀉却湯甁, 即時添注. 山行水次【次, 至也.】, 戒護開談, 張口如弓, 發言如箭. 雌黃之事,【雌黃, 謂更變也, 又是非也.】品藻他人, 說食說錢, 呵風罵雨, 墻壁有耳【古語云: "壁上有鼠耳."】法令無親, 忽然虎口遭傷, 始見鋒頭太5)露. 凡遇茶毘【此云焚燒.】, 陰晴齊赴, 各懷悽愴, 同運悲心, 恐彼前人虛生浪死, 口持經呪, 肩負柴薪, 豈可猖狂恣聲談笑? 衣盂估唱,【律云: "凡本界內, 若大若小, 亡僧衣物, 查批估直已竟. 衆中鳴搥估唱, 或給散四方僧, 或賣辦食. 維那白云: '大德僧聽. 某比丘病患身亡, 所有衣物等, 應作食請四方僧, 大德忍聽. 願亡僧早生淨土, 居不退地.' 如是三唱."】本爲破慳, 後人不知, 返成貪愛, 偸量長短, 暗窺舊新, 賤唱貴分, 過如常賣, 不知返責, 猶說便宜. 識者傍觀, 面慚汗下. 若是海門上士, 禪苑高賓,【禪居, 會四海之人, 故云海門. 佛始說法於鹿野苑, 故名禪居爲禪苑.】但爲死者結緣, 莫被活人嗤笑. 柔和善順, 上下可觀; 我慢貢高, 諸聖不祐. 八萬細行, 三千威儀,【如釋云: 行住坐臥四威儀, 各有二百五十其足戒法, 合爲一千, 循三世爲三千威儀. 以此三千, 配身口七支 成二萬一千. 復對貪嗔痴, 及等分四種煩惱, 爲八萬四千細行. 此言八萬者, 即擧其略.】二六時中, 頭頭可見. 穿堂直過, 豈不厚顏? 尊殿閑行, 恐招薄福. 衩衣【衩, 音叉. 衣, 袒也.】登殿, 草履遊山, 莫踐法堂, 回互耆宿. 五更洗面, 本爲修行, 吐唾拖盆, 喧聒大衆. 暗中動念, 自昧不知, 日徃月來, 面黃身瘦. 浴湯少使, 篦子休抷, 作福雖多, 不如避罪. 廊舍吐唾,【律: "佛爲老病者, 聽安唾器." 『雜事』云: "寺中四角柱下, 各安唾盆."】案上狐頭, 違背聖賢, 自從己便. 時時撿6)點, 步步隄防, 直須小却身心, 便好大着腸肚. 十日知寮, 遞相供養, 晚眠早起, 務在精誠,苦切勞心, 先人後己. 大衆衣鉢, 切要關防, 一事不周, 衆人動念. 煎茶掃地, 換水裝香. 莫敎冷却湯瓶! 免見禪和煩惱. 寮中首座,[7] 務要柔和, 規矩先行, 繩墨自定.【如木就規矩而方圓, 從繩墨而正直, 僧衆如是隨敎戒而離邪, 得模範而行已. 首座表率衆僧, 宜先自克而行.】依時上案, 簡徑開談. 有一不周, 衆人共議. 遊山翫水, 出入有時. 惡性道人, 善言誘勸, 儻不聽從, 密白方丈【方丈, 盖寺之正寝也. 始因唐王玄策, 徃西域, 至毘耶城, 有居士示疾之室遺址, 疊石爲之. 策以手版, 縱橫量之, 得十笏, 故號方丈.】. 護善遮惡, 取信檀那. 淨髮圍爐, 禮宜謙讓. 右件規矩, 委曲預聞, 日用時中, 各宜照顧. 一撥便轉, 善不可加; 三喚不回, 相聚何益? 況乃心塵難掃, 性水易湍, 中器中根, 可上可下.【『孟子』: "性猶湍水也, 決諸東則東, 決諸西則西." 湍, 急流也. 方圓任器, 曲直隨形. 心性無定, 亦復如是.】尅[8]賓法戰不勝, 曾罰饡飯一堂;【興化謂尅賓維那曰: "汝不久爲唱導之師." 曰: "尅貧寧爲虫豸, 不入這保社." 化曰: "汝會了不入? 不會了不入?" 賓曰: "總沒交涉." 化拈棒, 賓擬議, 化便打, 復曰: "尅賓法戰不勝, 罰五百貫, 設饡飯一堂, 抽單出院." 饡, 音賛, 以羹澆飯也.】文遠勝劣爭禪, 輸却糊餠.【趙州甞與侍者文遠, 論議鬪劣不鬪勝. 遠云: "請和尙立義." 州云: "我似一頭驢." 遠云: "我似驢肚." 州云: "我似驢糞." 遠云: "我似驢糞虫." 州云: "你在裡許作甚麽?" 遠云: "過夏." 州云: "把將餠子來." 糊, 麋糜也. 『祖庭』云: "當作胡. 胡虜用胡麻作餠, 故曰胡餠." 又云: "胡麻油賣之也."】兩箇叢林榜搽,[9] 後學依從. 焦山不說兩般禪, 只要罰油十六兩. 頌曰:

烏龜忽爾艾燒頭, 千古令人笑不休.【有人詩云: "若不三山霜露艾, 千載能燒我不死. 自口出藥還自死, 不如緘口釜中煑." 『異苑』云: "吳孫權時, 有人入山遇大龜, 即束之歸. 便言曰: '遊不良時, 爲君所得.' 人甚恠之, 載出欲上吳王, 夜泊越里, 纜船於大桑樹中, 宵呼龜曰: '勞乎元緖! 無事爾耶?' 龜曰: '今被拘執, 方見烹瞧,[10] 雖盡南山樵, 不能潰我. 諸葛元孫博識, 必致相苦.' 樹曰: '令救如我之徒, 計安欲出?' 龜曰: '無多辭, 禍將及汝.' 樹寂然而止. 旣至, 權命烹之, 焚柴萬車, 語猶如舊. 諸葛恪曰: '燃老桑乃熟.' 獻者仍說龜樹共言. 權命使伐桑煮龜, 立即爛." 事頗相類,

• 181

故引而存之.】

奉勸後生高着眼, 莫敎罰了一斤油!

---
1) ㉮ 壽無量本 大同小異 : 이 글자들은 원문의 협주이다. 2) ㉮ '撿'은 '檢'으로 되어 있는 곳도 있다. 3) ㉮ '垂'는 '乖'로 되어 있는 곳도 있다. 4) ㉯ '獨'은 『華嚴懸談會玄記』 권15에는 '犯'으로 되어 있다. 5) ㉮ '太'는 '大'로 되어 있는 곳도 있다. 6) ㉮ '撿'은 '檢'으로 되어 있는 곳도 있다. 7) ㉮ '座'는 '痤'로 되어 있는 곳도 있다. 8) ㉮ '尅'은 '克'으로 되어 있는 곳도 있다. 9) ㉮ '搛'은 '樣'으로 되어 있는 곳도 있다. 10) ㉯ '睢'는 내용상 '膤'의 오기인 듯하다.

# 주

i  선책禪策 : 좌선할 때 졸음을 쫓는 막대기이다.
ii 자황雌黃 : 자황은 유황硫黃과 비소砒素를 혼합하여 만든 안료顔料이다. 옛날에 황지黃紙에 글씨를 쓰다가 잘못 썼을 경우에 이것을 사용해서 글자를 지우고 그 위에 다시 썼으므로 전하여 시문詩文을 개찬하거나 의논이나 평론, 선악과 시비를 말하는 뜻으로 쓰인다.
iii 천당穿堂 : 두 개의 뜰 사이에 있어 통로 역할을 하는 당堂이다.
iv 탕병湯瓶 : 더운물을 담는 데 쓰는, 아가리가 크고 한쪽에 손잡이가 달린 사기그릇으로 물을 데우고 탕을 붓는 역할을 한다.

# 소옹 화상의 가훈

낮도 그러하고 밤도 그러하니
자는 시간을 늦추고 일어나는 시간을 빨리 하라.
홑이불과 겹이불(摺)¹을 개고 나서는 새벽 종소리를 기다려라.
일어나 움직이고 다닐 때에는 왼쪽으로 향하며 행동하라.
새벽에 죽을 먹고 나면 경솔하게 날뛰지 말라.
세수하고 양치질할 때² 머리를 숙이고 뜨거운 물은 적게 써라.
머리에 상처 났을(痒)³ 때에는 반드시 목욕하여야 하고

---

1 (접摺은) 음이 섭攝이니 접어서 포개는 것이다.
2 『內法傳』에서는 "아침마다 치목齒木*을 씹어야 하니, 이를 닦고 혀를 닦아 여법하게 할지니라. 깨끗하게 세수하고 양치하고서야 비로소 예경을 행할지니, 만약 그렇게 하지 않는다면 예경을 받거나 남에게 예경하는 것이 모두 죄를 짓는 것이다."**라고 하였고, 『波離論』에서는 "출가 승려들은 재식 후에 조두澡豆***로 입을 헹궈서는 안 되니 모두 재계齋戒를 이루지 못한다. 과거에 연제비구蓮提比丘는 60세에도 빠트리지 않고 재계를 지켰다. 오직 하루에 한 끼 식사 후에 소똥(巨摩)이나 콩 부스러기 등을 써서 재계를 이룰지니, 만약 그렇지 않으면 모두 재계가 되지 못한다."****라고 하였다. 그러나 치목을 쓰는 것은 응당 남이 안 보는 곳에서 해야 하니 사람이 많은 곳에서 씹어서는 안 된다.
　*치목齒木 : 작은 가지 끝을 씹어서 가는 막대를 만들어 치아를 닦는 도구로 쓰는데 오늘날의 이쑤시개이다.
　**아침마다~것이다 : 『南海寄歸內法傳』권1(T54, 207b22~c2)에는 다음과 같이 나온다. "食罷之時, 或以器承, 或在屛處, 或向渠竇, 或可臨階, 或自持甁, 或令人授水, 手必淨洗, 口嚼齒木疏牙刮舌, 務令淸潔, 餘津若在卽不成齋. 然後以其豆屑, 或時將土水撚成泥, 拭其脣吻令無膩氣. 次取淨甁之水, 盛以螺盃, 或用鮮葉, 或以手承. 其器及手必須三屑淨揩洗令去膩. 或於屛隱淨甁注口, 若居顯處律有遮文, 略漱兩三方乃成淨. 自此之前口津無宜輒咽, 旣破威儀咽咽得罪."
　***조두澡豆 : 팥 같은 것을 갈아서 만든 가루비누.
　****출가~못한다 : 이 부분이 『法苑珠林』(T53, 613c1~4)에는 다음과 같이 나온다. "如波離論云: 出家僧尼白衣等齋訖, 不用澡豆末巨摩等用澡口者, 皆不成齋. 如過去有比丘字蓮提, 六十歲持齋戒不闕, 唯一日食用巨摩豆屑等成齋. 若不爾者皆不成齋." 이어지는 주석에서 "巨摩者, 牛糞是也."라고 하였으니, 거마巨摩는 소똥이다.
3 양痒은 '역瘍'이니, 상처가 난 것이다. 『曲禮』에서는 "머리에 상처가 나면 목욕한다."라고 하였다.

수건은 깨끗이 말려서 상대방에게 방해되지 않게 하라.

발우를 펼 때에는 몸과 마음을 고요하게 할지니

펼 때에는 젓가락을 먼저 놓고 접을 때에는 숟가락을 먼저 넣어라.

발건을 거두어 올릴 때에는 반드시 남보다 뒤에 하고

좌우로 예경하여 예법을 어기지 말라.

아침죽을 먹고는 예경하고(和南)⁴ 점심밥을 먹은 후에는 차를 마시며

방선 후에 약석藥石ⁱ을 먹을 때에는 시끄럽게 떠들지 말라.

선당을 나가거나 입실할 때에는 청규에 부합해야 하니

총림에 훌륭한 수행자가 있었음을 알아야 한다.

수좌가 문 앞에서 철판을 댕그렁 치니

어떤 선객이 감히 입당하겠는가?

백전百錢을 추징해서 벌함은 오히려 감당하겠지만

합격자 병단에 높이 걸림은 매우 어렵다.

입실 승당하여 염송할 때에는

규범을 따라 스스로 위의를 갖추어야 하는데

근래에 부끄러움을 모르는 한 무리가

중간을 바로 꿰맨 짧은 소매 옷을 입고 있도다.

(해우소에 들어갈 때에는) 옷과 신은 가지런히 벗어 두고

문 닫을 때에는 살며시 닫고 산가지는 낮게 두어라.

조용히 주문을 외우며 가볍게 손가락을 튕기고

정통은 늘 오른손에 들어라.

입욕할 때는⁵ 속옷을 입고 조용히 조심스럽게 할지니

---

4  황제黃帝가 처음 곡식을 삶아 죽을 만들었다. 범어로 반담畔睇은 혹 '반담槃談'이라고도 하니 와전되어 화남和南이라 하였다. 한역하면 공경을 다함이다.

5  『十誦律』에서는 "부처님이 사위성에 계실 때에 어떤 비구가 옴에 걸려 목욕하기를 요청하였다. 이 사실을 부처님께 아뢰자 부처님이 목욕을 허락하면서 다섯 가지 이익을 말

뜨거운 물이 필요해서 철판을 칠 때에도 조용히 하라.
더러운 베를 욕조 위에 두지 말지니
두 다리를 통 속에 어찌 둘까?
예배하고 경전을 지송하며 수마를 떨칠지니
이때 시끄럽게(嘍) 칭얼대지(囉) 말라.[6]
본래면목이 하루아침에 드러나면(突出)[7]
약을 얻음에 병이 더욱 많았음을 알게 되리라.
머리에는 삿갓 쓰고 허리에는 포대 찬 이를 운수납자라 하니
스승을 찾아다님에 고달픔을 꺼리지 말라.
냉담한 법문॥을 배워서 번뇌를 막아야 하니
일상의 구화군救火軍[8]을 배우지 말라.

### 笑翁和尙家訓

日亦然兮夜亦然, 睡時宜後起宜先.

收單摺【音攝, 摺疊也.】被候開靜, 動止回旋向左肩.

晨朝粥罷莫猖狂, 與¹⁾漱【『內法傳』云: "每朝須嚼齒木, 楷齒刮舌, 務令如法. 與漱淸淨, 方行禮敬. 若不然者, 受禮禮他, 悉皆得罪."『波離論』云: "出家僧尼等, 齋訖不能藻口者, 皆不成齋. 過去蓮提比丘, 六十歲持齋戒不闕. 惟一日食後, 用巨摩豆屑等, 成齋. 若不爾者, 皆不成齋." 然用齒木, 應在屛處, 不應在多人處嚼.】低頭

---

씀하셨다. 첫째는 때를 제거하고, 둘째는 몸이 청정해지고, 셋째는 한랭寒冷을 없애고, 넷째는 몸의 풍병을 없애고, 다섯째는 안온함을 얻는다."라고 하였다.

6 루嘍는 말이 많은 것이고, 라囉는 어린아이의 말이다.
7 『釋名』에서는 "갑자기 마주치는 것을 돌突이라 한다."라고 하였다. 또는 개가 구멍에서 나오는 것이다.
8 (구화군은) 지붕 위에 있는 기와로 된 인형이다. 본래는 불을 끄기 위한 것이었는데 불을 끄지 못하고 스스로 불을 만나 타는 것이, 마치 출가인은 본래 고통에서 벗어나 중생을 제도하기 위함인데 자신을 제도하지 못하고 도리어 삼악도에 빠지는 것과 같다.

小便湯.

頭若痒【痒作瘍, 瘡痍也.『曲禮』云: "頭有瘍則沐."】時須待浴, 手巾乾淨不相妨.

寂靜身心展鉢時, 出宜先筯入先匙.

食巾收楪須臨後, 左右和南禮莫虧.

粥了和南【黃帝始烹穀爲粥. 梵語畔睇, 或云槃談, 訛云和南, 此云致敬.】飯後茶, 放粢藥石莫諠譁.

出堂入戶淸規合, 猶見叢林有作家.

座元門首板釘鐺, 是甚禪和敢入堂?

追罰百錢猶自可, 高懸一榜最難當.

入室陞堂念誦時, 從規合自具威儀.

近來一等無羞恥, 直裰中間小袖兒.

脫着衣鞋要整齊, 掩門宜緩放籌低.

密持呪語輕彈指, 淨桶常將右手提.

入浴【『十誦』云: "佛在舍衛時, 有比丘病癩求浴. 以是白佛, 佛聽洗浴, 說五種利: 一除垢, 二身淸淨, 三除寒冷, 四除身中風, 五得安隱."】披衫貴靜恭, 需湯擊板合從容.

不應濁[2] 布安槽上, 雙脚如何着桶中?

禮拜持經遣睡魔, 不須將此當嘍囉.【嘍多語, 囉小兒語.】

一朝突出【『釋名』曰: "卒相見, 謂之突." 又犬從穴中出也.】娘生眼, 執藥方知病轉多.

頂笠腰包號水雲, 尋師切勿憚辛勤.

法門冷淡須防護, 莫學尋常救火軍【屋上瓦偶人也. 本爲救火, 而不能救自遭火燒, 如出家人本爲拔苦度生, 而自不得度還陷三途也.】.

---

1) 갑 '興'은 '盥'으로 되어 있는 곳도 있다.  2) 갑 '濁'은 '觸'으로 되어 있는 곳도 있다.

**❚ 주**

i   약석藥石 : 선종 사원에서는 오후에 식사하는 것을 금하고 있기 때문에 오후의 간단한 요기를 약석이라 칭한다.
ii   냉담한 법문 : 차가우면서도 담담한 법문으로 불경의 가르침을 말한다.

# 황룡사 사심 오신 선사의 소참법문[1]

대저 소참은 가교家教라고도 하는데 무엇을 가교라 하는가? 비유하자면 집에 3~5명의 아들이 있을 때에 큰아이가 오늘 한 일과 작은아이가 오늘 한 일의 옳고 그름을 저녁에 귀가하면 부모가 낱낱이 결정하듯이, 총림도 이와 같아서 사원의 오늘 할 일의 옳고 그름을 주지가 낱낱이 결정해야 한다.

지금의 시절을 살펴보건대, 총림이 시들하고 근기가 하열하니 무어라 말할 수 없다. 어떤 무뢰한(破落戶) 장로는 급히 서신을 보내서는 이쪽에서 원주를 찾고 저쪽에서 원주를 찾다가 원주를 찾게 되면 좋은 날을 가려서 선원에 들어온다. 그리고는 "내가 장로이다."라고 하면서 방장실에서 제멋대로 활개치니, 이러한 자를 지옥 찌꺼기라 부른다.

지금 총림에서 참선을 논의한다면 참으로 적임자를 찾기 어렵다. 내가 너희들을 보니, 한 무리가 여기에서 마음이 막히고(憤憤) 입도 닫혀서(悱悱)[2] "내가 선禪을 알고 도를 안다."라고 말하지만, 방장실에 들어와서는 입 가는 대로 지껄이다가 두어 마디 전어轉語[i]를 버티고 나면 나가 버리는데, (선禪은) 이러한 도리가 아니다.

또 어떤 자는 그림자와 메아리를 완공頑空[ii]이라 여기고는 '다만 이것일 뿐'이라고 말한다. 또 어떤 자는 허공 속의 빛 그림자만을 보는가 하면, 또 어떤 자는 옳지 않은 것이 없다 하니 잘못 어긋나 버려 이들을 구제할 수가 없다. 이러한 자는 다만 색신을 안락하게 하는 것이 마땅하니 한 차

---

1 오신悟新 선사는 곡강曲江 왕씨王氏의 자손으로 스스로 '사심수死心叟'라 불렀으며 보각寶覺의 법을 이었다.
2 분분憤憤은 마음으로 통하고자 하나 아직 통하지 못한 것이고, 비비悱悱는 입으로 말하고자 하나 할 수 없는 것이다. 또 분憤은 막혀서 번민하는 뜻이고, 비悱는 굽히고 억제하는 뜻이다.

례 가르치려 하지 말라. 병이 들어 연수당延壽堂에 들어가서는 마치 끓는 탕에 빠진 방게와 같이 손과 발을 못 쓰고, 허깨비 귀신을 보며 이쪽으로는 무당에게 묻고 저쪽으로는 의사에게 물어 길흉을 점치고 좋은 것과 나쁜 것을 묻는다.

그대들은 우리의 부처님이 삼계의 의사이며 사생의 자애로운 어버이가 되어 일체중생의 마음의 병을 치료하시는 것을 알지 못하는가? 다만 그대가 자기 마음을 믿지 못하고 밖으로만 치달려 구하므로 삿된 마구니와 망량魍魎[3]이 그대의 마음속으로 들어와서 허다한 견해를 짓게 하는 것이다.

그대 자신의 마음을 알고자 하는가? 태양이 대낮에 비치면 온 세상이 밝으니 어디에 다시 어두운 곳이 있겠는가? 만약 이러한 경지에 이른다면 길흉吉凶의 효상爻象[4]도 필요 없으며, 옳고 그름이나 좋고 싫음도 없으리니, 시비 위에 앉을 수도 있고 시비 위에 누울 수도 있을 것이다. 나아가서는 기방(姪坊)·주점(酒肆)·호랑이 굴(虎穴)·마구니의 집(魔宮)까지도 모두 다 그 사람이 안심입명하는 곳이 될 것이다. 다만 그대가 무량한 겁 동안 업식이 짙어져서 마음속으로 치달리고(趨趨)[5] 기울어져(欹欹)[6] 동아줄(繘繘)[7]에 얽혀(縴縴)[8] 믿음이 미치지 못하였으니, 세간의 애정에 포박되어

---

**3** 『左傳』의 주석에서는 "망량은 하천과 못의 신이다."라고 하였고, 『淮南子』에서는 "모습은 세 살 어린아이 같으며 붉고 검은 색을 띠며 붉은 눈에 기다란 귀에 아름다운 머리카락이다."라고 하였다.
**4** 효爻는 본받는(傚) 것이니, 사물의 때를 본받아 움직이는 것이다. 또는 음양의 움직임이다. 상象은 괘卦의 모습이고, 이치의 유사함이다.
**5** 지름길이며 또는 잘 달리는 모양이다.
**6** 평평하지 못한 모양이다.
**7** 우물물을 긷는 동아줄이다.
**8** 율縴은 음이 율律인데 큰 밧줄이다. 또는 대나무로 줄을 만들어 배를 매는 데에 쓰는 것이다. 기울어진 마음이 사물을 따라 뒤쫓아가는 것이니, 율율縴縴은 마음이 스스로 경계에 묶인 것이다.

일곱 번 구르고 여덟 번 넘어지게 된 것이다.

　강남 사람은 강남 사람들을 보호하고, 광남 사람은 광남 사람들을 보호하며, 회남 사람은 회남 사람들을 보호하고, 향북 사람은 향북 사람들을 보호하며, 호남 사람은 호남 사람들을 보호하고, 복건 사람은 복건 사람들을 보호하며, 사천의 승려는 사천의 승려들을 보호하고, 절강의 승려는 절강의 승려들을 보호한다. 우리 고향 사람이 사원에 주지로 있으면 내가 가서 그를 찬탄하며 도와주겠다고 하다가 어느 날 아침에 두루 온전하지 못한 것이 있으면 도리어 시비를 일으켜서 가는 곳마다 떠든다.

　슬프고 슬프도다! 이렇게 행각하면 광명을 가린 자이며 어리석은 사람이다. 만약 안목 있는 자라면 한칼에 많은 것을 끊어 버려 자유자재할 것이다. 만약 끊지 못한다면 곳곳마다 애욕의 속박을 받을 것이니 색을 좋아하면 색의 속박을 받고, 집을 좋아하면 집의 속박을 받고, 명성을 좋아하면 명성의 속박을 받고, 이양을 좋아하면 이양의 속박을 받고, 몸을 아끼면 몸의 속박을 받을 것이다.

　너희들은 어째서 물러나서 헤아려 보지 않는가? 너의 이 냄새나는 가죽 껍데기에 무슨 좋은 곳이 있는가? 당시에 다만 그대에게 한순간에 애착심이 생겨 어머니의 태 속으로 들어가서는 아버지의 정기와 어머니의 피를 받아 서로 섞여 한 덩어리 고름을 이루었으니, 어머니가 뜨거운 음식을 먹으면 확탕지옥을 받고, 어머니가 찬 음식을 먹으면 한빙지옥을 받았다. 그러다가 어머니의 태 속을 차고 나와서는 찬 것과 뜨거운 것을 받고, 굶주림과 배부름을 받으며, 병과 고통을 받고, 애태우고 고생하다가 금일에 이르렀는데도 다만 돌이켜 관조하지 못했기 때문에 허다한 시비와 생멸이 있게 되었다. 그리하여 내가 태어나고 네가 죽고, 네가 죽고 내가 태어나서 태어나고 죽고, 죽고 태어나서 업을 따라 과보를 받음이 그칠 기약이 없다.

　근래에 또 어떤 '노예 개' 같은 이가 있어 품삯으로 받은 돈으로 도첩度

牒을 사서 개머리처럼 삭발하고 부처님의 가사를 걸쳤는데, 이들은 종과 주인을 구분하지 못하고, 콩과 보리도 구분하지 못하면서 우리 불법에 들어와 불법을 파괴한다. 이들은 한결같이 온몸을 꾸미고 허리에서 손을 비비고(捼)⁹ 다리 사이를 문지르며(捼胯)¹⁰ 함부로 휘두르고 어지럽게 흔들어서(罄)¹¹ 대장부가 되고자 한다. 대장부는 이렇지 않으니 대장부가 되고자 하면 반드시 걸음을 물러나라. 면전이나 뒤에서도 비속어로써 장점을 시기하고 나쁜 점을 말하지 말라. 또, 이곳의 음식이 훌륭하다거나 저곳의 요사채가 편하다고 말하는데, 그래 봤자 아무 소용이 없다.

상좌들이여! 사람 몸을 얻기 어렵고 불법을 듣기도 어렵다. 이 몸을 금생에 제도하지 못하면 다시 어느 생에 이 몸을 제도하겠는가? 여러분들은 참선하고자 하는가? 반드시 내려놓아라! 무엇을 내려놓는가? 사대와 오온을 내려놓고 무량겁 동안 이어 온 많은 업식을 내려놓아라! 자기의 발밑을 추궁해서 '이 무슨 도리인가?' 하고 살펴보라. 추궁하고 추궁하면 문득 마음이 밝게 환해져서 시방세계를 비출 것이다. 이것을 "마음으로 터득하면 손은 저절로 호응한다."ⁱⁱⁱ라고 할 수 있으니, 그러면 대지를 변화시켜 황금으로 만들고 장강을 휘저어 소락酥酪으로 만들 수 있으니, 어찌 평생 상쾌하지 않겠는가?

오로지 책 속에서 언어를 염송하거나 선禪이나 도道를 찾지 말라! 선과 도는 책 속에 있지 않다. 비록 일대장교와 제자백가를 염송하더라도 쓸데없는 말일 뿐, 죽을 때에는 전혀 소용없다. 옛사람들은 깨닫고 난 후에 비로소 눈 밝은 스승을 찾아가 결택할 때에 모래와 돌을 제거한 순일하고 진실한 것만을 저울질하였다. 이는 마치 없는 것이 없는 잡화점을 연 것과 같아서 감초를 사려고 온 사람에게는 감초를 주고 황련黃連을 사려고

---

9 뇌捼는 음이 나挼이며 양손으로 문지르는 것이다.
10 날捺은 손으로 문지르는 것이며, 과胯는 두 넓적다리 사이이다.
11 경罄은 텅 비는 것이고 흔드는 것이다.

온 사람에게는 황련을 주니, 황련을 사려는데 도리어 감초를 주는 경우는 없다.

또 가령 그대에게 있는 금 한 덩어리를 붉은 화로 속에 넣어 단련하여 여러 번 단련시켜 충분히 단련되었을 때 비로소 망치질을 하여 병·소반·비녀·팔찌[12]를 만드는 것과 같다. 이때 병의 중량이 몇 냥인지 소반의 중량이 몇 냥인지 낱낱이 분명히 한 후에 다시 병·소반·비녀·팔찌를 녹여 하나의 금으로 만드니, 이를 일미평등한 법문이라 부른다. 만약 이렇지 않으면 모두 다 미숙한(儱侗)[13] 진여이고 불완전한(顢頇)[14] 불성일 것이다. 너희들은 알겠는가? 너희들은 믿겠는가?

산승은 지금까지 그러한 승려들에게 네 가지 전어轉語로 답하였으니, 죽음 속에 삶이 있고 삶 속에 죽음이 있으며, 죽음 속에 항상한(恒) 죽음이 있고[15] 삶 속에 항상한 삶이 있다. 이 네 가지 전어로써 천하의 납승들을 다 시험하였으니, 또 말해 보라! 천하의 납승들은 무엇으로 시험하겠는가?

잠시 후에 말하였다.

"대체로 저 기골의 아름다움에 돌리나니, 분단장 아니해도 풍류스럽다네."[16]

---

12 팔에 차는 고리이다.
13 (롱侗은) 음이 롱聾이며 모두 아직 그릇을 이루지 못한 것이다.
14 얼굴이 큰 모양이다. 또는 머리에 머리카락이 없는 것이다.
15 항恒이라는 것은, 주원회朱元晦가 "마음 세우기를 늘 한결같이 한다."라고 하였다.
16 어록語錄에 나온다.* ○둔암 조주遘菴祖珠 선사가 게송으로 말하였다. "아름다운 미인이 자고 일어나 느긋이 빗질하고 금비녀를 꽂고서는 쉬는구나. 대체로 저 기골의 아름다움에 돌리나니 분단장 아니해도 풍류스럽다네."
  *어록語錄에 나온다 : 이 주는 성화본『緇門警訓』에 그대로 나온다.

**黃龍死心新禪師小參**【悟新禪師, 曲江王氏子, 自號死心叟, 嗣寶覺.】

夫小參者, 謂之家敎, 何謂家敎? 譬如人家有三箇五箇兒子, 大底今日幹甚事, 小底今日幹甚事, 是與不是, 晚間歸來, 父母一一處斷. 叢林中亦復如是, 院門今日幹甚事, 是與不是, 住持人當一一處斷. 觀今之時節, 叢林淡薄, 人根狹劣, 不可說也. 有一般破落戶長老, 馳書達信, 遮邊討院住, 那邊討院住, 纔討得院住, 便揀箇好日入院. 又道我是長老, 方丈裏自在受快活, 遮般底喚作地獄滓. 如今叢林中, 若論參禪, 固是難得其人. 我看見你遮一隊漢在遮裏, 心憤憤, 口悱悱,【憤憤, 心欲通而未能通. 悱悱, 口欲言而未能言也. 又憤者, 鬱懣之意. 悱者, 屈抑之意.】道我會禪會道, 入方丈裏, 趂口快撑兩轉語便行, 不是遮箇道理. 又有一般漢, 影影響響, 認得箇頑空, 便道只是遮箇事. 又有一般道, 見虛空裏光影. 又有一般道, 無有不是者, 錯了也救不得了也. 遮般底, 只宜色身安樂, 莫敎一頓. 病打在延壽堂內, 如落湯螃蟹, 手忙脚亂, 見神見鬼, 遮邊討巫師, 那邊討醫博, 卜凶卜吉, 問好問惡. 你不見我佛如來爲三界醫王, 四生慈父, 醫一切衆生心病? 只爲你不信自心, 向外馳求, 被邪魔魍魎【『左傳』注: "魍魎, 川澤之神也." 『淮南子』說: "狀如三歲小兒, 赤黑色·赤目·長耳·美髮也."】, 入你心中, 做得許多見解. 要識你自心麼? 如太陽當晝, 天下皆明,[1] 那裏更有暗處? 若到遮箇田地, 亦無吉凶爻象【爻者, 傚也, 傚事物之時而動也. 又陰陽之動也. 象者, 卦之形·理之似也.】亦無是非好惡, 便能向是非頭上坐, 是非頭上臥, 乃至婬坊·酒肆·虎穴·魔宮, 盡是當人安身立命之處. 只爲你無量劫來, 業識濃厚, 心中趨趨【捷也, 又善走皃.】欯欯【不平貌.】, 縮縮【汲井索也.】繂繂【音律, 大繩. 又以竹爲索用維舟者. 趨欯心能奔逐於物也. 縮繂, 心自纏着於境也.】, 信之不及, 便被世間情愛纏縛得來七顚八倒. 江南人護江南人, 廣南人護廣南人, 淮南人護淮南人, 向北人護向北人, 湖南人護湖南人, 福建人護福建人, 川僧護川僧, 浙僧護浙僧. 道我鄉人住院, 我去讚佐他, 一朝有箇不周全, 翻作是非到處說. 苦哉苦哉! 恁麼行脚, 掩彩殺人, 鈍置殺人. 若是箇漢, 一劃劃斷多少, 自由自在. 若也劃不斷, 處處被愛之所縛, 愛色被色縛, 愛院被院縛, 愛名被名縛, 愛利被利縛, 愛身被身縛. 你何不退步思量? 你遮臭皮袋, 有甚麼好處? 當時只爲你有一念愛心, 便入母胎中, 受父精母血, 交構成一塊膿團, 母喫熱時, 便受鑊湯地獄; 母喫冷時, 便受寒氷地獄. 及至撞從母胎裏出來, 受寒受熱, 受飢受飽, 受病受苦, 煎煎逼逼, 直至今日, 只爲不能返觀, 便有許多是非生滅, 我生你死, 你死我生, 生生死死, 死死生生, 隨業受報, 無有休時. 近來又有一般奴狗, 受雇得錢買度牒, 剃下狗頭, 披佛袈裟, 奴郎不辨, 菽麥不分, 入吾法中, 破壞吾法, 一向裝裹[2)]箇渾身, 捼腰【捼音那, 兩手相切摩也.】捺胯【捺, 手按也. 胯, 兩股間也.】, 胡揮亂罄[3)]【罄, 空也, 搖也.】, 要做大漢. 大漢不恁麼, 欲要做大漢, 須是退步, 莫面前背後奴唇[4)]婢舌, 嫌好道惡! 說遮裏飲食豐厚, 那裏寮舍穩便, 不消得如此. 諸上座! 人身難得, 佛法難聞. 此身不向今生度, 更向何生度此身? 你諸人要叅禪麼? 須是放下着! 放下箇甚麼? 放下箇四大五蘊! 放下無量劫來許多業識! 向自己跟[5)]脚下推窮, 看是甚麼道理. 推來推去, 忽然心華發明,* 照十方利, 可謂'得之於心, 應之於手', 便能變大地作黄金, 攪長河爲酥酪, 豈不暢快平生? 莫只管冊子上念言念語, 討禪討道! 禪道不在冊子上. 縱饒念得一大藏教·諸子百家, 也只是閑言語, 臨死之時, 緫用不着. 古人悟了, 方求明*師決擇, 去其砂石, 純一眞實, 秤斤之兩, 恰如人開雜貨鋪相似, 無種不有, 來買甘草, 便將甘草與他; 來買黃連, 便將黃連與他, 不可買黃連, 却將甘草與他. 又似你有一塊金, 將入紅爐裏煅煉, 煉來煉去, 煉得熟也, 方上鉗槌, 打作瓶盤釵釧【臂環也.】, 瓶重幾兩, 盤重幾兩, 一一分明, 然後却將此瓶盤釵釧, 鎔成一金, 喚作一味平等法門. 若不如此, 盡是儱侗【音聾, 通未成器也.】眞如, 顢頇【大面貌. 又頭無髮也.】佛性. 你還會麼? 你還信麼? 山僧適來答遮僧四轉語道, 死中有活, 活中有死, 死中恒[6)]死,【恒者, 朱元晦曰: "立心如一日也."】活中恒*活, 將此四轉語, 驗盡天下衲僧. 且道! 天下衲僧, 將甚麼驗? 良久云: 大體還他肌骨好, 不搽紅粉也風流.【語錄. ○遜菴祖珠禪

• 195

師頌曰: "佳人睡起懶梳頭, 把得金釵插便休. 大體還他肌骨好, 不塗紅粉也風流."】

1) ㉔ '明'은 '朋'으로 되어 있는 곳도 있다.　2) ㉔ '裵'는 '裏'로 되어 있는 곳도 있다. 3) ㉔ '罄'은 '磬'으로 되어 있는 곳도 있다.　4) ㉔ '唇'은 '脣'으로 되어 있는 곳도 있다. 5) ㉔ '跟'은 '根'으로 되어 있는 곳도 있다. 6) ㉔ '恒'은 '怕'로 되어 있는 곳도 있다. 아래에도 같다.

# 주

i   전어轉語 : 선지식이 후학을 깨우쳐 주기 위해서 심기일전시키는 말이다. 또는 새로운 국면을 개시하는 선문답을 가리킨다.
ii   완공頑空 : 진공眞空과 대비되는 말로, 일종의 무지각하고 무사무위無思無爲한 허무의 경계를 뜻한다.
iii   마음으로 터득하면~저절로 호응한다 : 손 가는 대로 따라 해도 마음과 서로 호응한다는 말로 일하는 게 매우 능숙하여 자연스럽다는 뜻이다. '득심응수得心應手'라고도 하는데, 『莊子』 외편 「天道」에 나오는 말이다.

# 포선산 혜공선원의 법륜장 기문

무위거사 양걸이 짓다[1]

    법계에는 본래 중생이 없건마는 중생은 망령된 견해를 반연하며, 여래는 본래 말로 가르침이 없건마는 말로 가르치는 것은 유정有情을 위한 것이다. 망령된 견해는 중생의 병고이며 말로 가르치는 것은 여래의 양약이다. 양약으로 병을 치료하면 치료하지 못할 병이 없듯이, 말로써 망견을 깨닫게 하면 깨닫지 못할 망견이 없을 것이다. 이것이 여래가 부득이하게 말하고 현자賢者와 지자智者가 부득이하게 서술한 이유이다. 그러므로 아난타는 결집하여 경장經藏을 만들었고, 우바리는 결집하여 율장律藏을 만들었으며, 여러 보살들이 부연하여 논장論藏을 만들었다.[2]

    경·율·논이 비록 삼장으로 나뉘었으나 계·정·혜는 일심一心에 근본을 두니 장藏으로써 함용함을 드러내 보이나[3] 마음은 막히거나 거리낄 게 없다.[4] 그러므로 쌍림대사雙林大師가 중생들을 제접하되 근기를 따라서 방편을 통해 실다움을 표방하였으니 말씀의 가르침을 모아서 경장을 만들고, 보물스런 장藏을 실어서 윤장을 만들었다. 가르침을 윤장에 의지하면

---

**1** 양걸楊傑은 자가 차공次公이며 관직이 예부시랑까지 이르렀다. 무위주無爲州 사람으로 천의 의회天衣義懷 선사의 법을 이었다.
**2** 여래께서 입멸한 후 필발라굴에서 삼좌부三座部의 수장을 세우고 각기 결집하여 삼장을 만들었다. 아난은 경장을 외웠고, 가섭은 논장을 외웠고, 우바리는 율장을 외웠으니, 이것이 상좌부이다. 다시 천 명의 현인과 성인들이 파시가波尸迦에게 명령하여 굴 밖에서 결집하게 하니, 이를 대중부라 한다. 이 2부는 통상 '승기율'이라 일컫는데, 이것이 근본이 된다. 삼장을 나누어 3부로 한 것은 소승이다. 또 아난해가 문수와 더불어 철위산에서 보살장菩薩藏을 결집하니, 이것이 바로 대승이며 경과 율을 따로 나누지 않았다. 그 후에 여러 보살들이 대승에 관한 여러 논을 지으니 또한 논장이 되었다.
**3** 감춘다는 뜻이 있다.
**4** 굴러간다는 뜻이 있다.

가르침이 유포됨에 장애가 없고,[5] 윤장으로써 가르침을 드러내 보이면 윤장이 굴러가되 끝이 없을 것이니,[6] 그 가르침을 받는 자로 하여금 이치를 깨달아 변통하게 하고,[7] 그 윤장을 보는 자로 하여금 마음에 물러남이 없게 할 것이다. 그런 후에 성품의 바다(진리의 세계)에서 자유롭게 노닐며 뜻의 통발(번뇌의 속박)에서 벗어난다면, 어느 것도 법륜을 굴리지 않는 경우가 없으며, 어느 티끌도 화장세계에 돌아가지 않음이 없을 것이다. 깊은 지혜를 가진 자가 아니면 그 누가 여기에 참여할 수 있겠는가?

### 褒禪山慧空禪院輪藏記

無爲居士楊傑作【楊傑, 字次公, 仕至禮部侍郞. 無爲州人, 嗣天衣義懷禪師.】
法界本無衆生, 衆生緣乎妄見; 如來本無言敎, 言敎爲乎有情. 妄見者, 衆生之病; 言敎者, 如來之藥. 以藥治病, 則病無不治; 以言覺妄, 則妄無不覺. 此如來不得已而言, 賢智不得已而述也. 故阿難陁集而爲經, 優波離結而爲律, 諸菩薩衍而爲論.【如來滅後, 於畢鉢羅窟, 立三座部主, 各集結爲三藏. 阿難誦出經藏, 迦葉誦出論藏, 優波離誦出律藏, 此卽上座部, 更有一千賢聖, 命波尸迦, 於窟外結集, 名大衆部. 此二部通稱爲僧祇律, 是爲根本. 分三藏, 爲三部, 是小乘. 又阿難海與文殊, 於鐵圍山, 結集菩薩藏, 此是大乘, 不分經律. 其後諸菩薩作大乘諸論, 亦爲論藏.】經·律·論, 雖分乎三藏, 戒·之·慧, 蓋本乎一心. 藏以示其函容,【有藏義.】心不可以凝滯,【有輪義.】是以雙林大士接物隨機, 因權表實, 聚言敎而爲藏, 載寶藏而爲輪, 以敎依輪, 則敎流而無礙,【橫流十方.】以輪顯敎, 則輪運而無窮.【竪通三際.】使披其敎者, 理悟變通;【翻識爲智.】見其輪者, 心不退轉, 然後優游性海, 解脫意筌, 無一物不轉法輪, 無一塵不歸華藏, 非有深智者, 其孰能與於此哉?

---

5 공간적으로 시방에 퍼져 간다.
6 시간적으로 삼제三際에 널리 통한다.
7 식識을 변화시켜 지智가 된다.

# 양주 석문사에 머무는 자조 온총 선사가 사대제查待制에게 승당기를 지어 줄 것을 요청하다[1]

건명사乾明寺는 군郡에서 1백 리 떨어져 있으며, 예전에는 석문사石門寺라 하였는데 칙령에 의해 이름을 바꾸었다. 높은 산과 험준한 골짜기에 범과 표범이 숨어 있고 갈림길은 울퉁불퉁한 자갈길(磽确)이어서[2] 사람의 자취가 멀리 단절되었으니, 도에 뜻을 둔 이가 아니면 깃들고자 하는 마음이 없을 것이며, 벼슬아치들은 이익과 명예에 매여 있어서 비록 그 뛰어난 절경을 즐길지라도 그 경지에 제대로 오르는 이가 드물었다.

내(查道)가 군의 태수로 있을 때에 법명이 수영守榮이라는 한 학승을 알고 지냈다. 옹희雍熙[3] 3년(986)부터 참방하여 지금에 이르렀다. 후에 좌선하는 승당이 낮고 좁으며 여기저기 허물어졌기에 다시 짓고자 발심하여 그 뜻을 굳게 가지고 마을에서 시주를 구함에 여러 해가 지나고 여러 곳을 다녔으며, 좋은 장인을 부르고 훌륭한 재목을 구입하여 경덕景德[4] 3년 (1006)에 이르러 비로소 낙성을 고하니 모두 5칸間 11가架였다.[5] 봄에 학승인 혜과慧果가 석장을 짚고 서울에 이르러 나에게 기문記文을 청하며 장

---

1 곡은산谷隱山 석문사石門寺 온총蘊聰 선사는 수산 성념首山省念 선사의 법을 이었다. 선사가 석문사에 머물고 있을 때, 태수가 사사로운 뜻으로 태장을 가해 굴욕을 주었다. 선사가 돌아오자 대중들이 길옆으로 늘어서서 선사를 맞이해 주었는데 수좌가 "태수가 무고한 스님을 이와 같이 굴욕스럽게 한 것입니까?"라고 물었다. 선사가 손가락으로 땅을 가리키며 "평지에서 뼈무더기가 솟아오르리라."라고 하니 가리킨 곳에서 한 무더기의 흙이 솟아올랐다. 태수가 이 이야기를 듣고 사람을 시켜 깎아 버리게 하였으나 다시 처음처럼 솟아올랐다. 그 후에 태수의 온 집안이 양주에서 죽었다. ○송사도는 대제가 되었는데도 식사 때마다 반드시 한 가지 반찬만으로 식사를 하고는 항상 말하기를 "복록도 이와 같이 아껴야 한다."라고 하였다.
2 자갈땅으로 평탄하지 않음이다.
3 송나라 태종太宗의 연호이다.
4 진종眞宗의 연호이다.
5 『史記』의 주석에서는 "2가架를 1칸間으로 한다."라고 하였다. 여기서 말하는 5칸 11가는 알 수 없다.

차 돌에 새기겠다고 하기에 다음과 같이 쓴다.

부처님 법이 널리 미쳐서 달마가 서쪽에서 건너오면서부터 신근信根을 갖춘 자들이 근원을 증득하기를 추구하며 광야에 별처럼 거처하고 초목으로 몸을 가리니, 옷은 추위를 막지 못하였고 음식은 배를 채우지 못하였다. 정법이 점차 엷어지면서 사람과 법이 태만하고 쇠퇴해져서 백장 선사가 이에 건물(선원)을 짓고 늙고 병든 이들을 거처하게 하였다.

요즘의 선종 사찰들은 경쟁적으로 건물을 크고 웅장하게 짓고 젊은 초학자들은 그곳에 편안히 누워 있으면서 화주자(化緣者)가 고달픈 몸으로 뼈아프게 고생하는 것과 재물을 시주한 자들이 복을 요구하고 죄를 참회하려는 것을 전혀 알지 못한다. 그러나 인과에 밝은 자는 마치 (시뻘겋게 달군) 철상에 누운 듯이 여기고, 마치 원수나 도적을 마주한 듯이 여긴 것이 조석뿐만이 아니므로 은밀히 계속 성태聖胎를 증장시키며, 그다음으로 선지식을 가까이하는 자는 해탈을 구하는 뜻이 있으므로 잠시 그 몸을 (승당에) 허용하더라도 용신이 보호하는 바가 될 만하다.

만일 마음은 온갖 번뇌(盖纏)[6]에 빠져 있고 몸은 따뜻한 것만 좋아하며 무명을 살피지 않고 늙어 감을 모르고서 오직 말만 기억하여 스스로 궁극적인 것이라 여긴다면 화창한 시절(韶)이 다하여 죽을 때에[7] 저 악도에 떨어질 것이니, 용맹하고 예리한 장부라면 어찌 마음을 움직이지 않을 수 있겠는가?

영공榮公은 봉상鳳翔의 괵읍虢邑에서 태어나 옹주雍州의 호현鄠縣 백운산白雲山 정거선원淨居禪院에서 출가하였다.

---

6  5개盖와 10전纏으로 모두 번뇌의 이름이다.
7  춘광春光을 일러 소광韶光이라 하니, 화창하다는 뜻을 취한 것이다. 세월의 빛이 홀연히 다하여 과보의 인연이 옮겨지고 변하여 물러나게 되면 응당 악도에 빠지게 됨을 말한 것이다.

대중상부大中祥符[8] 2년(1009) 4월 8일에 쓰다.

**慈照聰禪師住襄州石門請查待制爲撰僧堂記**【谷隱山石門寺, 蘊聰禪師, 嗣首山念禪師. 住石門日, 太守以私意笞辱. 旣歸, 衆迎於道側. 首座問訊曰: "太守無辜屈辱和尙如此?" 師以手指地云: "平地起骨堆." 隨指湧一土堆. 太守聞之, 令人削去, 復湧如初. 其後太守全家死於襄州. ○宋查道爲待制, 每食必盡一膳, 常曰: "福當如是惜."】

乾明*寺者, 去郡百里, 古曰石門, 因勑易之. 高山峻谷, 虎豹所伏, 歧路磽确,【石地不平.】人烟[1]复絶, 非志于道者, 罔能棲其心也, 遊窟[2]之徒, 羈[3]束利名, 雖觀其勝絶, 而罕能陟其境. 道守郡日, 知有學者, 法字守榮, 自雍熙【宋太宗年號.】三年, 衆尋而至. 後安禪之堂, 卑隘隳壞, 於是發心重搆,[4]克堅其志, 聚落求化, 多歷年所, 召良工, 市美材, 迄景德【眞宗年號.】三年, 始告成, 凡五間十一架.【『史』注: "兩架爲一間." 此言五間十一架, 未詳.】春有學徒慧果, 攜錫至京, 請余識之, 將刊于石, 乃書曰:

自佛法廣被, 達摩[5]西來, 具信根者, 求證本源, 星居曠野, 蔽身草木, 衣不禦寒, 食不充腹. 及正法漸漓, 人法替怠, 百丈禪師乃營其棟宇, 以安疾病. 邇來禪刹, 競搆*宏壯, 少年初學, 恣臥其間, 殊不知化緣者勞形苦骨, 施財者邀福懺罪. 明*因果者, 如臥鐵床,[6] 若當冤敵, 自非朝夕, 密密增長聖胎. 其次親善知識者, 志求解脫, 可以暫容其形, 龍神攸護. 其或心汩盖躔【五盖十躔, 皆煩惱名.】, 身利溫燠, 不察無明, 不知命縮, 惟記語言, 自謂究竟, 韶盡遷謝.【春光謂之韶光, 取和暢之義. 此言韶年倏忽已盡, 報緣遷變謝落, 則當沒溺惡道也.】墮彼惡趣, 丈夫猛利, 得不動心者哉? 榮公生鳳翔虢邑, 出家於雍州鄠縣白雲山淨居禪院. 大中祥符【眞宗年號.】二年四月八日記.

1) 㘴 '烟'은 '煙'으로 되어 있는 곳도 있다. ㉠ '烟'은 '煙'과 통용된다.　2) ㉮ '窟'은

---

8 진종眞宗의 연호이다.

'宦'으로 되어 있는 곳도 있다. 3) ㉮ '羈'는 '覊'로 되어 있는 곳도 있다. 4) ㉮ '搆'는 '構'로 되어 있는 곳도 있다. 아래에도 같다. 5) ㉮ '摩'는 '磨'로 되어 있는 곳도 있다. 6) ㉮ '床'은 '牀'으로 되어 있는 곳도 있다.

## 응암 담화 선사가 법제자인 수전[1]장로에게 답하는 글[2]

노승이 어려서 출가한 것은 바른 인연이고, 네모반듯한 가사袈裟에 삭발한 둥근 정수리도 바른 인연이며, 삶과 죽음을 밝히지 못할까 염려하여 풀밭을 헤치고 바람을 맞으며 참된 선지식을 가까이한 것도 바른 인연이다. 주지가 되어 대중을 이끌어 온 지 이제 삼십여 년이 되도록 일찍이 털끝만큼도 내 몸을 후하게 한 적이 없었고, 방장의 임무를 조금도 소홀히 한 적이 없었으며, 밤낮으로 정근함에 감히 게을리한 적이 없었고, 대중을 염려하는 마음을 잠시도(斯須) 잊어 본 적이 없으며,[3] 상주물을 보호하고 아끼는 마음을 감히 사사롭게 한 적이 없었다. 수행과 견해가 비록 옛사람에게는 미치지 못하나 스스로의 역량에 따라 행하였으니 또한 부끄럽지 않도다.

부처님과 조사의 혜명慧命이 실낱같이 위태로운 것을 마음 아파함이 육신의 살을 베어 내는 것보다 더 고통스러웠으며, 부처님과 조사의 깊은 은혜에 보답하기를 염려하여 잠자고 공양할 때조차 편안할 겨를이 없었으며, 사방에서 몰려드는 납자들의 마음을 밝혀 주지 못함을 염려함에 거꾸로 매달린 것같이 여겼을 뿐만이 아니었으니, 비록 옛사람들의 만분의 일도 다하지 못했지만 그러나 이 마음을 속이지는 않았다.

장로(그대)가 나를 따르며 시중든 지도 서너 해나 되었는데 늠름하게 탁월하여 매우 기뻤다. 지난해 여름 6월에 열중悅衆[i]에 임명했는데, 이는 내가 장로를 잘 알기 때문이다. 내가 종산을 떠나와 선성宣城의 소정昭亭에

---
1 수전守詮.
2 담화曇華 선사는 기주蘄州 강씨의 자손이며 호구산虎丘山 소륭紹隆 선사의 법을 이었다.
3 사斯란 여기에서 변별함이고, 수須란 저기에서 기다림이다. 변별하면 헤어지고 기다리면 만나니 한 차례 헤어졌다 다시 만나는 짧은 시간을 말한다.

머물다가 얼마 지나지 않아 고소姑蘇의 광효사光孝寺에 부임하였다.

거의 두 달이 될 무렵 장로가 봉산鳳山의 부탁을 받고 도중에 고소를 경유하며 제일 먼저 나를 찾아왔으니, 도의를 잊지 않음이 이와 같았다. 헤어진 후에 아득히 소식을 듣지 못했는데,[4] 마침 생각하고 있던 차에 회정상인懷淨上人이[5] 와서 편지와 신물信物을 전해 주는 것을 받고서야 사원에 들어가던 처음에 개당開堂하면서[6] 나를 위해 향을 사루었음을 비로소 알았으니, 저버리지 않는 마음이 밝고도 넓음을 이로써 알게 되었다.

지금 이미 인천人天의 안목이 되었으니 예전과는 사정이 같지 않을 것이다. 과연 내가 어려서 출가하여 승려가 되어 행각하며 참된 선지식을 가까이하고 주지를 하기에 이르기까지의 그 바른 인연의 행장行藏(수행과 은거)을 이와 같이 할 수 있다면 내가 그릇되게 가르친 것이 아닐 테니, 또한 종문宗門에 (인재가 없어) 적적함을 어찌 근심하겠는가? 지성으로 축하드린다. 달리 믿음을 표할 길이 없기에 불자拂子 하나와 법의法衣 한 벌을 부치니 받아 주기 바란다.

소흥紹興 임오년(1162) 칠월 칠일에 평강부의 광효사 응암에 머물고 있는 노승 담화가 글을 써서 답한다.[7]

---

4 동중서董仲舒의 『策』에서는 "천하의 소식(息耗)을 살핀다."라고 하였는데, 주석에서는 "식息은 생겨남이고, 모耗는 텅 비어 없는 것이다. 식모息耗를 또는 선악善惡이라고도 한다."라고 하였다.

5 상인上人이란 율장에는 "병사왕甁沙王이 불제자를 일컬어 상인이라 하였다."라고 하였으며, 『大品』에서는 "부처님께서 '어떤 보살이 일심으로 아뇩보리를 행하여 마음이 산란하지 않으면 이를 상인이라 한다.'라고 하셨다."*라고 하였다.
  *부처님께서~하셨다 : 『摩訶般若波羅蜜經』 권17(T8, 342b5~7).

6 『祖庭事苑』에서는 "지금의 종문에서 장로나 주지로 임명되어 법을 펴는 처음을 또한 모두 개당이라 한다. 즉, 불조의 정법안장을 연설하여 위로는 임금의 천수를 축원하고 또 온 세상 백성들의 복을 기원하는 것이 개당이다."*라고 하였다.
  *지금의~개당이다 : 『祖庭事苑』 권8(X64, 430b24~c2).

7 어록에 나온다.*
  *어록에 나온다 : 이 주는 성화본 『緇門警訓』에 그대로 나온다.

**應庵華禪師答詮**【守詮】**長老法嗣書**【曇華禪師, 蘄州江氏子, 嗣虎丘紹隆禪師.】

老僧自幼出家, 正因也; 方袍圓頂, 正因也; 念生死未明,* 撥草瞻風, 親近眞善知識, 正因也. 至於出世領衆, 今三十餘年, 未嘗毫髮厚己也; 方丈之務, 未嘗少怠也; 晝夜精勤, 未嘗敢懈也; 念衆之心, 未嘗斯須忘也;【斯者, 辨於此; 須者, 待於彼. 辨則離, 待則合, 謂一離一合之頃.】護惜常住之念, 未嘗敢私也; 行解雖未及古人, 隨自力量行之, 亦不負愧也. 痛心佛祖慧命懸危, 甚於割身肉也. 念報佛祖深恩, 寢食不遑安處也. 念方來衲子心地未明,* 不啻倒懸也. 雖未能盡古人之萬一, 然此心不欺也. 長老隨侍吾三四載, 凜然卓卓可喜. 去年夏末, 命悅衆, 是吾知長老也. 吾謝鍾山, 寓宣城昭亭, 未幾, 赴姑蘇光孝. 方兩月, 長老受鳳山之請, 道由姑蘇, 首來相見, 道義不忘如此也. 別後杳不聞耗,【董仲舒『策』:"察天下之息耗." 注:"息, 生也. 耗, 虛也. 息耗, 一云善惡."】正思念間, 懷淨上人【上人, 律云:"瓶沙王, 稱佛弟子, 爲上人."『大品』云:"佛言: 若菩薩一心行阿耨菩提, 心不散亂, 是名上人."】來, 承書并信物, 方知入院之初開堂【『祖庭』云:"今宗門, 命長老·住持, 演法之初, 亦皆謂之開堂者, 謂演佛祖正法眼藏, 上祝天筭, 又以爲四海生靈之福, 是謂開堂也."】爲吾燒香, 乃知不負之心昭廓也. 今旣爲人天眼目, 與前來事體不同也. 果能如吾自幼出家, 爲僧行脚, 親近眞善知識, 以至出世住持, 其正因行藏, 如此行之, 則吾不妄付授也, 又何患宗門寂寥哉? 至祝. 無以表信, 拂子一枝·法衣一領, 幸收之. 紹興壬午七月初七日, 住平江府光孝應庵老僧曇華書復.【語錄】[1]

---

1) ㉮ 語錄 : 이 글자들은 원문의 협주이다.

**| 주**

i  열중悅衆 : 후진後秦 때에 설치한 승직의 하나로 '지사知事'라고도 하며 대중 스님들의 사무를 맡은 이를 말한다.

## 이산 연선사 발원문

시방의 부처님(調御師)과 청정함으로 펼쳐진 미묘한 법과
삼승三乘과 사과四果의 해탈승께 목숨 바쳐 귀의합니다.
바라옵건대 자비를 드리우사 애민하게 여기시어 거두어 주소서!
저는 참된 성품을 스스로 어기고 미혹한 흐름에 잘못 들어
생과 사를 따라 오르내리며 색과 소리를 좇는 탐심에 물들었습니다.
십전十纏과 십사十使로 유루의 원인을 쌓고
육근과 육진으로는 끝없는 죄를 망령되이 지었습니다.
고통의 바다에 미혹하게 잠기고 삿된 길에 깊이 빠져서
나와 남을 집착하며 잘못된 행실을 들추어내고 곧은 행실을 내버려두었습니다.[1]
여러 생의 업장과 일체의 허물에도
삼보전에 우러러 자비를 바라옵고 한마음에 스미도록 참회합니다.[2]
발원하는 바는 부처님(能仁)께서 빠르게 건져 주시고 선우들이 이끌어 주시어
번뇌의 깊은 원천을 벗어나 깨달음의 저 언덕에 도달하는 것입니다.
이 세상에서 복의 기반과 수명의 자리가 저마다 창성하고

---

1 『傳』에서는 "곧은 사람을 등용해 쓰고, 굽은 사람을 버린다."*라고 하였는데, 여기서는 반대이다. 왕枉은 굽은 것이고 직直은 펴진 것이니, 다른 이의 굽은 것은 들추고 다른 이의 반듯함은 방치한다는 것이다.
   *곧은~버린다 : 『論語』「爲政」편에 다음과 같이 나온다. "애공哀公이 '어떻게 하면 백성들이 복종합니까?'라고 묻자 공자가 '정직한 사람을 들어 쓰고 모든 굽은 사람을 버려 두면 백성들이 복종하며, 굽은 사람을 들어 쓰고 모든 정직한 사람을 버려 두면 백성들이 복종하지 않습니다.(擧直錯諸枉, 則民服; 擧枉錯諸直, 則民不服.)'라고 하였다."
2 저 삼보에 우러러 좋은 것만 주시고 괴로운 것은 뽑아내시길 바람으로써 우리 한마음을 씻어서 지난 잘못을 고치고 다가올 성불을 위해 수행하려는 것이다.

오는 세상 지혜의 종자와 신령스러운 싹이 함께 자라 수려해지기를 바라옵니다.

태어날 때는 중국에서 나고 자라서는 밝은 스승을 만나

바른 신심으로 출가하고 동진童眞으로 불도에 들어가기를 바라옵니다.³

육근이 통철하고 예리하며 삼업이 순수하고 온화하며

세상의 인연에 물들지 않고 항상 청정한 행을 닦기를 바라옵니다.

계율을 굳게 지켜서 티끌이나 낙엽도 침범하지 않고⁴

위의를 엄숙하게 지켜서 날아다니는 곤충도 해치지 않기를 바라옵니다.⁵

팔난八難을 만나지 않고⁶ 사연四緣을 빠트리지 않기를 바라옵니다.⁷

반야지혜가 눈앞에 나타나고 보리심에서 물러나지 않으며

---

3 『釋名』에서는 "아이가 15세면 동童이라 한다."라고 하였는데, 동童이란 독獨이다. 7세부터 15세까지를 모두 동이라 일컬었으니, 태화太和가 아직 흩어지지 않아 색에 물들지 않았기 때문에 동진童眞이라고 이름한 것이다.
4 영가 선사는 "무정물 중에는 티끌이나 낙엽도 침범하지 않고, 유정물 중에는 작은 벌레라도 해치지 않으니, 그윽한 산골의 물도 그 맑음에 비견되기 부족하고, 흩날리는 흰 눈도 그 흰 색깔에 견줄 수가 없다."라고 하였는데, '티끌을 침범하지 않는다'는 것은 땅을 파지 않음을 말하며, '낙엽도 침범하지 않는다'는 것은 생명을 파괴하지 않음을 말한다. 『十誦律』에서 "바닥을 그어 글자를 쓸 때, 한 번 그으면 그 죄가 가볍고, 두 번 그으면 그 죄가 무겁다."라고 한 것은, 생명을 파괴시키는 것임을 알 수 있다.
5 미세한 날벌레도 다치게 하지 않는다.
6 『成唯識論』에서는 "보살이 네 가지 법륜을 설하여 (부처님을 만나지 못하는) 팔난을 꺾었다. 첫 번째는 중국에 태어나는 법륜으로 오난五難을 꺾을 수 있는데, (오난이란) 삼악도(지옥·아귀·축생)와 북구로주北俱盧洲 및 장수천長壽天을 말한다. 두 번째는 바른 서원을 닦는 법륜으로, 세간의 지혜·말재주·총명을 꺾는다. 세 번째는 착한 인연을 심는 법륜으로, 소경과 귀머거리 및 벙어리를 꺾는다. 네 번째는 선지식을 가까이하는 법륜으로, 부처님이 계신 시기의 전후에 태어나는 것을 꺾는다."라고 하였는데 팔난을 꺾어 극복하고자 한다면 마땅히 네 가지 법륜을 익혀야 한다.
7 사연이란 첫째, 선지식을 친근히 하는 것이고, 둘째, 바른 법을 직접 듣는 것이며, 셋째, 그 뜻을 사유하는 것이고, 넷째, 말씀대로 수행하는 것이다.

정법을 닦아 익혀서 대승을 완전하게 깨달으며
육바라밀의 수행문을 열어 삼아승지의 겁해를 뛰어넘기를 바라옵니다.
불법의 깃대를 곳곳마다 세우고 의심의 그물을 거듭거듭 찢으며
여러 마군들을 항복받아 삼보를 이어 융성케 할 것을 바라옵니다.
시방의 모든 부처님을 받들어 섬겨도 피로함이 없고
일체의 법문을 닦고 배워서 모두 통달하기를 바라옵니다.
복과 지혜를 널리 지어 수많은 중생을 두루 이롭게 하고
여섯 가지 신통을 얻어 일생의 불과를 원만하게 이루기를 바라옵니다.
그러한 후에도 법계를 버리지 않고 중생 세계에 두루 들어가서
관음보살의 자비심과 같은 마음으로 보현보살의 바다 같은 서원(十大願)을 행하며
다른 세계와 이 세계의 무리들과 형상을 따라
색신으로 응현하여 미묘한 법 펼칠 수 있기를 바라옵니다.
지옥(泥犁)의 고통 받는 세계(苦趣)와[8] 아귀세계에도
혹은 대광명을 일으키거나 혹은 신통변화가 나타나기를 바라옵니다.
저의 모습을 보거나 저의 이름을 듣는 이들이
모두 보리심을 일으켜 윤회의 고통에서 영원히 벗어나기를 바라옵니다.
화탕과 얼음 땅이 향기로운 숲으로 변하고
구리 물을 마시고 쇠를 먹는 무리들이 극락정토에 왕생하기를 바라옵니다.
털이 나거나 뿔이 난 짐승과 빚을 지거나 원수가 된 이들이
쓰라린 고통을 모두 없애고 이로운 즐거움에 다 함께 젖어들기를 바라옵니다.

---

8 니리泥犁란 한역하면 '있지 않다'이니, 즐거움이 없다는 것이다. 혹은 '타락'이라고도 하며 혹은 '없음'이라고도 하는데, 더 이상 사면받을 곳이 없다는 말이다.

질병이 도는 세상에는 약초가 되어 깊은 병고를 치료하고

흉년들어 굶주릴 때에는 곡식으로 변하여 빈곤과 배고픔을 구제하기를 바라옵니다.[9]

이로움 있는 것이라면 일으켜 숭상하지 않음이 없기를 바라옵니다.

다음으로 누대에 만나게 될 원한이나 친분 있는 이와 현세에 있는 권속들이

사생(태·난·습·화)의 윤회를 벗어나고 만겁의 애욕을 버리기를 바라옵니다.

모든 중생들이 함께 불도를 이루기를 기약하옵니다.

허공에는 끝이 있더라도 저의 서원은 끝이 없으니

유정뿐만 아니라 무정물까지도 함께 일체종지를 원만히 이루기를 바라옵니다.

### 怡山然禪師發願文

歸命十方調御師, 演揚淸淨微妙法,

三乘四果解脫僧, 願賜慈悲哀攝受.

但某甲自違眞性, 枉入迷流,

隨生死以飄沉, 逐色聲而貪染.

十纏十使, 積成有漏之因;

六根六塵, 妄作無邊之罪.

迷淪苦海, 深溺邪途,

---

[9] 부처님께서 예전 제석천일 때 흉년을 만났는데 질병이 만연했으나 치료할 방도가 없어서 길에는 주검(殣)이 널려 있었다. 제석천이 슬픔으로 근심하며 구제할 방법을 생각하다가 곧 그 형상을 바꾸어 커다란 이무기의 몸이 되어 계곡에서 죽고는 허공에 널리 알렸다. 들은 이들이 감격하여 서로 달려왔는데, (이무기의 살이) 베어 내도 다시 돋아나 굶주림과 질병이 해결되었다. 보살이 세상을 구제하는 것에는 이러한 예가 많다. 근(殣)은 『左傳』에서는 "길에서 죽은 사람이다."라고 하였다.

着我就人, 擧枉措[1]直.【傳曰: "擧直措諸枉." 此則反是. 枉, 屈也. 直, 伸也. 擧人之屈, 置人之伸也.】

累生業障, 一切愆尤,

仰三寶以慈悲, 瀝一心而懺悔.【仰彼三寶, 以與樂拔苦, 滌我一心, 而改往修來也.】

所願能仁極拔, 善友提攜,

出煩惱之深源, 到菩提之彼岸.

此世福基命位, 各願昌隆;

來生智種靈苗, 同希增秀.

生逢中國, 長遇明*師.

正信出家, 童眞入道.【『釋名』云: "兒年十五曰童." 童者, 獨也. 自七歲至十五歲, 皆稱童者, 以太和未散, 於色不染, 名曰童眞.】

六根通利, 三業純和.

不染世緣, 常修梵行.

執持禁戒, 塵葉[2]不侵.【永嘉云: "無情罔侵塵葉, 有識無惱蜎蝡, 幽潤未足比其淸, 飛雪無以方其素." 不侵塵, 謂不掘地. 不侵葉, 言不壞生. 『十誦』云: "畫地作字, 一頭時輕, 兩頭時重." 壞生可知.】

嚴護威儀, 蜎飛無損.【不傷微細飛蟲也.】

不逢八難.【『成論』: "菩薩說四輪, 摧八難: 一生中國輪, 能摧五難, 謂三途北洲及長壽天. 二修正願輪, 摧世智辯聰. 三植善因輪, 摧盲聾瘖啞. 四近善人輪, 摧佛前佛後." 欲摧八難, 當習四輪.】不缺四緣.【四緣: 一親近善友, 二親聞正法, 三思惟其意, 四如說修行.】

般若智以現前, 菩提心而不退.

修習正法, 了悟大乘.

開六度之行門, 越三祇之劫海.

建法幢於處處, 破疑網於重重.

降伏衆魔, 紹隆三寶.

承事十方諸佛, 無有疲勞;

修學一切法門, 悉皆通達.

廣作福慧, 普利塵沙.

得六種之神通, 圓一生之佛果.

然後不捨法界, 徧入塵勞.

等觀音之慈心, 行普賢之願海.

他方此界, 逐類隨形,

應現色身, 演揚妙法.

泥犁苦趣【泥犁, 此云無有, 無有喜樂. 或言墮落, 或言無者, 更無赦處.】餓鬼道中,

或放大光明, 或現諸神變.

其有見我相, 乃至聞我名,

皆發菩提心, 永出輪廻苦.

火鑊氷河之地, 變作香林;

飲銅食鐵之徒, 化生淨土.

披毛戴角, 負債含怨,

盡罷辛酸, 咸霑利樂.

疾疫世而現爲藥草, 救療沉痾;

飢饉時而化作稻粱,[3] 濟諸貧餒.【佛昔爲帝釋時, 遭飢歲, 疾疫流行, 醫療無功, 道殣相屬. 帝釋悲愍, 思所救濟, 乃變其形, 爲大蟒身, 僵尸川谷, 空中徧告. 聞者感慶, 相率奔赴, 隨割隨生, 療飢療疾. 菩薩救世, 例多如此. 殣, 『左傳』云: "路死人也."】

但有利益, 無不興崇.

次期累世寃親, 現存眷屬,

出四生之汩沒, 捨萬劫之愛纏.

等與含生, 齊成佛道.

虛空有盡, 我願無窮,

情與無情, 同圓種智.

---

1) ㉠ '措'는 '楷'으로 되어 있는 곳도 있다. 2) ㉠ '葉'은 '業'으로 되어 있는 곳도 있다. 3) ㉠ '梁'은 '梁'으로 되어 있는 곳도 있다.

# 개선사 밀암 도겸 선사가 진 지승에게 답한 글[1]

 삼가 아룁니다. 관사에서 한가할 때에 향을 사르고 조용히 앉아서 불도에 정진한다는 사실을 편지를 통해 기쁘게 알았으니, 무슨 즐거움이 이와 같겠습니까? 참선은 과거에 응시하는 것과 같습니다. 과거에 응시하는 것은 급제하는 데에 뜻이 있으니, 만약 급제하지 못하고서 부귀공명으로 일생을 영화롭고자 한다면 불가능하며, 참선은 도를 깨치는 데에 뜻이 있으니, 만약 도를 깨치지 못하고서 복덕과 지혜로 삼계를 초월하고자 한다면 불가능합니다.
 가만히 생각해 보건대, 도는 깨치기 쉽고 과거에 급제하기는 어려우니 무슨 까닭입니까? 학문은 나에게 있으나 주고 빼앗는 것은 저들에게 있으므로 나의 소견으로써 저들의 소견에 합치시켜야 하니 매우 어렵지 않겠습니까? 그러므로 과거에 급제하기란 어렵습니다. 반면에 참구하는 것도 나에게 있고 증득하는 것도 나에게 있으므로 나의 소견이 없는 것으로써 저 소견이 없는 곳에 합치시키니 매우 쉽지 않겠습니까? 그러므로 도를 깨치기란 쉽습니다.
 그러나 참선하는 자는 많으나 도를 깨치는 자는 적으니 어째서입니까? 아상我相이 있기 때문입니다. 아상이 있으면 증득할 수 없으니 참으로 쉬운 가운데 어려운 것입니다. 글을 읽는 자도 많고 급제하는 자도 많으니 어째서입니까? 견해가 합치되기 때문입니다. 견해가 합치되면 추천하여 선출하니, 이는 어려운 가운데 쉬운 것입니다.
 그러므로 견해가 합치되기는 쉬우나 아상이 없기는 어려우며, 아상이

---

[1] 현縣에서 1백 가구 이상에 현령縣令을 만들고 모두 승丞을 두었으니, 옥사나 죄인의 일을 주관하는데 본 부락의 사람으로서 그 보직을 삼는 경우가 많았다. 이들을 속칭 한관閑官이라 하는데, 공적인 일을 다루지 않는다. ○도겸道謙 선사는 건녕부建寧府 사람으로 대혜大慧의 법을 이었다.

없기는 쉬우나 아상 없음이 없기는 어려우며, 아상 없음이 없기는 또한 쉬우나 또한 아상 없음이 없는 것까지 없기는 어려우며, 또한 아상 없음이 없는 것까지 없기는 또한 쉬우나 또한 아상 없음이 없는 것이 없는 것까지 또한 없기는 어려우며, 아상 없음이 없는 것이 없는 것까지 또한 없기는 쉬우나 앉은 방석까지도 아울러 쳐서 뒤집기는 어렵습니다. 그러므로 방거사가 "세 산의 쇠를 모두 정련하고 다섯 큰 산의 구리를 모두 녹여낸다."라고 하였으니 어찌 사람을 속였겠습니까?

쓰다 보니 여기까지 왔습니다. 화롯가에 단란히 앉아 무생無生의 이야기를 나눌 때, 그저 한 차례 웃기를 바랍니다.[2]

**開善密庵謙禪師答陳知丞書【**縣百戶以上爲令, 皆有丞, 主刑獄囚徒, 多以本部人爲之. 俗謂之閑官, 不領公事. ○道謙禪師, 建寧府人, 嗣大慧.**】**

某啓. 欣審官舍多暇, 焚香靜默, 坐進此道, 何樂如之? 叅禪如應擧, 應擧之志, 在乎登第, 若不登第, 而欲功名富貴, 光華一世者, 不可得也; 叅禪之志, 在乎悟道, 若不悟道, 而欲福德智慧, 超越三界者, 不可得也. 竊嘗思: 悟道之爲易, 登第[1)]之爲難, 何故? 學術在我, 與奪在彼, 以我之所見, 合彼之所見, 不亦難乎? 是以登第之難也. 叅究在我, 證入在我, 以我之無見, 合彼之無見, 不亦易乎? 是以悟道之爲易也. 然叅禪者衆, 悟道者寡, 何也? 有我故也. 有我則不能證入, 亦易中之難也. 讀書者衆, 及第者亦衆, 何也? 見合故也. 見合則推而應選, 是難中之易也. 故見合爲易, 無我爲難; 無我爲易, 無無爲難; 無無爲易, 亦無無無爲難; 亦無無無爲易, 亦無無無亦無爲難; 亦無無無亦無爲易, 和座子撞翻爲難. 故龐居士云: "煉盡三山鐵, 鎔銷五嶽銅", 豈欺人哉? 因筆及此, 庶火爐邊團圞頭, 說無生話時, 聊

---

2 방거사가 게송으로 말하였다. "장가들지 않은 남자와 시집가지 않은 여자가 가족들과 단란하게 둘러앉아 무생無生의 이야기를 함께 나눈다."

發一笑.【龐居士頌云: "有男不婚, 有女不嫁, 大家團圞頭, 共說無生話."】
--------
1) ㉔ '第'는 '弟'로 되어 있는 곳도 있다.

# 사마온공이 선을 풀이한 게송[1]

문중자文中子[2]는 부처님을 서방의 성인으로 여겼으니 진실로 문중자의 말과 같다면 부처님의 마음을 알았다고 하겠다. 요즘에 선禪을 말하는 자들은 은밀한 말로써 서로를 미혹시키고 거창한 말로써 서로를 이기기 좋아하여[3] 학자들로 하여금 어리둥절하게(悵然)[4] 더욱 미망 속으로 빠져들게 하므로 내가 문중자의 말을 상세히 해석하여 선을 풀이한 게송 여섯 수를 짓는다. 만약 과연 그렇다면 비록 중국이라도 행해질 것이니 하필 서방이겠으며, 만약 그렇지 않다면 내가 알 바가 아니다.

분노는 맹렬한 불길과 같고 욕심은 날카로운(銛) 칼날과 같은데[5]
아침 내내 늘 근심하니[6] 이를 아비지옥이라 하네.
안회는 누추한 시골이라도 편안히 여겼고[7] 맹가는 호연지기를 길러서[8]

---

1 사마광司馬光은 자가 군실君實이고 관직이 재상에 이르렀으며 온국공溫國公에 책봉되었다. 소식蘇軾이 공의 묘지문을 지어 이르기를, "공께서는 부처를 좋아하지 않으며 말하기를, '그 정미한 것이 대체로 우리 책에서 벗어나지 않으며, 그 허황된 것은 내가 믿지 않는다.'라고 하였다."라고 하였다. 유병산劉屛山이 이에 대해 논평하기를, "안타깝도다! 총명함이 사람을 가림이 이처럼 심할 줄이야! 견해가 같으면 자신의 책에서 나온 것으로 여기고 다르면 허황되다고 하며 믿지 못할 것으로 여기니, 그 총명한 지혜를 스스로 장애할 뿐이다."라고 하였다.
2 수隋나라 왕통王通이니, 그의 문인이 사사로이 시호하여 문중자라 하였다.
3 '아비지옥은 철위산 사이에 있고 극락국은 서방에 있다'는 것은 은미한 말이며, 불괴신不壞身(무너지지 않는 몸)과 광명장光明藏(광명으로 가득한 창고) 등은 거창한 말이다.
4 『書經』에서는 "소경은 안내자(相)가 없으면 어리둥절하니(悵悵), 어디로 갈 것인가?"라고 하였다. 상相은 돕는 것이며, 창창悵悵은 길을 잃은 모습이며 또는 보이는 것이 없음이다.
5 섬銛은 음이 첨沾이며 예리함이다.
6 『論語』에서는 "소인은 늘 근심한다."라고 하였다.
7 안자顔子가 한 광주리의 밥과 한 표주박의 물로 누추한 시골에 거처하였으되, 세상 사람들은 그 근심을 견디지 못하였으나 그는 그 즐거움을 고치지 않았다.
8 『孟子』에서는 "나는 나의 호연지기를 잘 기르노라. 그 기운됨이 지극히 크고도 지극히

부귀를 뜬구름같이 여겼으니[9] 이를 극락국이라 하네.

효도와 우애는 신명神明에 통하고[10] 충성과 신의는 오랑캐(蠻貊) 땅[11]이라도 행해진다네.

선을 쌓으면 온갖 상서로운 일이 오니 이를 인과를 짓는 것이라 하네.

말은 백대百代의 스승이 되고 행실은 천하의 법이 된다네.

오래하여 감출 수 없으면 이를 불괴신不壞身(법신)이라 하네.

인仁은 사람의 편안한 집이고[12] 의義는 사람의 바른 길이니[13]

이것을 실천함이 진실되고 오래되면 이를 광명장光明藏이라 하네.

도와 덕을 온몸으로 닦고[14] 공덕을 만물에 입혀서

현인이 되고 대성인이 되는 것을 불보살이라 하네.

**司馬溫公解禪偈【**司馬光, 字君實, 官至宰相, 封溫國公. 蘇軾作公墓誌云: "公不喜佛曰: '其精微, 大抵不出於吾書, 其誕吾不信.'" 劉屛山論曰: "嗟乎! 聰明之障人, 如此甚耶! 同則以爲出於吾書, 異則以爲誕而不信, 適足以自障其聰慧而已."】

文中子【隋王通, 其門人私諡曰文中子.】以佛爲西方聖人, 信如文中子之言, 則佛之心可知矣. 今之言禪者, 好爲隱語以相迷, 大言以相勝,【阿鼻獄在鐵圍間, 極樂國在西方, 是秘隱之語; 不壞身, 光明藏等, 是勝大之言.】使學者佷佷然,【『書』曰: "瞽者, 無相佷佷然, 其何之?" 相, 助也. 佷佷, 失道皃, 又無見也.】盆入於迷妄, 故余廣文中子之言而解之, 作解禪偈六首. 若其果然, 則雖中國行

---

강하니 정직으로써 길러 해침이 없으면 하늘과 땅 사이에 가득 찰 것이다."라고 하였다.
9 공자가 "부귀는 나에게 있어서 뜬구름과 같다."라고 하였다.
10 신神은 천신이며, 명明은 해와 달이다. 효도와 우애를 돈독히 실행하면 천신과 일월이 알지 못함이 없을 것이다.
11 남쪽 오랑캐(만蠻)와 북쪽 오랑캐(맥貊).
12 인을 편안한 집이라 한 것은 편안하여 머무를 만함을 말한 것이다.
13 의를 바른 길이라 한 것은 올발라 따를 만함을 말한 것이다.
14 마음이 통함을 도라 하니 명성을 이루었음을 말하고, 올바른 몸을 덕이라 하니 입신하였음을 말한다.

矣, 何必西方? 若其不然, 則非余[1]之所知也.

忿怒如烈火, 利欲如銛鋒【銛音沾, 利也.】.

終朝長戚戚,【『論語』: "小人長戚戚."】是名阿鼻獄.

顔回安陋巷,【顔子一簞食一瓢飮, 居于陋巷, 人不堪其憂, 回也不改其樂.】孟軻養浩然,【『孟子』: "我善養吾浩然之氣. 其爲氣也, 至大至剛, 以直養而無害, 則塞乎天地之間."】

富貴如浮雲,【子曰: "富貴於我如浮雲."】是名極樂國.

孝弟通神明,*【神, 天神也. 明, 日月也. 敦行孝悌, 則神及明無不知也.】忠信行蠻貊[2]【南蠻·北貊】.

積善來百祥, 是名作因果.

言爲百代師, 行爲天下法.

久久不可掩, 是名不壞身.

仁人之安宅,【仁言安宅者, 謂其安而可處也.】義人之正路.【義言正路者, 謂其正而可遵也.】

行之誠且久, 是名光明藏.

道德修一身,【心通曰道, 成名之謂也. 正身曰德, 立身之謂也.】功德被萬物.

爲賢爲大聖, 是名佛菩薩.

───

1) ㉠ '余'는 '子'로 되어 있는 곳도 있다.  2) ㉠ '貊'은 '貊'으로 되어 있는 곳도 있다.

## 앙산의 밥

호부상서戶部尚書 완중대阮中大가 짓다[1]

앙산의 밥이여, 앙산의 밥이여!
알알이 구슬 같고 은단 같도다.
먹는 자들은 밥이 온 곳의 어려움을 반드시 알아야 하니
여러분들을 위하여 대략이나마 들어 보이겠다.
봄부터 이른 시간에 여기저기 들과 밭에서
밭 가는 지아비와 김매는(餉) 아낙네는 춥고 굶주렸네.[2]
땅은 기름지고 두둑은 올라와 농사일이 시작되니
목에 종기 난 소마저도 쟁기를 끄네.[3]
여름에 벼꽃은 피었으나 아직 영글기 전에
하늘에는 비는커녕 뜨거운 태양만 내리쬐네.
몸은 야위고 얼굴은 갈라져 땀이 가슴에 흘러내려도
김매느라 시름겨운데 강아지풀(稂莠)만 자라나네.[4]
가을이 깊어 벼가 익어 황금 들판이 되면
낮에는 수확하고 밤에는 방아 찧으며 고생을 감내한다.
관리들이 나라의 세금이 급하다고 재촉하니

---

1 『阮戶部外集』에 나온다.*
  *『阮戶部外集』에 나온다 : 이 주는 성화본 『緇門警訓』에 그대로 나온다.
2 자기 집의 들녘을 향餉이라 한다.
3 백향산白香山의 시에는 "소가 수레를 끄니 목에서 피가 나오려 하네."라고 하였고, 황산곡黃山谷의 시에는 "백곡百斛 무게가 소의 목에 얼마만큼의 상처 자국을 나게 하였을까."라고 하였다.
4 낭稂은 싹이 이미 벼와 비슷하며 열매도 쌀겨와 비슷하다. 유莠는 패초稗草이니 조와 비슷하나 열매는 없다. 당 태종唐太宗이 "강아지풀이 자라면 좋은 곡식을 해친다."라고 하였다.

관채官債와 사채(私逋)⁵가 모두 몸에 미친다.

관채를 갚지 않으면 곤장(鞭朴)⁶을 맞고

사채를 갚지 않으면 밭과 집을 팔아야 한다.

부모님과 처자식이 언제 배불리 먹은 적이 있던가?

집집마다 쌀을 남겨 재식齋食과 죽공양에 바친다(羞).⁷·⁸

노승인 주지가 한 집 한 집 다니며 탁발하면

시주승이 곡식(主撮)을 거둔다.⁹

손과 발이 갈라지고(胼) 굳은살 박혔어도 감히 꺼리지 않았으니¹⁰

바람에 빗질하고(櫛) 비에 머리 감으면서(沐) 언제 쉰 적이 있었던가?¹¹

오경五更에 운당문雲堂門은 여전히 닫혔는데

공양간 대중들은 일찍 일어나서

오직 청중들에게 죽반이 늦어질까 염려하니

매일 아침마다 이렇게 한다.

쌀뜨물(米瀋)¹²이 땅에 가득 기름처럼 응고되면

거친 것은 걷어 내고 정미로운 것만 남겨 불을 땐다.

물 끓이는 연기와 불꽃이 시루 가마솥을 달구니

---

5 (보逋는) 도망가는 것이며 저버리는 것이다. 남의 물건을 갚지 않고 도망가서 돌아오지 않는 것을 보逋라 한다.
6 편鞭은 채찍이며, 박朴은 매질하는 것이다.
7 (수羞는) 바침이다.
8 심휴문沈休文의 『述僧中食論』에서는 "점심때에 먹는 것을 재齋라 한다. 재齋는 제齊이니, 신·구·의 삼업을 가지런히 하는 것이다. 재齋는 다만 중도이니, 오후에 먹지 않는 것은 중도법계 밖에 별다른 법이 없음을 나타낸 것이다."라고 하였다.
9 64개의 기장이 일규一圭이고, 4개의 규가 일찰一撮이다. 또는 두 손가락이 일찰이다.
10 우禹와 직稷이 모두 손과 발이 갈라지고 굳은살이 박혔다고 하니, 피부가 딱딱해지고 장차 갈라짐을 말한 것이다. (변胼은) 음이 균勻이며 갈라지는 것이다.
11 우禹임금이 홍수를 다스릴 적에 빠른 바람으로 빗질하고 세찬 비에 머리를 감았다. 즐櫛은 소梳(빗질하다)이며, 목沐은 머리를 감는 것이다. 바람에 빗질하고 비에 머리를 감는다는 것은 힘든 고생을 두루 겪었음을 말한 것이다.
12 심瀋은 쌀을 씻은 물이다.

일하느라 힘쓰느라 참으로 고단하다.
운판(長板)¹³ 소리가 끝나고 목어가 울면¹⁴
단정히 선상禪床에 앉아 발우를 편다.
변해서 익어진 공력을 자세히 논한다면
도리어 아사리¹⁵조차 먹기 어려울 것이다.
향적세계에서 온 것도 아니며¹⁶
귀신이 올리는 공양도 아니다.¹⁷
한 수저와 한 국자에서 한 발우에 이르기까지
모두 복을 구하는 시주자들의 정재이다.

---

**13** 장판長板은 운판雲板인데, 쇠로 재료를 삼으며 그 모습이 구름과 같으므로 운판이라 한다.
**14** 목어木魚라는 것은, 옛날에 어떤 비구가 절에 주지가 되어 시줏물을 많이 탐하여서 쓸데없이 함부로 쓰다가 죽은 후에 마갈타국에 큰 물고기로 태어나서 작은 물고기들을 먹으며 동류들을 많이 죽였다. 그 후에 또 지옥에 떨어져서는 한량없는 고통을 받았으므로 나무로 물고기 모습을 만들어 쳐서 비구들을 깨우치도록 하였다.
**15** 당唐나라 말로는 궤범이고, 수隋나라 말로는 정행正行이다. 『南山鈔』에서는 "제자의 행동을 바로잡기 때문이다."라고 하였다.
**16** 정명거사淨名居士가 향적세계香積世界의 상방불上方佛 처소에서 향반香飯 한 그릇을 가져다가 8만 4천 명의 보살들에게 공양 올리니 주리지도 않고 배부르지도 않았다.
**17** 『輔行』에서는 "옛날에 아구류阿鳩留라는 장자가 있었는데, 인과를 믿지 않았다. 5백 명과 함께 멀리 가다가 식량이 떨어져 숲을 바라보고서 나무로 가면서 이곳이 사람들이 사는 집이라고 생각했는데, 거기에 이르러서는 수신樹神만 보일 뿐이었다. 수신에게 예를 갖추고 굶주렸다고 말하니, 수신이 곧바로 손을 들었는데 향기로운 음식이 다섯 손가락 끝에서 나왔다. 아구류가 식사를 마치고서 크게 울자 수신이 그 이유를 물었다. 아구류가 대답하기를, '5백 명의 친구들이 있는데, 역시 매우 굶주리고 목말라 있습니다.'라고 하였더니, 수신이 불러오게 하고 조금 전과 같이 음식을 주니 대중들이 모두 배불리 먹었다. 장자가 묻기를, '어떤 인연으로 여기에 이르렀습니까?' 하니 수신이 대답하였다. '가섭불 시대에 제가 본래 극도로 가난하여 성문 밖에서 거울을 갈았습니다. 매번 사문이 걸식하러 오면 늘 이 손가락으로 탁발할 만한 곳(分衛處)을 가리켜 보였으니, 이렇게 한 것이 한두 번이 아니었습니다. 그 결과로 죽어서는 여기에 태어났습니다.' 장자가 크게 깨닫고서 곧바로 집으로 돌아가 날마다 천 명의 승려들에게 공양 올리니, 쌀을 씻은 물이 성 밖으로 흘러 넘쳤는데 배를 띄울 수 있을 정도였다."*라고 하였다.
＊옛날에~정도였다 : 『止觀輔行傳弘決』 권2(T46, 192b8~18).

유나의 죽비소리 청아하게 울리면(搥)<sup>18</sup>
열 가지 부처님 명호를 함께 아름답게(孅) 부른다.<sup>19</sup>
행익行益<sup>i</sup>이 늦어지면 분노하는 마음이 일어나니
두 번째 경계할 것에 대한 생각이 모두 잊혀진다.
고인들은 모두 도를 배우느라 바빴으니
선지식을 두루 참방하며 여러 곳을 행각하였고
나무껍질과 풀잎을 삶아서 공양했으니
어찌 이런 밥으로 주린 창자를 채울 수 있었겠는가?
한평생이 꿈과 허깨비 같으니
참방하는 공부는 반드시 일찍 끝내야 한다.
만약 마음을 분명하게 밝히지 못한다면
부처님도 앙산의 밥을 소화하기 어려우리라.

仰山飯
戶部尙書阮中大撰【出『阮戶部外集』】<sup>1)</sup>
仰山飯仰山飯, 粒粒如珠似銀爛.

---

**18** 추퇴는 추퇴와 같으니, '친다(擊)'는 뜻이다. 또 범어로 건추犍搥인데, 한역하면 '치는 나무'이고, 재료는 박달나무나 오동나무이다. 『五分律』에서는 "기와·나무·구리·쇠 가운데 아무거나 재료가 되니, 울리는 것은 모두 건추라 이름한다."라고 하였다. 지금은 나무로 만든다. 옛날에 어떤 비구가 한 고을에 오래도록 머물면서 여러 단월(시주자)로부터 사사四事<sup>*</sup> 공양을 받았는데, 죽어서 길가에 큰 나무가 되어 여러 사람들에게 그늘이 되어 주었다. 오랜 후에 썩어 말라서는 또 좋은 버섯이 나와서 고을 사람들에게 공급하였는데도 그 과보를 다하지 못했다. 후에 어떤 지혜로운 이가 그 나무를 베어서 팔면으로 깎아 대낮에 위쪽을 쳤는데, 칠 때에 대중들에게 경계하기를, 한곳에 오래도록 머물지도 말며 사사공양에도 탐착하지 말라고 하였다.
*사사四事 : 음식·의복·탕약·와구臥具를 말한다.
**19** 란孅은 란爛과 같다. 『唐書』에서는 "이정李程이 성품이 게을렀다(孅)."라고 하였으니, 여성은 게으름이 많기 때문에 글자에 계집 녀(女)를 부수로 하였다. 여기서는 이 뜻은 아니고 아마도 '연變' 자의 오자인 듯하니, 아름답다(美)는 뜻이고 또 순종한다는 뜻이다.

食者須知來處難, 略爲諸人試拈看.

東皐西疇春早時, 耕夫餉婦【自家之野曰餉.】寒且飢.

土[2)]膏脉起農事動, 牛領生瘡猶挽犂.【白香山詩: "牛領牽車欲流血." 山谷詩: "百斛幾痕牛領瘡?"】

夏苗欲秀未成實, 無雨四天惟烈日.

背枯面裂汗流膂, 耘耨只愁稂莠出.【稂, 苗旣似禾, 實亦似粟. 莠, 稗草, 似粟無實. 唐太宗曰: "養稂莠者, 害嘉穀."】

秋深稻熟如黃雲, 晝穫[3)]夜舂甘苦辛.

里胥催督王租急, 官債私逋【逃也, 負也. 欠負人物, 亡匿不還者, 謂之逋.】皆及身.

官債未償被鞭朴【鞭, 策也. 朴, 華也.】, 私債未還賣田屋.

父母妻兒飽幾曾? 家家留米羞【進也.】齋粥.【沈休文, 『中食論』: "日中食曰齋. 齋者, 齊也, 齊身口意業也. 齋者, 只是中道也, 後不食者, 表中道法界外, 更無別法也."】

住持老僧沿門求, 丐士緣化圭撮收.【六十四黍爲一圭, 四圭爲一撮. 又兩指爲一撮.】

手胼足胝不敢憚,【禹稷皆手足胼胝, 謂皮厚而且龜. 音勻, 坼也.】櫛風沐雨何曾休?【禹治水時, 櫛疾風, 沐甚雨. 櫛, 梳也. 沐, 洗頭也. 櫛沐風雨, 言備歷艱辛也.】

五更雲堂門尙閉, 普供厨中人早起.

惟憂淸衆粥飯遲, 日日朝朝悉如是.

米潘【潘, 洗米汁也.】滿地凝如脂, 去麁存精運柴炊.

沸湯煙焰甑釜熱, 執務捨力良勞疲.

長板聲終【長板, 卽雲板, 以金爲體, 其形似雲, 故謂之雲板.】木魚吼,【本魚者, 昔一比丘爲持寺, 多貪施物, 非處妄用, 死後於摩竭陁國, 作大魚, 食諸小魚, 多殺同類. 後墮地獄, 受無量苦, 以木像魚形打之, 以警諸比丘.】端坐禪床捧盂受.

細論變生造熟功, 却恐闍黎【唐言軌範, 隋言正行. 『南山鈔』云: "糾正弟子行故."】難下口.

不從香積世界來,【淨名居士取香積世界上方佛所, 香飯一鉢, 供諸八萬四千菩薩, 不飢不飽.】又非鬼神供爾齋.『輔行』云: "昔有長者, 名阿鳩留, 不信因果, 與五百人俱, 遠行乏粮, 望林就樹, 想是居家, 到彼惟見樹神, 作禮說已飢餒. 神卽擧手, 香美飮食, 從五指端出. 鳩留食訖大哭, 神問其故. 答: '有伴五百, 亦大飢渴.' 神令呼來, 如前與食, 衆人皆飽. 長者問曰: '何緣致此?' 答曰: '迦葉佛時, 我本極貧. 於城門外磨鏡, 每有沙門乞食, 常以此指, 示分衛處, 如是非一, 壽終生此.' 長者大悟, 尋卽還家, 日飯千僧, 淘米瀋汁, 流出城外, 可以乘船."】

一匙一杓至一鉢, 皆是求福檀信財.

維那白搥[4]似璃響,【搥與槌同, 擊也. 又梵語揵搥, 此云所打之木, 或檀或桐.『五分』云: "隨有瓦木銅鐵, 鳴者皆名揵搥." 今以木爲之. 昔有一比丘, 久住一邑, 受諸檀越四事供養, 命終作路傍大樹, 覆蔭諸人. 久後朽枯, 又生好茸, 供諸邑人, 報猶未盡. 後有智者, 斫取其木, 削成八面, 白搥頂上, 打時警衆, 令不久住一處. 又不貪着四事也.】十聲佛名孋同唱.【孋與嬭同.『唐書』: "李程性孋." 女性多怠, 故字從女, 非此意也. 疑是變字之誤也. 美也, 又從順也.】

行益纔遲忿怒生, 第[5]二戒中念都忘.

古人都爲學道忙, 徧叅知識遊諸方.

木皮草葉供鐺煮, 豈有此飯充飢腸?[6]

百歲光陰如夢幻, 叅請工夫宜早辦.

若還心地不分明, 佛也難消[7]仰山飯.

---

1) ㉫ 阮戶部外集 : 이 글자들은 원문의 협주이다. 2) ㉫ '土'는 '士'로 되어 있는 곳도 있다. 3) ㉫ '穫'은 '獲'으로 되어 있는 곳도 있다. 4) ㉫ '搥'는 '槌'로 되어 있는 곳도 있다. 5) ㉫ '苐'는 '第'로 되어 있는 곳도 있다. ㉫ '苐'는 '第'와 통용된다. 6) ㉫ '膓'은 '腸'으로 되어 있는 곳도 있다. ㉫ '膓'은 '腸'과 통용된다. 7) ㉫ '消'는 '銷'로 되어 있는 곳도 있다.

# 주

i   행익行益 : 정인淨人이 법당에 모인 대중에게 빠짐없이 먹을 것을 차례대로 담아 주는 것을 말한다.

# 백 시랑의 찬탄 게송 여섯 수〔서문을 병기함〕[1]

나(樂天)에게는 평소에 바라는 것이 있으니, 금생에 세속에서 문장을 지은 인연이 내세에는 불법을 찬탄하고 법륜을 굴리는 인연으로 바뀌기를 바라노라. 이제 나이 일흔이 되니 늙고 병이 들어 내세와의 거리가 매우 가깝다. 그러므로 여섯 수의 게송을 지어 불법승 앞에 무릎을 꿇고 읊조려 인연을 일으켜서 내세의 밑거름이 되고자 한다.

### 부처님을 찬탄함

시방세계 천상천하에
내가 이제 모두 아니 부처님만 한 분이 없네.
당당하고 드높도다! 천상과 인간의 스승이시네.
그러므로 내가 발에 예경하며[2] 찬탄하고 귀의합니다.

### 법을 찬탄함

과거·현재·미래의 천만억 부처님이
모두 법을 의지해서 성취하셨고 법은 경전으로부터 나오네.

---

1 ○『長慶集』에 나온다.* 백거이白居易는 자가 낙천樂天으로 향산香山의 불광 여만佛光如滿 선사에게 법을 얻었으며 스스로 향산거사香山居士라 불렀다. 목종穆宗 장경長慶 원년(821)에 중서사인中書舍人의 관직으로부터 물러나 항주 자사가 되었다. 『白氏長慶集』 75권이 있으며, 원미지元微之가 서문을 썼는데, 그 내용 중에 "계림의 장사치들이 간절히 문집을 사들이려 했으며, 동국의 재상들이 매번 일백 전으로 한 편과 바꾸었다."라고 하였다.
 *『長慶集』에 나온다 : 이 주는 성화본『緇門警訓』에 그대로 나온다.
2 나의 가장 높은 정수리로써 상대의 가장 낮은 발에 예경하는 것이니 공경이 지극함이다.

이것이 큰 법륜이며 큰 보배창고이네.
그러므로 내가 합장하며[3] 지극한 마음으로 회향합니다.

### 승려를 찬탄함

연각과 성문과 여러 위대한 사문들은
번뇌가 다하여 불과佛果가 원만하니 무리 중에 존귀한 분이어라.
화합하는 힘을 빌려 위없는 도를 구하니
그러므로 내가 머리 숙여(稽首)[4] 승보전에 예경합니다.

### 중생을 찬탄함

털낱 같은(毛道) 범부들과[5] 불난 집의 중생들과
태난습화의 일체 유정들이
선근을 심으면 불과를 끝내 이루리라.
내가 그대를 가벼이 여기지 않으니 그대도 자신을 가볍게 여기지 말라.[6]

---

3 『觀音疏』에서는 "이 지방(중국)에서는 두 손을 맞잡는 것으로써 공경함을 삼고, 외국(천축)에서는 두 손바닥을 합치는 것으로써 공경함을 삼는다. 손은 본래 두 쪽이나 지금 합쳐서 하나가 되었으니 방종하지 않고 오로지 지극한 한마음임을 나타낸 것이다."*라고 하였다.
　*이 지방(중국)에서는~것이다 : 『觀音義疏』 권상(T34, 922a17~18).
4 『荀子』에서는 "평형平衡(몸을 굽혀 머리와 허리가 평형 상태인 저울대처럼 절하는 것)을 배拜라 하고, 평형에서 내려간 것을 계稽라 하며, 머리가 땅에 닿는 것을 계상稽顙이라 한다."라고 하였고, 주석에서는 "평형은 경쇠처럼 몸을 굽혀 머리가 허리와 수평이 됨을 말한다."라고 하였다.
5 범어로 '바라婆羅'는 한역하면 모도毛道이니, 마음이 안정되지 못함이 마치 가벼운 털이 바람에 따라 이리저리 나부끼는 것과 같음을 말한다.
6 상불경보살이 항상 모든 이에게 예를 올리며 말하기를, "나는 그대를 가벼이 여기지 않는

## 참회

시작 없는 세월 동안 지어 온 모든 죄업들
가볍거나 무겁거나 크거나 작거나
그 모습을 찾아봄에 중간이나 안팎에도
끝내 얻지 못하니, 이를 참회라 하네.[7]

## 발원[8]

원컨대 번뇌는 없어지고[9] 원컨대 열반에 머물고
원컨대 십지十地에 오르고[10] 원컨대 사생四生을 제도하겠나이다.[11]
원컨대 부처님이 나오실 적에 제가 친견하여
법륜 굴리시기를 가장 먼저 권청하며 청하겠나이다.[12]
원컨대 부처님이 입멸하실 적에 제가 만나 뵙고
가장 나중에 공양 올리고 깨달음의 수기를 받겠나이다.[13]

---

다."라고 하였으며, 보현보살이 "나는 일체중생에게 갖가지로 받들어 공양 올림에 부모님이나 여래께 올리듯이 하여 차별이 없다."라고 하였다. 또 법화 법사는 도행이 청정하고도 높아서 대중에게 공경받았다. 그가 길을 갈 때에는 다만 땅을 쳐다보며 걷다가 작은 벌레가 길을 막고 있으면 스스로 생각하기를, "이 불자가 나보다 먼저 득도할지 어찌 알겠는가?"라고 하며 피해서 갔다. 후학들도 이와 같기를 생각하지 않아서야 되겠는가?*

*법화~되겠는가 : 『釋迦如來行蹟頌』 권하(X75, 50a7~10).

7 이것은 이참理懺이다. 만약 사참事懺이라면 밤낮으로 하루 종일 삼업을 청정히 하고, 존귀한 불상을 대면하여 죄과를 진술하여 다시 덮어 감추지 않으며, 또한 새로이 짓지도 않는 것이다.
8 네 가지 큰 서원을 갖추어 일으키는 것이다.
9 번뇌를 끊기를 서원함이다.
10 불도를 이루기를 서원함이다.
11 중생들을 제도하기를 서원함이다.
12 법문을 배우기를 서원함이다.
13 순타純陀는 한역하면 '묘한 이치를 안다(解妙義)'인데 구시라성의 대장장이 아들이다.

白侍郎六讚偈【幷序】【○出『長慶集』.1) 白居易, 字樂天, 得法於香山佛光如滿禪師, 自號香山居士. 穆宗長慶元年, 自中書舍人, 出爲杭州刺史. 有『白氏長慶集』七十五卷, 元微之作序: "雞林賈人求市頗切云, 東國宰相每以百錢換一篇."】樂天常有願, 願以今生世俗文筆之因, 翻爲來世讚佛乘轉法輪之緣也. 今年登七十, 老矣病矣, 與來世相去甚邇. 故作六偈, 跪唱於佛法僧前, 欲以起因發緣, 爲來世張本也.

### 讚佛

十方世界, 天上天下.

我今盡知, 無如佛者.

堂堂巍巍, 爲天人師.

故我禮足,【以我無上之頂, 禮彼最下之足, 敬之至也.】讚歎歸依.

### 讚法

過現2)當來, 千萬億佛.

皆因法成, 法從經出.

---

부처님께서 열반에 드실 때에 일체의 천인들이 공양하는 것을 모두 받지 않으시고 오직 순타의 공양만 받으시며 말씀하시기를, "일체의 모든 부처님이 열반에 드실 때에 최후에 공양 올리는 자는 그 복덕이 어떤 것보다 뛰어나다."라고 하셨다. 또 『涅槃經』에서는 "부처님께서 열반에 드실 때에 일체의 천인 대중들이 모두 공양을 바쳤으나 받지 않으시고 오로지 순타의 공양만 받으셨다. 모든 대중들이 나와서 큰 소리로 말하기를, '기이하도다! 순타는 큰 복덕을 지어 여래께서 최후의 공양을 받으시게 하는구나. 우리들이 복이 없어 베풀어 놓은 공양구를 헛되이 버리게 되었구나.'라고 하였다. 여래께서는 몸의 털구멍 하나하나에서 무량한 부처님을 화현해 내시고, 그 각각의 부처님마다 무량한 비구승들이 있었으며 모든 부처님과 대중은 낱낱이 몸을 나투어 대중의 공양을 받았다. 석가께서는 순타가 올린 공양을 스스로 받았으니, 그 잘 익은 음식이 마갈타국에서 사용하는 용량으로 8곡斛을 채웠는데, 부처님의 신통력으로써 모든 대중이 다 충족하였다."*라고 하였다.

*부처님께서~충족하였다 : 『大般涅槃經』 권10(T12, 665a21~b18).

是大法輪, 是大寶藏.

故我合掌.【『觀音疏』云: "此方以拱手爲恭, 外國以合掌爲敬. 手本二邊, 今合爲一, 表不放誕, 專至一心."】至心回向.

### 讚僧
緣覺聲聞, 諸大沙門.
漏盡果滿, 衆中之尊.
假和合力, 求無上道.
故我稽首.【『荀子』: "平衡曰拜, 下衡曰稽, 首至地曰稽顙." 注: "平衡, 謂磬折而首與腰平."】和南僧寶.

### 讚衆生
毛道凡夫【梵云婆羅, 此云毛道, 謂行心不定, 猶如輕毛, 隨風東西也.】, 火宅衆生.
胎卵濕化, 一切有情.
善根苟種, 佛果終成.
我不輕汝, 汝無自輕.【常不輕菩薩常禮一切云: "我不輕汝." 普賢云: "我於一切衆生, 種種承事供養, 如父母, 乃至如來, 等無有異." 又法華法師, 道行淸峻, 爲衆所敬. 若行之時, 但視地而行, 見有微虫當路, 卽自念言: "焉知此佛子, 先我得道?" 便避而行. 後學可不思齊?】

### 懺悔
無始劫來, 所造諸罪.
若輕若重, 無大無小.
我求其相, 中間內外.
了不可得, 是名懺悔.【此卽理懺. 若是事懺, 晝夜六時, 三業淸淨, 對於尊像, 披陳過罪, 更不覆藏, 又不造新.】

發願【具發四弘誓願.】

煩惱願去,【即煩惱誓願斷.】涅槃願住,

十地願登,【即佛道誓願成.】四生願度.【即衆生誓願度.】

佛出世時, 願我得親,

寂先勸請, 請轉法輪.【即法門誓願學.】

佛滅度時, 願我得值,

寂後供養, 受菩提記.【純陀, 此云解妙義, 乃抱尸羅城巧匠之子. 佛臨涅槃, 一切天人所有供養, 皆不受之, 惟受純陀之供. 佛言:"一切諸佛臨涅槃時, 寂後供養者, 其福勝於一切."又『涅槃』云:"佛臨涅槃時, 一切天人大衆, 皆獻供不受, 獨受純陀之供. 一切大衆, 出大音聲, 唱言:'奇哉! 純陀成大福德, 能令如來取寂後供. 我等無福, 所設供具, 即爲唐損.'如來即於身上一一毛孔, 化無量佛, 各有無量諸比丘僧. 諸佛及衆, 悉皆現身, 受大衆供. 釋迦自受純陀所奉之供, 其成熟之食, 以摩伽陀所用之斛, 滿足八斛, 以佛神力, 一切大衆, 皆悉充足."】

---

1) ㉑ 出長慶集 : 이 글자들은 원문의 협주이다.  2) ㉑ '現'은 '見'으로 되어 있는 곳도 있다.

## 천태 지원 법사가 스스로를 경계하다

삼계의 끝없는 하나의 감옥(囹圄)[1]에서
재갈 물린 중생들이 심한 고통을 받고 있네.
본래면목 오래도록 잠기고 묻혀 있어
야생마(野馬)[i]가 고삐 없이 제멋대로 날뛰는구나.
욕망의 불길이 공덕숲을 태워 없애고
거센 파도가 무명언덕으로 쏠려 들어가네.
어지러운 온갖 무리가 그릇 속의 모기마냥
어지럽게 왱왱 울며 잠겼다가 다시 오르네.
일찍이 제석천왕 궁전 뜰에 노닐기도 하고[2]
염라대왕 가마 속에 들어와 삶기기도 하다가[3]
돌고 돌아 또다시 태 속으로 들어와[4]
비린내와 누린내가[5] 엉겼다가 거품이 되네.
한 움큼의 피와 고름이 잠시 동안 붙들었고
두어 줄기 뼈마디가 임시로 지탱하니
칠정七情[6]이 치달리나 돌아갈 곳 모르고
육적六賊[7]이 다투지만 그 누가 주인인가?

---

1 하나라 때의 하대夏臺, 은나라 때의 유리羑里, 주나라 때의 환토圜土, 진나라 때의 영어囹圄는 모두 감옥 이름이다. 영囹은 명령을 내려 듣도록 하는 것이고, 어圄는 말하여서 깨닫도록 하는 것이다.
2 하늘에 태어남.
3 지옥에 떨어짐.
4 사람 몸을 얻다.
5 날고기(의 역한 냄새)를 성조腥臊라 하고, 돼지나 개(의 비린 냄새)를 고취膏臭라 한다. 아난이 "욕망의 기운이 거칠고 혼탁하니 비린내와 누린내가 서로 엉긴다."라고 하였다.
 *욕망의~엉긴다 : 아난이 부처님께 한 말로『首楞嚴經』권1(T19, 106c25)에 나온다.
6 제7식.

봄바람이 불어와도 옛 물결은 변함없고
여전히 탐내고 화냄이 범과 이리 같구나.
머리와 얼굴 바꿔 달고 기관機關을 희롱하며[8]
기운을 참고 소리를 삼키며 심한 고초 받네.
귀함과 천함, 현능함과 어리석음, 나와 남
시비와 영욕이 예나 지금이나 다르지 않구나.
금까마귀[9] 옥토끼가[10] 스스로 허공을 가니[ii]
흰 수염 붉은 얼굴이 모두 흙 되었네.
내가 잠깐 사이 어찌 한 번 늦어져서
파도 따라 물결 따라 헛되이 흘러 도니
옛 성인과 앞선 현인 추모하며 생각함에

---

7 제6식.
8 『華嚴經疏』에서는 "기관은 잡아당기면 움직이고 그치면 멈춘다."*라고 하였고, 『鈔』에서는 "물건의 움직임을 받아들이는 곳을 기機라 하고, 그 가운데 회전하는 것을 관關이라 한다."라고 하였다.**
  *기관은~멈춘다 : 『大方廣佛華嚴經疏』 권38(T35, 798b18~19)에는 다음과 같이 나온다. "言機關者, 顯無我故, 抽之則動息手便無." 본문에서는 '기관'이 지수화풍 사대로 결합된 우리의 육신을 가리키는 말로 쓰였다.
  *물건의~한다 : 『大方廣佛華嚴經隨疏演義鈔』 권63(T36, 507c25~26).
9 『淮南子』에서는 "해 가운데 준오踆烏가 있다."라고 하였으니, 세 발 달린 까마귀를 말한다.
10 『西域記』에서는 다음과 같이 말하였다. "겁초에 토끼와 여우와 원숭이가 있었는데, 다른 부류였지만 서로 좋아하며 따랐다. 그때 제석천이 보살행 닦는 것을 시험해 보고자 한 노인으로 변신하여 세 짐승에게 '얘들아, 편안히 잘 있었느냐? 이 노인네가 이렇게 멀리까지 찾아오니 지금 배고프고 피곤한데 무엇으로 나를 대접하겠느냐?'라고 하니, '잠시만 기다리십오.'라고 한 뒤에 여우는 잉어를 잡아오고, 원숭이는 꽃과 과일을 따서 함께 노인에게 올렸다. 그런데 오직 토끼만이 빈손으로 돌아와서 원숭이와 여우에게 '풀과 나무를 많이 모아 불을 지펴라.'라고 하고는 노인에게 '제가 비록 비천하고 용렬하나 한 끼의 식사로는 충분할 것입니다.'라고 말한 뒤 불로 뛰어들어 죽었다. 이때 노인이 제석천의 몸으로 돌아와 재를 걷어 내고 뼈를 취한 뒤에 두 짐승에게 한탄하며 말하기를, '한결같이 어찌 이 지경에 이르렀는가? 그 자취를 없앨 수 없다.'라고 하고는 월륜月輪에 기탁하여 후세에 전해지게 하였다."*
  *겁초에~하였다 : 『大唐西域記』 권7(T51, 907b6~24).

영인伶人ⁱⁱⁱ 앞에 소매 가리고 홀로 얼굴 붉어지네.
지금 나의 주인공을 붙잡는다면
삶과 죽음의 마구니가 온들 나와 무슨 상관이랴?
지난날의 재주를 드러내지 말고
오늘날의 생애에 스스로 힘써라.
시시비비 굴속으로 머리 돌리지 말고
명예와 이익의 문전에선 더 높은 곳 바라보라.
다만 자신에게서 허물을 찾지
어찌 시류들과 장단을 비교할까?
한 가닥 신령한 빛 곧장 서쪽 비춘다면
온갖 세속 일은 되는 대로 내버려둘지니
달팽이 뿔ⁱᵛ에서 헛된 명성 훔치지 말고
홀로 금대金臺 향하여서 선불장選佛場에 참여하라.
저 생로와 병사에 내맡겨 두고(從)[11]
다만 여기서 한 차례 힘써 보라.
수행은 오직 끝(下梢)이 어려우니[12]
척량골을 곧추 세워 무너뜨리지 말라.
정반성定盤星[13]을 잘못 알지 말며
옷 속의 보물을 스스로 굳게 지킬지니[14·ᵛ]
원하건대 온 세계의 원수이거나 친한 이거나
모두 흰소ᵛⁱ 함께 몰아 곧은길을 갈지어다.

---

11 (종從은) 맡김이다.
12 하초下梢는 '끄트머리(末梢)'라고 하는 것과 같다.
13 저울의 제일 첫 번째 눈금이니, 제8식에 비유하였다.
14 『法華經』 「信解品」에 보인다.

236 • 치문경훈주 중권

**天台圓法師自戒**

三界悠悠一囹圄,【夏之夏臺, 殷之羑里, 周之圜土, 秦之囹圄, 皆獄名. 囹者, 令之使聆; 圄者, 語之使悟也.】鞲鎖生靈受酸楚.

本來面目久沉埋, 野馬無韁恣飄鼓.

欲火燒殘功德林, 逝波傾入無明塢.[1)]

紛紛萬類器中蚊, 啾啾鳴亂沉還擧.

亦曾天帝殿中遊,【生天.】也向閻公鍋裏煮.【入獄.】

循環又撞入胞胎,【得人身.】交搆腥臊【生肉曰腥臊, 豕犬膏臭. 阿難曰: "欲氣麤濁, 腥臊交遘."】成沫聚.

一包膿血暫扶持, 數莖白骨權撐拄.

七情【即七識也.】馳騎不知歸, 六賊【六識】爭鋒誰作主?

春風不改昔時波, 依舊貪嗔若狼虎.

改頭換面弄機關,【『華嚴疏』: "機關, 抽之則動, 息之則無." 『鈔』: "容物動處名爲機, 於中轉者說爲關."】忍氣吞聲受辛苦.

貴賤賢愚我與人, 是非榮辱今猶古.

金烏【『淮南子』: "日中有踆烏", 謂三足烏也.】玉兔【『西域記』云: "劫初有兔·狐·猿, 異類相悅. 時, 天帝欲試修菩薩行者, 化爲一老夫, 謂三獸曰: '二三子, 善安隱乎? 老夫故此遠尋, 今正飢乏, 何以饋我?' 曰: '幸小留.' 狐得鯉魚, 猿採花菓, 同進老夫, 惟兔空還, 謂猿·狐曰: '多聚草木爇火.' 兔謂老夫曰: '身雖卑劣, 充此一湌.' 入火致死. 是時, 老夫復帝釋身, 除燼取骸, 歎謂二獸曰: '一何至此? 不泯其迹.' 寄之月輪, 傳于後世."】自磨[2)]空, 雪鬢朱顔盡成土.

我嗟瞥地一何晚, 隨波逐浪空流轉.

追思古聖與先賢, 掩袂令人獨羞赧.

而今捉住主人翁, 生死魔來我誰管?

昔時伎倆莫施呈, 今日生涯須自勉.

是非窟裏莫回頭, 聲利門前高着眼.

但於自己覓愆尤, 肯與時流較長短?

一點靈光直照西, 萬端塵事任舒卷.

不於蝸角竊虛名, 獨向金臺預高選.

從【任也.】他病死與生老, 只此一回相括惱.

修行惟有下梢難【下梢, 猶云末梢也.】, 堅起脊梁休放倒.

莫敎錯認定盤星【秤上第一星, 以比第八識.】, 自家牢守衣中寶.【見『法華經』「信解品」.】

願同法界寃與親, 共駕白牛遊直[3]道.

---
1) ㉑ '塢'는 '墺'로 되어 있는 곳도 있다. 2) ㉑ '磨'는 '摩'로 되어 있는 곳도 있다. 3) ㉑ '直'은 '眞'으로 되어 있는 곳도 있다.

## 주

i   야생마(野馬) : 야생마는 제8식을 비유하니, 제8식을 제어하는 것이 없어서 제멋대로 날뛴다는 의미이다.
ii   금까마귀 옥토끼가~허공을 가니 : 덧없이 흘러가는 세월을 표현한 말이다.
iii   영인令人 : 영인은 훌륭한 사람을 말하니, 옛 성현을 가리킨다.
iv   달팽이 뿔 : 『莊子』「則陽」편에서는 "달팽이의 왼쪽 뿔 위에 있는 나라를 촉씨觸氏라 하고, 달팽이의 오른쪽 뿔 위에 있는 나라를 만씨蠻氏라 한다. 서로 영토를 다투어서 전쟁을 하였는데 시체가 몇 만이나 될 정도로 즐비하였고, 패한 군대를 쫓아갔다가 15일이 지난 뒤에야 돌아왔다."라고 하였는데, 이 말은 흔히 작은 것을 놓고 서로 아웅다웅하는 것을 뜻하는 말로 쓰인다.
v   옷 속의~굳게 지킬지니 : 『法華經』「五百弟子授記品」에 나오는 비유이다. 어떤 가난한 사람이 친구의 집에 가서 술에 취하여 자는데, 주인 친구가 외출하게 되어 값 비싼 보주寶珠를 그의 옷 속에 넣어 주고 떠났다. 그 사람은 그것도 모르고 돌아가는 길에 다른 나라를 유랑하면서 품을 팔아서 의식을 이어 간신히 세월을 보냈다. 얼마 후에 우연히 옛 친구를 만나 그 말을 듣고 단박에 빈궁을 벗었다는 비유이다.
vi   흰소 : 일승법을 비유한 말이다. 또는 진여자성을 가리키는 말로도 쓰인다.

# 부용산 도해 선사의 소참법문[1]

세속에 끄달리는 것을 싫어하여 태어나고 죽는 일에서 영원히 벗어나기를 구하며 마음을 쉬고 망념을 그쳐 반연을 끊기 때문에 '출가(집을 나온다)'라고 하니, 어찌 한가로이 이롭게 살찌우며 평생을 매몰시킬 수 있겠는가? 다만 두 가지[2]를 놓아 버리고 그 중간[3]도 내려놓아서 소리를 만나거나 색을 만나면 마치 돌 위에 꽃이 심어진 것처럼 여기고, 이익을 보거나 명예를 보면 마치 눈 안에 티끌이 붙은 것처럼 여길지니, 하물며 무시이래로 일찍이 겪지 않았던 것도 아니며 또한 그 순서를 알지 못하는 것도 아님에 있어서랴?[4] 다만 머리를 뒤집어 꼬리를 삼은 것에 불과하니, 그저 이와 같거늘 어찌 애써서 탐내고 그리워할 필요가 있겠는가? 지금 그치지 않는다면 다시 어느 때를 기다리겠는가?

그러므로 옛 성현께서 사람들을 가르친 것은 다만 지금 이때(현재 탐착하는 세상사)를 다 없애고자 한 것이니, 지금 이때를 없앨 수 있다면 다시 무슨 일이 있겠는가? 만약 마음에 아무 일도 없다면 부처와 조사도 오히려 원수가 될 것이니, 일체의 세상사가 자연히 냉담해져서 바야흐로 저쪽(열반)과 상응하게 될 것이다.

그대는 보지 못했는가? 은산隱山[5]은 죽음에 이르기까지 사람들을 만나려 하지 않았고, 조주趙州는 죽음에 이르기까지 사람들에게 가르치려 하지 않았고,[6] 편첨扁檐[7]은 도토리와 밤을 주워 먹거리로 삼았으며, 대매大

---

1 부용산芙蓉山 도해道楷 선사는 기주沂州 최씨의 자손으로서 투자 의청投子義靑 선사의 법을 이었다.
2 육근과 육경의 두 처處이다.
3 중간의 육식이다.
4 일찍이 겪었고 순서를 안다는 것은 육근·육경·육식 셋이다.
5 『傳燈錄』에서 말하는 용산화상龍山和尙이 바로 그인데 어떤 사람인지는 알 수 없다.
6 사람을 만나면 그저 "차나 마시게!"라고 할 뿐, 끝내 다른 말은 없었다.

梅는 연잎으로 옷을 지었고,[8] 지의 도자紙衣道者는 다만 종이옷만을 입었고,[9] 현태玄泰 상좌는 단지 베옷만을 입었으며,[10] 석상石霜은 고목당枯木堂을 지어 놓고 사람들과 함께 앉고 누우며[11] 다만 그대들의 마음을 죽이라 하였고, 투자投子는 사람들로 하여금 쌀을 마련하게 하고는 함께 밥을 지어 같이 먹음으로써 그대들의 일거리를 덜어 주고자 하였다. 또한 예로부터 모든 성현들에게 이와 같은 모범이 있었으니 만약 장점이 없었다면 어찌 달갑게 받아들였겠는가?

여러분들이여! 만약 여기에서 체득하면 분명히 사람들을 잘못되게 하지 않을 것이나 만약 기꺼이 받아들이지 못한다면 이후에 힘만 허비할까 매우 염려된다. 산승은 취할 만한 행업이 없으나 외람되이 산문의 주인이 되었는데, 어찌 앉아서 상주물만 소비하며 앞선 성현들께서 부촉하신 일들을 단박에 잊을 수 있겠는가? 이제 문득 옛사람들이 주지하실 때의 체계와 사례를 본받아 모든 사람들과 더불어 논의하여 결정하겠다.

다시는 산을 내려가지 않고, 재식齋食에도 나아가지 않으며, 화주도 내보내지 않고, 오직 본 사원의 전답에 과세하여 얻은 한 해 소득을 가지고 균등하게 360등분하여 날마다 그 1분을 취하여 사용하고, 사람 수에 따라 늘이거나 줄이지 않을 것이니, 밥을 지을 만하면 밥을 짓고 밥 짓기에 부족하면 죽을 쑤고, 죽 쑤기에 부족하면 미음을 끓일 것이다. 새로 도착한 객을 맞더라도 차를 끓이기만 할 뿐 다시 간식을 끓이지 않으며, 오직 한 곳의 다실만을 두어 스스로 가서 사용하도록 할 것이니 반드시 반연을 줄

---

7 편첨산匾檐山 효료曉了 선사.
8 대매 선사의 계송에 "한 못의 연잎으로 옷 지음에 끝이 없다."라고 하였다.
9 탁주涿州의 지의 도자紙衣道者이니 극부克符 선사이다.
10 평생 비단옷을 입지 않았으니, 당시 사람들이 그를 일러 '태포납泰布衲'이라 하였다.
11 선사가 석상산에 20년간 거주함에 그에게 배우는 자들은 대체로 늘 앉아 있을 뿐 눕지 않았으니, 그 우뚝 솟은 모습이 마치 베어 놓은 나무 그루터기 같았기에 천하 사람들이 그들을 일컬어 '고목 같은 무리(枯木衆)'라고 하였다.

이고 오로지 도에 힘쓰기를 바란다.

또 하물며 생계가 구족하고 풍경이 거칠지 않으니, 꽃은 웃고 새는 지저귀며, 나무 말은 길게 울고 돌 소는 잘 달린다. 하늘 너머 푸른 산은 색이 바래고, 귓가에 흐르는 샘은 소리가 없으며, 고갯마루 위에서 원숭이가 우니 이슬은 한밤중의 달빛을 적시고, 수풀 사이에서 학이 우니(唳)[12] 바람은 맑은 새벽의 소나무를 휘감아 돈다. 봄바람이 일어나니 고목에 용이 읊조리고, 가을 잎이 시드니 찬 숲속에 설화가 피어나며, 옥빛 계단에는 이끼 무늬가 널려 있고, 사람들의 얼굴은 안개와 노을빛을 띠고 있다. 소리의 경계가 고요함에 소식도 가라앉으니 한결같은 맛으로 한적하여 취향할 만한 것이 없도다.

산승이 오늘 모든 사람들의 면전에서 집안일을 말한 것도 이미 편안하지 못한데, 어찌 다시 나아가 법당에 오르거나 방장실로 들어서서 몽둥이를 집어 들고 불자를 세울 것이며, 동쪽으로 할喝하고 서쪽으로 몽둥이질하며 눈썹을 치켜뜨고 눈을 부릅떠서 마치 간질병(癎病)[13]이 도진 것같이 하겠는가? 이는 다만 그대들을 매몰시킬 뿐만 아니라 더구나 옛 성인들까지 저버리는 것이리라.

그대는 보지 못했는가? 달마가 서쪽으로부터 건너와 소실산 아래에서[14] 9년간 면벽하였고, 2조 혜가는 심지어 눈 속에 서서 팔을 끊기까지 하였으니 온갖 어려움을 겪었다고 할 수 있다. 그러나 달마는 일찍이 한

---

**12** 학은 목이 굽어 있어서 그 소리가 괴팍하게 나오기 때문에 학의 울음을 '려唳'라고 한다.
**13** 간癎은 음이 한閑이며 어린아이가 앓는 지랄병이다. 의서醫書에서는 "어린아이에게 다섯 가지 지랄병이 있는데 오장이 제각기 소속된 축생이 있다. 심장에 의한 지랄병은 그 소리가 양과 같고, 간에 의한 지랄병은 그 소리가 개와 같고, 지라에 의한 지랄병은 그 소리가 소와 같고, 폐에 의한 지랄병은 그 소리가 닭과 같고, 신장에 의한 지랄병은 그 소리가 돼지와 같다."라고 하였다.
**14** 숭산에 대실산과 소실산이 있기 때문에 숭산을 부를 때는 소실산이라 하였다.

마디 말도 하지 않았고 2조도 일찍이 한 구절도 묻지 않았는데, 그렇다고 달마가 사람들을 위한 일을 하지 않았다고 할 수 있겠는가? 2조가 스승을 찾지 않았다고 할 수 있겠는가? 산승이 매번 옛 성현들이 공부한 것을 얘기할 때마다 문득 몸 둘 곳이 없음을 느끼니 후세 사람의 연약함을 부끄럽게 여긴다.

또 하물며 백미百味 진수성찬으로[15] 번갈아 공양 올리며 말하기를, "나는 네 가지(의복·음식·탕약·와구)가 충분히 갖추어져야 비로소 발심할 수 있다."라고 하니, 다만 손발을 번갈아 써 보지도 못하고[16] 문득 이 삶과 이 세상에서 멀어져 떠나 버리지 않을까 두려울 뿐이다. 세월은 쏜살같으니 매우 아껴야 할 것이다.

비록 이와 같지만 다시 모든 사람에게서 장점을 좇아 서로 제도할 것이니 산승도 억지로 그대들을 가르칠 수 없다. 모든 대중들이여! 옛사람의 게송을 보았는가?[17]

　　산밭의 대강 찧은 좁쌀밥과
　　들 채소와 맛없는 시든 나물들
　　먹고 싶다면 그대 마음껏 먹고
　　먹기 싫으면 그대 마음에 맡기노라.

---

**15** 『大智度論』에서는 다음과 같이 말하였다. "어떤 이는 '백 가지 종류로써 공양하는 것을 백미百味라 한다.'라고 했으며, 어떤 이는 '떡의 가짓수가 5백이고 그 맛이 백 가지이므로 이를 백미라 한다.'라고 했으며, 어떤 이는 '백 가지 약초로 환희환을 만든 것이 백미가 된다.'라고 했으며, 어떤 이는 '음식, 국, 떡이 모두 백 가지가 있다.'라고 했으며, 어떤 이는 '음식이 종류별로 모두 갖추어졌기 때문에 그것을 백미라 한다.'라고 했다."*
　*어떤 이는~했다 : 『大智度論』 권93(T25, 710c19~23).
**16** 만약 능히 성품을 보아 속박에서 벗어난다면 육근을 번갈아 쓸 수 있겠으나 그렇지 않다면 어찌 육근을 번갈아 쓸 수 있겠는가?
**17** 우두 미牛頭微 선사의 게송이다.

엎드려 바라옵건대 함께 도를 닦는 여러분들은 각자 노력하라. 몸조심 하라.

**芙蓉楷禪師小㕛**【芙蓉山道楷禪師, 沂州崔氏子, 嗣投子義靑禪師.】
夫出家者, 爲厭塵勞, 求脫生死, 休心息念, 斷絶攀緣, 故名出家, 豈可以等閑利養, 埋沒平生? 直須兩頭【根境二處】撒開, 中間【中六識】放下, 遇聲遇色, 如石上栽花; 見利見名, 如眼中着屑, 況從無始以來, 不是不曾經歷, 又不是不知次第!【曾經歷知次第者, 是根·境·識三也.】不過翻頭作尾, 止於如此, 何須苦苦貪戀? 如今不歇, 更待何時? 所以先聖敎人, 只要盡却今時, 能盡今時, 更有何事? 若得心中無事, 佛祖猶是寃家, 一切世事, 自然冷淡, 方始那邊相應. 你不見? 隱山『傳燈』龍山和尙是也, 不知何許人也.】至死, 不肯見人, 趙州至死, 不肯告人,【逢人, 只云"喫茶去", 了無他語.】扁檐【區檐山曉了禪師】拾橡栗爲食, 大梅以荷葉爲衣,【大梅禪師偈云: "一池荷葉衣無盡."】紙衣道者只披紙,【涿州紙衣道者, 卽克符禪師也.】玄泰上座只着布,【一生未嘗衣帛, 時人謂之泰布衲.】石霜置枯木堂, 與人坐臥,【師居石霜二十年, 學者多有常坐不臥, 屹若株杌, 天下謂之枯木衆.】只要死了你心, 投子使人辦米, 同煮共餐, 要得省取你事. 且從上諸聖, 有如此榜樣, 若無長處, 如何甘得? 諸仁者! 若也於斯體究, 的不虧人; 若也不肯承當, 向後深恐費力. 山僧行業無取, 忝主山門, 豈可坐費常住, 頓忘先聖付囑? 今者輒斆古人爲住持體例, 與諸人議之: 更不下山, 不赴齋, 不發化主, 唯將本院莊課一歲所得, 均作三百六十分, 日取一分用之, 更不隨人恭減. 可以備飯則作飯, 作飯不足則作粥, 作粥不足則作米湯, 新到相見, 茶湯而已, 更不煎點, 惟置一茶堂, 自去取用, 務要省緣, 專一辦道. 又況活計具足, 風景不踈, 華解笑, 鳥能啼, 木馬長鳴, 石牛善走, 天外之靑山寡色, 耳畔之流泉無聲. 嶺上猿啼, 露濕中宵之月; 林間鶴唳【鶴頸曲, 其聲出戾故, 以鶴鳴爲唳.】風回淸曉之松. 春風起而枯木龍吟, 秋葉彫而寒林華發. 玉階鋪苔蘚之紋, 人面帶煙霞之色. 音塵寂爾, 消息沉然, 一味蕭條, 無可趣向. 山僧今日, 向諸人面前, 說家門已, 是不着便, 豈可更去陞堂入室, 拈搥竪拂, 東喝西捧, 張眉努目, 如癇病發相似?【癇, 音閑, 小兒瘋病. 醫書: "俗兒有五癇, 五臟各有畜所屬: 心癇, 其聲如羊; 肝癇, 其聲如犬; 脾癇, 其聲如牛; 肺癇, 其聲如雞; 賢癇, 其聲如猪."】不惟屈沉上痤,[1] 況亦孤負先聖. 你不見? 達摩西來, 少室山下【嵩山有大室·小室, 故號嵩山爲小室.】, 面壁九年, 二祖至於立雪斷臂, 可謂受盡艱辛. 然而達摩[2]不曾措了一辭, 二祖不曾問着一句, 還喚達摩作不爲人得麼? 二祖做不求師得麼? 山僧每至說着古聖做處, 便覺無地容身, 慙愧後人軟弱. 又況百味珍羞,【『智論』云: "百味者, 有人言能以百種供養, 是名百味; 有云餅種數五百, 其味有百, 是名百味; 有云百種藥草, 作歡喜丸, 是爲百味; 有云飮食羹餅, 捴有百; 有云飮食種種備足, 故稱爲百味."】遞相供養, 道: "我四事具足, 方可發心." 只恐做手脚不迭,【若能見性, 有黏斯脫, 則六根互用. 不然, 那能迭相作用諸根也?】便是隔生隔世去也. 時光似箭, 深爲可惜. 雖然如是, 更在諸人, 從長相度, 山僧也强敎你不得. 諸仁者! 還見古人偈麼?【牛頭微禪師偈】

山田脫粟飯, 野菜淡黃虀.

喫則從君喫, 不喫任東西.

伏惟, 同道各自努力. 珍重.

---

1) ㉠ 痤는 座의 오기인 듯하다. 2) ㉴ '摩'는 '磨'로 되어 있는 곳도 있다.

# 황벽 선사가 대중에게 법어를 보이다[1]

미리 화두를 투철하지 못했다면 납월 30일 밤에 이르러(임종할 때) 틀림없이 그대들은 초조하고 어지러울 것이다. 어떤 외도들은 남이 공부하는 것을 보자마자 곧바로 냉소하며 "아직도 저러고 있다."라고 하는데, 내가 그대들에게 묻겠다. "문득 목숨을 마칠 때에 그대는 무엇으로써 생사를 대적하겠는가? 그대들은 우선 사량해 보라! 도리어 이런 도리가 있으니 어떻게 천생미륵과 자연석가를 얻을 수 있겠는가?"[2]

어떤 한신閑神과 야귀野鬼[3] 같은 이들은 사람들에게 사소한 병이 있는 것을 보기만 하면 그들에게 말하기를, "그대들은 다만 내려놓아라!"라고 한다. 그런데 자기가 병에 걸리면 도리어 알지 못하고 손발이 바쁘고 어지러우니, 그대의 몸을 예리한 칼로 절단하듯 하여 주재하지 못함을 어찌하리오? 만사는 한가할 때에 해결해 두어야 바쁠 때 다소 힘을 덜 수 있으니 목마르기를 기다려 샘을 파지 말라. 수족을 쓸 수가 없으니 이 낭자한 곳을 어떻게 피할 수 있겠는가? 앞길이 어두워 어지럽게 갈팡질팡할 뿐이니, 괴롭고 괴롭도다!

평소에 다만 구두선口頭禪[i]만 익혀서 선을 말하고 도를 말하며 부처를 꾸짖고 조사를 욕했지만 여기에 이르러서는 도무지 쓸 수가 없으니, 평소에 그저 남을 속인 것으로 지금 자신이 속을 줄 어찌 알았겠는가? 아비지

---

1 "이 법어는 절대로 황벽 희운黃蘗希運의 말이 아니다. 희운은 백장의 법을 이었으며 조주의 사형이다. 조주가 비록 '개에게 불성이 없다.'라고 말했지만 화두를 참구하는 법은 송나라 때에 실로 처음 시작했으니, 어찌 희운이 사제의 군더더기 말을 미리 가져다 학인들에게 참구하도록 했겠는가? 이럴 리가 없다. 필시 송·원 시대에 황벽산에 머물던 자의 한 차례 시중법문일 것이다." 포조종鮑肇宗 거사의 『天樂鳴空集』에 나온다.

2 석가와 미륵은 이미 과인果人이라 반드시 인因을 닦아 이루어지기 때문에 천생·자연이 아니라고 하였다.

3 한신閑神은 옛 사당이나 성황당에 있는 신이다. 야귀野鬼는 논밭이나 풀밭에 의지하는 귀신이다.

옥에서 결정코 그대를 놓아줄 리가 없다. 이제 말법시대도 장차 가라앉을 것이니 역량 있는 그대들은 짊어진 것에 온전히 의지해야 한다. 부처님의 혜명을 단절시키지 말라!

요즘은 약간의 행각할 시간이 있기만 하면 그저 산으로 가서 경치만 볼 뿐, 세월이 얼마나 남았는지 알지 못한다. 한 번 숨을 돌이키지 못하면 곧바로 내생인데 무슨 면목인지 알지 못하겠다.

오호라! 그대 형제들에게 권하노니, 신체가 강건할 때에 이 해답을 얻어내라! 남의 속임을 받지 않는 일대사의 이 관문의 빗장은 매우 쉬운 것인데, 그대들은 목숨을 걸겠다는 의지로 공부하지 않고 그저 깨치기 어렵고 호전되기 어렵다고만 한다.

그대들에게 알려 주노니, 어떻게 나무에서 나무국자가 저절로 나겠는가? 그대가 스스로 몸을 돌려 바꾸어야 한다. 만약 진정한 장부라면 저 공안公案[4]을 참구하라. "승려가 조주에게 묻되, '개에게도 불성이 있습니까?' 하니 조주가 '없다'라고 하였다."

다만 하루 종일 저 '무' 자 화두를 참구하되 밤낮으로 참구하며, 가거나 머물거나 앉거나 눕거나 옷 입고 밥 먹는 곳이나 용변을 보는 측간에서도 매순간 돌아보고 맹렬히 정신 차려 저 '무' 자를 지켜 갈 것이다. 그리하여 날이 오래되고 달이 깊어져서 한 조각 이루게 되어 홀연히 마음꽃이 활짝 피어 불조의 마음을 깨달으면 곧 천하 노화상의 혀에 속지 않고 스스로 큰소리치기를, "달마가 서쪽에서 온 것이 평지에서 풍파를 일으킨 격이고, 세존이 꽃을 들어 보인 것도 한바탕 허물이로다."라고 할 것이다. 여기에 이르러서는 무슨 염라노자를 말하겠는가? 천성千聖도 오히려 그대를 어찌할 수 없도다!

---

[4] 공公이란 자기의 견해를 막는 것이고, 안案이란 반드시 불조와 계합하기를 기약하는 것이다. 또는 세간에 관공서의 문서와 같다.

다만 이런 기특한 도리가 있는 줄 알지 못하니 무엇 때문에 그러한가?
이 일은 마음이 있는 사람을 두려워할 뿐이다.[5]

게송으로 말한다.

세속의 번뇌 영원히 벗어나기가 보통 일 아닌데
고삐(繩頭)[ii]를 잡아당겨 한바탕 해볼까나!
한 차례 뼈를 사무치는 혹한이 아니었다면
어찌 코 찌르는 매화 향기 얻을쏘냐!

黃蘗禪師示衆【此示衆, 定非黃蘗運公之語. 運公是百丈之嗣, 趙州之兄. 趙州雖道'狗無佛性', 叅究話頭之法, 實昉於宋也, 豈運公預將師弟之剩語, 令學人叅之耶? 實無此理, 必宋·元間住黃蘗山者, 一段示衆也. 出鮑肇宗居士『天樂鳴空集』.】
豫前若打不徹, 臘月三十夜到來, 管取你熱亂. 有般外道, 纔見人說做工夫, 他便冷笑: "猶有遮箇在." 我且問你: "忽然臨命終時, 你將何抵敵生死? 你且思量看! 却有箇道理, 那得天生彌勒·自然釋迦?"【釋迦·彌勒, 旣是果人, 必修因而成, 故云非天生等也.】有一般閑神·野鬼,【閑神, 在古廟·城隍之神. 野鬼, 依田野叢薄之鬼.】纔見人有些少病, 便與他人說: "你只放下着!" 及至到他有病, 又却理會不下, 手忙脚亂, 爭奈[1)]你肉如利刀碎割, 做主宰不

---

5 고봉高峯 화상이 깨달음의 인연을 스스로 말하였다. "이런 기특한 도리가 있는 줄 믿지 않겠느냐? 이 일은 마음이 있는 사람을 두려워한다. 도를 배우는 사람은 마땅히 자세히 믿어야 하니 무엇을 '마음이 있다'고 하는가? 세간의 갖가지 기예가 처음에는 그 어려움을 이기지 못하여 온갖 일을 이룰 수 없을 듯하지만 절대로 그만두지 말라. 항상하고 영원하고 곧고 견고하게 하는 것이 중요하니 불퇴전의 마음을 맹세하라. 나는 일생을 내던지더라도 결정코 이 일착자 도리를 분명하게 보고자 하였으니, 이것을 일러 참으로 마음이 있는 대장부라 한다. 고인이 '도를 배움에 설두산을 넘어서지 못하면 더 이상 이 산에 오르지 못한다.'라고 하였다." 또 말하였다. "의단을 타파하지 않고서는 맹세코 쉬지 말라. 이와 같은 마음이 있다면 어떤 일인들 해결하지 못하겠는가?" 이는 연지蓮池 화상의 『竹窓隨筆』에 나온다. 이 인용문을 보건대, 희운의 법어가 아님이 분명하다.

得! 萬般事須是閑時辦得下, 忙時得用, 多少省力, 休待臨渴掘井! 做手脚不辦, 遮塲²⁾狼藉, 如何廻避? 前路黑暗, 信采胡鑽亂撞, 苦哉苦哉! 平日只學口頭三昧, 說禪說道, 呵佛罵祖, 到遮裏, 都用不着, 平日只管瞞人, 爭知道今日自瞞了也? 阿鼻地獄中, 決定放你不得, 而今末法將沉, 全仗有力量兄弟³⁾家負荷, 續佛慧命, 莫令斷絕! 今時纔有一箇半箇行脚, 只去觀山觀景, 不知光陰能有幾何, 一息不回, 便是來生, 未知甚麼頭面. 嗚呼! 勸你兄弟*家, 趁色力康健時, 討取箇分曉處! 不被人瞞底一段大事, 遮些關捩子, 甚是容易. 自是你不肯去下死志做工夫, 只管道難了又難好. 教你知, 那得樹上自生底木杓? 你也須自去做箇轉變始得. 若是箇丈夫漢, 看箇公案【公者, 防其己解. 案者, 必期佛祖契同也. 又如世公府之案牘也.】:"僧問趙州: 狗子還有佛性也無? 州云: 無."但去二六時中, 看箇無字, 晝叅夜叅, 行住坐臥, 着衣喫飯處, 阿屎放尿處, 心心相顧, 猛着精彩, 守箇無字, 日久月深, 打成一片, 忽然心華⁴⁾頓發, 悟佛祖之機, 便不被天下老和尙舌頭瞞, 便會開大口:"達摩西來, 無風起浪; 世尊拈花, 一場敗闕."到遮裏, 說甚麼閻羅老子? 千聖尙不奈*你何! 不信道直有遮般奇特, 爲甚如此? 事怕有心人.【高峯和尙自叙悟由曰:"不信有遮般奇特? 事怕有心人. 學道人所宜諦信, 何名有心? 世間一技一藝, 其始不勝其難, 似萬不可成, 切莫置之! 貴有常氷貞固, 誓不退轉之心. 高峯拚一生, 定要見這一着子明白, 是謂眞有心丈夫也. 古云:'學道不過雪竇, 不復登此山.'"又云:"不破疑團誓不休! 如此有心, 何事不辦?"出蓮池和尙『竹窓隨筆』. 看此引用語, 尤非運公之示明矣.】頌曰:

塵勞永脫事非常, 緊把繩頭做一場.*

不是一番寒徹骨, 爭得梅花撲鼻香!

---

1) ㉾ '奈'는 '柰'로 되어 있는 곳도 있다. 아래에도 같다. 2) ㉾ '塲'은 '揚'으로 되어 있는 곳도 있다. 3) ㉾ '弟'는 '第'로 되어 있는 곳도 있다. 아래에도 같다. 4) ㉾ '華'는 '花'로 되어 있는 곳도 있다.

## 주

i 구두선口頭禪 : 입으로만 선禪 수행을 말하고 실제로는 선을 닦지 않는 것을 말한다.
ii 고삐(繩頭) : 승두繩頭는 끈·새끼·밧줄 따위의 끄트머리이다.

# 서학로가 어린 행자에게 부지런히 공부할 것을 권장한 글

옥은 쪼지 않으면 그릇을 만들 수 없고, 사람은 배우지 않으면 도를 알 수 없다. 출가한 남아로서 다행히 몸이 속세를 벗어나서 고대광실에 거처하게 되었으니 따뜻하고 배부르다고 스스로 그 뜻을 만족시켜서는 안 된다. 젊고 건장할 때 학문에 힘쓰지 않고 의리義理를 깊이 연구하지 않으며 호흡을 바르게 하지 않으면 성왕 앞에서 어떻게 논변할 수 있으며 사대부 앞에서 어찌 담론할 수 있겠는가? 붓으로 글자 쓰기를 배우지 않는다면 문서를 어떻게 쓸 것이며 사대부와 오가는 서찰(書尺)[1]에 어떻게 회답하겠는가?

출가한 사람은 가슴속에 고금을 꿰뚫어 글씨를 쓰면 구름과 연기를 일으키듯[i] 하여야 비로소 입신할 줄 알고[2] 천성天性을 알아[3] 천명天命을 깨달음에[4] 이를 수 있다. 만일 스스로 게으름을 부리며 "품부한 바가 도를 받을 만한 자질이 없다."라고 핑계를 댄다면, 이는 스스로 일생을 무너뜨리는 것이다. 또한 예컨대 원숭이는 짐승의 부류이지만 오히려 기예技藝를 가르칠 수 있으며, 구욕새는 날짐승이지만 오히려 노래를 가르칠 수 있는데,[5] 만물의 영장인 사람으로서 배우지 않으면 금수만도 못하게 될 것이다.

---

1 옛날에는 간독簡牘을 마름질할 때에 그 길이가 여덟 치나 한 자가 되도록 하였기 때문에 서척書尺이라 하였다.
2 부모로부터 받은 것을 몸(身)이라 하니, 입신할 줄 아는 것이다.
3 사물이 받은 것을 성性이라 하니, 그 천성을 아는 것이다.
4 하늘이 부여한 바를 명命이라 한다. 『書經』에서는 "명命을 알지 못하면 군자가 될 수 없다."라고 하였다.
5 『零陵記』에서는 "그 지방 사람들은 구욕새를 많이 길렀다. 5월 5일에 새의 혀끝을 잘라내면 말을 하였는데, 그 소리가 매우 청아하여 비록 앵무새라 하더라도 그 새보다 못하였으니, 이를 '팔가八哥'라 불렀다."라고 하였다.

남의 스승이 된 자는 스스로 마땅히 엄격함을 숭상해야 하니, 스승이 엄격하고 나서야 도가 존귀해진다.[6] 초년에 관대함으로 잘못되어 훗날에 원망을 초래하는 것은 지나치게 엄격했지만 훗날에 감사한 마음을 불러 일으키는 것만 못하다. 여염집의 자제가 어버이를 버리고 스승을 섬김에 스승이 도리어 엄격하지 않아 제자의 게으름을 방종하였다가 시기가 지나 배움을 잃게 되어 담론할 때 더듬거리고, (자기의 의사를) 논변하는 데 우둔하며, 보낸 문서가 엉성하고, 글씨가 졸렬하며, 때로 하는 일마다 무능함을 깨닫고는 비로소 스스로 후회하며 허물을 그 스승에게 돌린다면 어찌 지극히 감사하는 것이라 하겠는가?

　초년에 속복을 벗고 스승을 따르면 스승이 가르치며 이끌되 그 엄격하게 단속함을 지극히 따라하고, 공적인 일을 마친 이후에야 감히 사사로운 일을 처리하며, 함부로 나가는 것을 금지해야 한다. 책을 읽을 때는 배송背誦[ii]하고, 글씨를 쓸 때는 해서楷書로 (반듯하게) 쓰도록 해야 하며, 의리를 통달해야 하고, 도를 생각하는 마음은 바르게 하도록 해야 한다. 이렇게 나날이 나아가고 달로 연마해 가면 고유한 천성을 다시 회복하고 밝은 묘도妙道에 나아갈 수 있을 것이다. 이로 말미암아 성품의 바다가 맑아지며 마음의 진주가 밝아져서 신선술을 배우는 자는 봉래산에 발을 들이고,[7] 불교를 배우는 자는 안락국에 몸을 둘 것이다. 이러한 때에 이르면 스승이 엄격하게 가르친 공을 도리어 감사하게 여길 것이다.

### 徐學老勸童行勤學文

玉不琢不成器, 人不學不知道. 出家兒幸得身離塵網, 居於廣堂大廈, 切不

---

6　『禮記』「學記」편에서는 "무릇 배움의 도는 스승이 엄격하기가 어려우니, 스승이 엄격한 이후에 도가 높아지고, 도가 높아진 이후에 백성들이 공경히 배울 줄 안다."라고 하였다.
7　두보의 시에서는 "봉래산에 도착하면 신선들에게 몸이 쇠약해지고 머리가 희어지는 것에 대해 물을 것이다."라고 하였다.

可以溫飽自滿其志. 少壯之時, 不勤學問,[1] 不究義理, 不正呼吸, 對聖前, 如何可以宣白; 士大夫前, 如何可以談吐? 不學一筆字, 文疏如何寫; 士大夫往來書尺【古者裁簡牘, 長咫尺, 故曰書尺.】, 如何回? 出家人胷中貫古今, 筆下起雲烟,[2] 方可了身【受之父母曰身, 可以知其立身.】了性,【物之所受曰性, 可以知其天性.】以至於了命.【天之所賦曰命.『書』曰: "不知命, 無以爲君子."】若自懶惰, 託言所禀無受道之資, 是自壞了一生也. 且如猿猴獸類也, 尙可敎以藝解; 鴝鵒禽鳥也, 尙可敎以歌唱;【『零陵記』云: "土人多養鴝鵒. 五月五日, 去其舌尖則能語, 聲尤淸越, 雖鸚鵡不能過也, 號曰八哥."】人爲萬物之靈, 如不學, 視禽獸之不若也. 爲人師者, 自當尙嚴, 師嚴而後道尊.【『學記』云: "凡學之道, 師爲難, 師嚴然後道尊, 道尊然後, 民知敬學矣."】與其初年失於寬, 而招異時之怨, 不若過於嚴, 招異時之感. 人家子弟, 捨父事師, 師却不嚴而縱其懶, 及其時過失學也, 談吐又訥, 宣白又鈍, 發遣又踈, 寫染又拙, 覺時事事無能, 方始自悔, 而歸咎於其師, 何謂至感? 初年脫白從師, 師長訓導,[3] 極其嚴緊, 於公事畢, 然後敢治私事, 禁妄出. 讀書要背, 寫字要楷, 義理要通, 道念要正. 日漸月磨, 復還固有之天, 得造洞然之妙. 由是性海淸澄, 心珠瑩徹, 學儒者, 着脚蓬萊;【杜詩: "蓬萊如可到, 衰白問群仙."】學佛者, 安身樂國. 到恁麽時, 却感師長嚴訓之功也.

---

1) ㉘ '問'은 '間'으로 되어 있는 곳도 있다. 2) ㉘ '烟'은 '煙'으로 되어 있는 곳도 있다. ㉓ '烟'은 '煙'과 통용된다. 3) ㉘ '䆃'는 '導'로 되어 있는 곳도 있다.

**┃주**

i 글씨를 쓰면~연기를 일으키듯 : 필적이 훌륭한 것을 형용한 말이다.
ii 배송背誦 : 책을 보지 않고 뒤돌아 앉아서 그 내용을 외우는 것을 말한다.

# 월굴 혜청 선사가 어린 행자에게 훈계하다

오호라(咨), 너희(爾)[1] 행자들아! 내가 경계하는 말을 들어라. 높은 것은 낮은 것으로써 기초를 삼고, 큰 것은 작은 것으로부터 일어난다.[2] 고금의 성현들 중에 이런 과정을 거치지 않은 이가 없으니, 유가에도 매우 많고 불가에는 더욱 많은데 여기서는 번거롭게 인용하지 않고 대략 두세 가지만 들어 보이겠다.

우나라[3]와 하나라[4]의 존귀한 임금도 일찍이 시련을 겪었고, 혜가慧可와 혜능慧能 두 조사[5]도 오히려 힘든 일을 부지런히 하였다. 한순간의 원인이 진실되면 천생의 결과가 진실되지만 만약 외람되게 법복을 입으면 끝내 이루어지는 바가 없을 것이며, 마음대로 형상을 허물면 단지 악업만 더할 것이다.

어리거나 늙은(童耋)[6] 너희 행자들은 이제 각자 정성을 다하여 진실한 것을 실천하며 세속을 따르지 말고, 청정한 곳에 거처하며 (불법을) 만나기 어렵다는 마음을 일으켜 부처님을 뵙거나 스님을 만나면 부지런히 공경하고 흠모하여야 한다. 만일 돌이켜 꾸짖을 수 있다면 장부라 할 수 있다.[7] 시주자를 만나면 마땅히 먼저 공경히 예를 갖출 것이며, 같은 수행자

---

1 자咨는 탄식하는 것이고, 이爾는 '너희'이다.
2 한 아름의 나무도 가느다란 줄기에서 시작되고, 9층의 누대도 흙무더기에서 시작된다.
3 우虞는 나라 이름이며, 그 제왕의 이름이 순舜이다. 스스로 밭을 갈고 벼를 심으며 그릇을 굽고 고기를 잡는 일로부터 일어났다.
4 하夏 역시 나라 이름이며, 그 군주의 이름은 우禹이다. 그가 홍수를 다스릴 때 손발에 굳은살이 박혔다.
5 2조 혜가는 심법心法을 구하고자 눈 속에서 팔을 끊기까지 하였으며, 6조 혜능은 돌을 허리에 매고서 밤늦도록 방아를 찧었고 사냥꾼의 무리 속에 있으면서 그물을 지켰다.
6 열다섯 살 아이를 '동童'이라 하고 여든 살 늙은이를 '질耋'이라 한다. '질耋'은 '이르다(至)'는 뜻이니, 그 나이가 되었다는 말이다. 또 '기울다(昳)'는 뜻이니, 마치 해가 (서쪽으로) 기우는 것과 같다.
7 『涅槃經』에서는 "만약 네 가지 법을 갖추면 장부라 하니 첫째는 선지식이고, 둘째는 설

• 255

를 만나서도 나중에 인사하지 말라.

아침저녁으로 향과 등불을 켜고 예불함에 항상 게을리하지 말며, 점심에 밥 먹고 아침에 죽 먹는 공양에는 매순간 부끄러운 마음을 일으켜라. 전당殿堂에 당직을 서고 객실(過寮舍)을 관리할 때에는 반드시 부지런히 청소하고 응대를 게을리하지 말아야 한다. 나아가고 머무는 위의에 있어서는 고상한 분들을 본받고, 말하고 침묵하는 요긴한 도리는 하천한 무리들에게 묻지 말라.

불가의 경전에 진실로 정통해야 하고, 세속의 옛 전적(墳典)[8]에도 박학해야 한다. 조금이라도 고금의 일을 알아야 비로소 사람을 위할 줄 아니 만약 벙어리 염소(啞羊)와 같다면 출가한들 무슨 이익이 있겠는가?[9]

여래께서 불과佛果를 이루기 전에는 문·무에 다 능통하셨으며,[10] 영가

---

법이고, 셋째는 이치를 사유하는 것이고, 넷째는 부처님의 설법에 맞게 수행하는 것이다. 이 네 가지 법이 없으면 장부라 이름하지 못한다."라고 하였다.
  *만약~못한다 :『大般涅槃經』권18(T12, 469a24~28).

8 분墳은 삼황의 서적으로 큰 도(大道)를 말했고, 전典은 오제의 서적으로 변함없는 도(常道)를 말했다.

9 부처님 당시에 여러 비구들이 안거에 들어가며 스스로 제도를 만들어 함께 말하거나 묻지 않기로 하였더니 부처님께서 말씀하셨다. "너희들이 함께 머무름에 마치 원수의 집안 같거나 벙어리 염소와도 같기에 내가 방편으로써 모든 비구들에게 가르치니, 피차간에 서로 가르치며 함께 서로 말을 주고받으며 점차적으로 깨달아 가도록 하라. 이와 같이 하지 않으면 함께 벙어리법(啞法)을 받아 외도와 같아질 것이다. 만약 벙어리법을 행한다면 돌길라突吉羅이다."

10 『出曜經』에서는 다음과 같이 말하였다. "태자가 7세 때에 왕이 선우바라문을 스승 삼아 주었다. 태자가 물었다. '어떤 경전을 가르칩니까?' 선우가 답하였다. '범서梵書와 가류서佉留書*입니다.' 태자가 물었다. '이서異書가 64종이 있는데 어째서 2종만 말씀하십니까?' 선우가 답하였다. '어떤 책이 있습니까?' 태자가 말하였다. '범서와 가류서와 용서龍書와 귀서鬼書와 아수륜서阿修倫書 등입니다.' 선우가 깊이 부끄러워하며 물러갔다."『因果經』에서는 다음과 같이 말하였다. "태자 나이 10세 때 왕이 난타難陀와 조달調達 및 5백 동자들에게 칙서를 내리고, 다시 나라에 용맹력이 있는 자들에게 명령하여 정해진 날에 광장에 모여 사격술을 겨루도록 하였다. 조달이 무리를 거느리고 먼저 나왔는데, 코끼리가 문을 막고 있자 손으로 가슴을 쳐서 넘어뜨렸으며, 난타는 발길질로 길옆으로 차냈으며, 태자는 공중에 던졌다가 손으로 다시 되받아서 상처를

선사는 남의 스승이 되자마자 종통宗通과 설통說通을 모두 갖추었으며,[11] 안연을 사모하고 천리마를 사모한다는 자운의 말이 있으며,[12] 추箒 자를 외우게 하고[13] 소筶[14] 자를 외우게 한 것은 석존께서 잘못하신 게 아니다.[15]

입지 않게 하였다. 모두 광장에 도착한 후에는 북을 표적물로 놓고 쏘았는데, 조달은 40리 밖에 북을 세웠으나 통과시키지 못했으며, 난타는 60리 밖에 북을 세웠으나 역시 넘기지 못했다. 태자는 1백 리 밖에 북을 세웠는데 활의 힘이 약하여 창고에서 모든 왕들의 좋은 활 가운데 고금에 당길 수 없었던 것을 가져다가 잡아당겨 화살 하나를 쏘자 7개의 북을 뚫고는 화살이 땅으로 들어가 그곳에서 샘물이 용솟음쳐 올랐다. 다시 대철위산을 통과하였고 대천세계가 여섯 번 진동하였다."** 『西域記』에서는 다음과 같이 말하였다. "그 샘은 지금까지도 남아 있다. 모든 병든 사람들이 이를 마시면 다 낫는다 하여 '전천箭泉(화살샘)'이라는 이름이 전한다."***

*범서梵書와 가류서佉留書 : 범서는 제사에 관계된 내용을 기록한 바라문서婆羅門書이다. 가류서는 가루라서迦樓羅書인데, 가루라와 관계된 내용을 기록한 책이다. 가루라는 용을 잡아먹고 산다는 전설 속의 새로 금시조金翅鳥 또는 묘시조妙翅鳥라고 번역된다.

**태자 나이~진동하였다 : 『過去現在因果經』 권2(T3, 628c18~a2)에는 다음과 같이 나온다. "如是太子及提婆達多幷與難陀, 四遠人民, 皆悉來集, 彼園中. 爾時彼園, 種種莊嚴, 施列金鼓·銀鼓·鍮石之鼓·銅鐵等鼓, 各有七枚. 爾時提婆達多, 最先射之, 徹三金鼓. 次及難陀, 亦徹三鼓. 諸來人衆, 悉皆雅歎. 爾時群臣, 白太子言:'提婆達多及與難陀, 皆已射訖, 今者次第正在太子, 唯願太子射此諸鼓.' 如是三請, 太子曰:'善!' 而語之言:'若欲使我射諸鼓者, 此弓力弱, 更覓強者.' 諸臣答言:'太子祖王有一良弓, 今在王庫.' 太子語言:'便可取來.' 弓既至已, 太子即牽以放一箭, 徹過諸鼓, 然後入池, 泉水流出, 又亦穿過大鐵圍山."

***그 샘은~전한다 : 『大唐西域記』 권6(B13, 690a4~7)에는 다음과 같이 나온다. "城南門外路左, 有窣堵波, 是太子與諸釋角藝, 射鐵鼓. 從此東南三十餘里, 有小窣堵波, 其側有泉, 泉流澄鏡, 是太子與諸釋引強校能, 弦矢既分, 穿鼓過表, 至地沒羽, 因涌清流, 時俗相傳, 謂之箭泉. 人有疾病, 飲沐多愈. 遠方之人持泥以歸, 隨其所苦, 漬以塗額, 靈神冥衛, 多蒙痊愈."

11 종통은 스스로 깨닫는 것이고, 설통은 다른 사람을 깨우쳐 주는 것이다.
12 『楊子』「學行」편에서는 "안연을 사모하는 무리는 또한 안연과 비슷한 부류가 될 것이며, 천리마를 사모하는 말도 역시 천리마와 비슷한 부류가 될 것이다."라고 하였다.
13 옛날에 소강少康이 처음으로 쓰레받기(箕)와 빗자루(帚)를 만들었다. (추帚를) 세속에서 '추箒'로도 쓰는 것은 틀렸다.
14 음이 소沼이다.
15 『阿含經』에서는 "주리반특가는 과거세에 법을 펴는 것에 인색했기 때문에 지극히 어리석고도 둔했다. 세존께서 비를 들고 땅을 쓸게 하면서 (추帚와 소掃 두 글자를 가르쳤는데) 만약 추帚를 외우면 소掃를 잊어버리고, 소掃를 외우면 추帚를 잊어버렸다."라*

각자 반드시 노력하여 부질없이 시간을 보내지 말라. 세운 뜻이 견고하면 범부의 경지에 떨어지지 않을 것이니, 그러므로 경전에서는 "뜻 세우기를 높은 산과 같이 하며 덕 심기를 깊은 바다와 같이 하라."ⁱ라고 하였다. 이와 같이 간절하게 말하는 것은 그대들이 불조의 막대한 은혜에 보답하고 중생을 무량한 고통으로부터 구제해 주기를 바라서이니, 날마다 이와 같이 한다면 스스로의 마음에 부끄러움이 없을 것이다. 게송으로 말한다.

짊어지고 찧고¹⁶ 무명초를 깎아¹⁷ 좋은 모범 보였으니
이를 이으려면 반드시 맹렬한 무리여야 한다.
한순간에 활연히 삼제를 끊는다면
마음으로 전한 심인心印이¹⁸ 어찌 달마(老臊胡)ⁱⁱ보다 못하랴!

### 月窟淸禪師訓童行

咨爾【咨, 嗟也. 爾, 汝也.】童行! 聽予¹⁾誡云: 高以下基, 洪由纖起.【合抱之木, 始於毫末; 九層之臺, 起於累土.】古今賢聖, 莫不由斯, 儒宗頗多, 釋氏尤甚,

---

고 하였다.

\*주리반특가는~잊어버렸다 : 『增壹阿含經』 권11(T2, 601b3~6)에는 다음과 같이 나온다. "爾時, 世尊手執朱利槃特詣靜室教使就坐, 世尊復教使執掃搙: '汝誦此字, 爲字何等?' 是時, 朱利槃特誦得掃, 復忘搙; 若誦得搙, 復忘掃."

16 노행자가 황매의 회상에서 돌을 짊어지고 방아를 찧었다.
17 머리를 깎음이다(祝). 단하 천연 선사가 행자로 있을 때에 석두 대사가 대중들에게 풀을 베게 하였는데, 오직 선사만이 물로 머리를 깨끗이 씻고 석두 대사 앞에 무릎을 꿇고 앉았다. 석두가 곧 머리를 깎아 주었으니 무명초無明草를 깎은 것이다. 축祝은 끊음이다.
18 『祖庭事苑』에서는 "모든 조사들이 처음에는 삼장三藏의 교법을 겸하여 전하였다가 후에는 달마가 오직 심인만을 전하니, 이른바 '교외별전教外別傳'이다."라고 하였다.
\*모든~교외별전教外別傳이다 : 『祖庭事苑』 권5(X64, 379a1~3)에는 다음과 같이 나온다. "傳法諸祖, 初以三藏教乘兼行. 後達摩祖師, 單傳心印, 破執顯宗. 所謂教外別傳, 不立文字, 直指人心, 見性成佛."

兹不繁引, 略舉二三. 虞【虞, 國名, 其帝名舜, 起自耕稼陶漁.】夏【夏亦國名, 其主號禹, 治洪水時, 手足胼胝焉.】至尊, 尚曾歷試; 可能二祖,【二祖慧可, 求乎心法, 以至立雪斷臂; 六祖慧能, 帶石夜舂, 守網獵中.】猶服勤²⁾勞. 一念因眞, 千生果實, 若其濫服, 終無所成, 任是毀形, 徒增黑業. 爾等童耋³⁾【十五曰童, 八十曰耋. 耋, 至也, 年之至也. 又昳也, 如日之昳也.】, 今各頳誠, 履實踐眞, 無隨流俗. 處淸淨地, 生難遭心, 見佛逢僧, 克勤敬慕. 如能反責, 可謂丈夫.【『涅槃』云: "若具四法, 即名丈夫: 一善知識, 二說法, 三思惟義, 四如說行. 無此四法, 不名丈夫."】施主交肩, 宜先祇揖; 同衣相見, 莫後和南. 夕火晨香, 常常勿懈, 齋餐蚤粥, 念念興慇. 當直殿堂, 供過寮舍, 宜勤拂拭, 無怠應承. 進止威儀, 上流是則; 言默要道, 下輩休詢. 貝葉固合精通, 墳典【墳, 三皇書, 言大道也. 典, 五帝書, 言常道也.】尤宜博學. 稍知今古, 方解爲人. 若似啞羊, 出家何益?【佛時, 有諸比丘結安居, 自作制, 不得共語問訊. 佛言: "汝等共住, 如似寃家, 猶如啞羊. 我以方便, 敎諸比丘, 彼此相敎, 共相受語, 展轉覺悟. 不應如是, 共受啞法, 同於外道. 若行啞法者, 突吉羅."】如來未成佛果, 文武兼能;【『出曜經』云: "太子七歲, 王以選友波羅門爲師. 太子問: '以何典相敎?' 答曰: '梵·佉留等書.' 太子曰: '異書有六十四, 何言只有二種?' 師云: '何等名耶?' 太子曰: '梵·佉留書·龍書·鬼書·阿修倫書等也.' 選友深愧而退."『因果經』云: "太子年十歲, 王勅難陀·調達及五百童子, 復令國有勇力者, 定日集於戲場拇射. 調達領衆先出, 有象當門, 以手擗倒; 難陀足跳路側; 太子擲於空中, 以手還接, 不令損傷. 旣至戲場, 標鼓射之. 調達堅四十里鼓, 不能得過; 難陀堅六十里鼓, 亦莫能越; 太子堅百里鼓, 弓力弱, 取庫內諸王良弓, 古今無能張者, 太子旣挽, 放一箭, 透七鼓, 箭入地, 泉水湧出. 復過大鐵圍山, 大千六反震動."『西域記』云: "其泉至今存焉. 一切病人, 飮則皆愈, 傳名箭泉."】永嘉纔作人師, 宗說俱備;【宗通, 自覺; 說通, 覺人.】睎顏睎驥, 子雲有言;【『楊子』「學行篇」: "睎顏之徒, 亦顏之類; 睎驥之馬, 亦驥之類."】誦箒【古者少康, 初作箕帚. 俗作箒, 非.】誦笤⁴⁾【音迢】, 釋尊無誤.【『阿含』: "朱利槃特伽, 過去以慳法故, 極暗鈍. 世尊使執帚掃地, 若誦得帚忘掃, 得掃忘帚."】各須努⁵⁾力, 莫謾因循. 立志堅高, 不墮凡地. 故經云:"立志如高山, 種德若深海." 如斯苦口, 期汝爲人, 報答佛祖莫大恩, 拔濟衆生無量苦, 日日如是, 不愧自心. 頌曰:
負舂【盧行者, 於黃梅會下, 負石而舂.】劃草【祝髮也. 丹霞天然禪師, 爲行者時, 石頭使大衆劃草, 惟師以水淨頭, 跪石頭前, 便與剃髮, 即劃無明草也. 祝, 斷也.】示嘉模, 紹續須還猛烈徒.

一念豁然三際斷, 單傳【『祖庭』云:"諸祖初以三藏敎乘兼傳. 後達摩單傳心印, 所謂敎外別傳也."】肯下老臊胡!

1) ㉱ '予'는 '子'로 되어 있는 곳도 있다.  2) ㉱ '勤'은 '勒'으로 되어 있는 곳도 있다.
3) ㉻ '寎'은 아마도 '行'의 오자인 듯하다.  4) ㉱ '笒'는 '䇞'로 되어 있는 곳도 있다.
5) ㉱ '努'는 '弩'로 되어 있는 곳도 있다.

## 주

i 뜻 세우기를~같이 하라 : 『大方廣佛華嚴經』 권50(T10, 317b12)에는 "立志如大山, 種德若深海."라고 나온다.

ii 달마(老臊胡) : 노조호老臊胡는 늙고 누린내 나는 오랑캐로 달마를 가리킨다.

# 산곡거사 황태사의 발원문[1]

"옛날에 사자왕이 청정한 법으로 몸을 삼고 텅 빈 골짜기에서 떨쳐 일어나(遷迅)[2] 포효할 때에 활처럼 유연하고 화살처럼 예리한 자비의 갑옷을 입고서 흔들림 없는 인욕행[3]으로 마왕의 군대를 격파하고 삼매를 늘 즐기셨다네. 감로로 성찬을 만들고 해탈로 음료를 삼아 삼승三乘에서 노닐고 일체지一切智에 안주하며 위없는 법륜을 굴리셨다네."라고 하였으니,[4] 제가 이제 그 성품에 맞는 참된 말로써 찬양하며 몸과 입과 뜻으로써 헤아리고 관찰하여 실답게 참회하노이다.

제가 옛적부터 어리석음으로 인해 애욕이 있고 음주와 육식으로 애욕의 갈증(愛渴)[5]을 증장하여 삿된 견해의 숲으로 들어가 해탈하지 못했습니다. 이제 부처님을 마주하고 큰 서원을 발하오니, 원하옵건대 오늘부터 미래세가 다하도록 다시는 음욕하지 않으며, 원하옵건대 오늘부터 미래세가 다하도록 다시는 술 마시지 않으며, 원하옵건대 오늘부터 미래세가

---

1 태사 황정견은 자가 노직魯直이고 호가 산곡거사山谷居士이다. 처음에 원통 법수圓通法秀 선사를 찾아뵙고는 마침내 발원문을 지어서 술과 여색을 통렬히 경계하고 매일 오직 죽과 밥만을 먹으며 날카로운 의지로 참구하였다. 후에 회당晦堂에게 의지하였는데, 하루는 회당을 모시고 산행을 하다가 목서화의 향기를 맡고는 확연히 깨닫게 되었다. 목서화는 계수나무의 꽃이다.
2 털과 갈기를 세운 모양이다.
3 『阿含經』에서는 "여섯 종류의 힘이 있으니 어린아이는 울음, 여인은 성냄, 국왕은 교만, 아라한은 정진, 부처는 자비, 비구는 인욕으로 힘을 삼는다."라고 하였다.
4 이상은 『華嚴經』「離世間品」의 게송과 대동소이하다.*
  *이상은~대동소이하다 : 『華嚴經』「離世間品」(T10, 314a28~b12)에는 다음과 같이 나온다. "菩薩師子王, 白淨法爲身. 四諦爲其足, 正念以爲頸, 慈眼智慧首, 頂繫解脫繒, 勝義空谷中, 吼法怖衆魔. 菩薩爲商主, 普見諸群生, 在生死曠野, 煩惱險惡處, 魔賊之所攝, 癡盲失正道, 示其正直路, 令入無畏城. 菩薩見衆生, 三毒煩惱病, 種種諸苦惱, 長夜所煎迫; 爲發大悲心, 廣說對治門, 八萬四千種, 滅除衆苦患. 菩薩爲法王, 正道化衆生, 令遠惡修善, 專求佛功德; 一切諸佛所, 灌頂授尊記, 廣施衆聖財, 菩提分珍寶. 菩薩轉法輪, 如佛之所轉."
5 애愛는 윤회의 근본이고, 갈渴은 애정이 지극한 것이다.

다하도록 다시는 고기 먹지 않겠습니다.

만일 다시 음욕한다면 마땅히 지옥에 떨어져 불구덩이 속에서 무량한 겁을 지내면서 일체중생이 음란한 짓을 해서 응당 받게 될 고통의 과보를 제가 모두 대신 받겠습니다. 만일 다시 술을 마신다면 마땅히 지옥에 떨어져 철철 넘치는 구리 쇳물을 마시며 무량한 겁을 지내면서 일체중생이 술 때문에 전도되어 응당 받게 될 고통의 과보를 제가 모두 대신 받겠습니다. 만일 다시 고기를 먹는다면 마땅히 지옥에 떨어져 뜨거운 쇳덩이를 삼키며 무량한 겁을 지내면서 일체중생이 살생을 해서 응당 받게 될 고통의 과보를 제가 모두 대신 받겠습니다.[i]

원하옵건대 제가 미래제를 다하도록 인욕을 일삼는 서원으로써 육근과 육진이 청정해지고 십인十忍을 구족하여 다른 가르침으로 말미암지 않고 일체지一切智에 들어가 여래를 따라 다함없는 중생계에서 불사를 짓겠나이다. 삼가 바라옵건대 시방세계를 환히 꿰뚫으시고 온갖 덕으로 장엄하신 불보살님은 국토마다 티끌마다에서 저를 위해 증명해 주옵소서.

설령 가라라신歌羅邏身을 지나며 본래의 서원을 잊을지라도[6] 오직 가피를 드리우사 저의 미혹한 구름을 열어 주소서.

허공과 같은(如空) 법신에[7] 머리를 조아려 평등한 일심으로(等一)[8] 간절

---

6 『名義集』에서는 태아의 다섯 단계를 밝혀 놓았다. 첫 7일째를 '가라라歌羅邏'라 이름하니 한역하면 응활凝滑(미끄럽게 엉겨 있음) 또는 박락薄酪(엷게 엉겨 있는 유즙)이라 하는데, 그 형상이 마치 응고된 버터(凝酥)와 같다. 14일째를 '알부담頞部曇'이라 이름하니 한역하면 포疱(천연두)인데, 그 형상이 마치 종기나 천연두 같다. 21일째를 '폐시蔽尸'라 이름하니 한역하면 응결凝結인데, 그 형상이 마치 응결된 핏덩이와 같다. 28일째를 '건남健南'이라 이름하니 한역하면 응후凝厚(두텁게 응고됨)인데, 점차 견고하게 굳어지기 때문이다. 35일째를 '발라사거鉢羅奢佉'라 이름하니 한역하면 형위形位인데, 모든 형태를 갖추었기 때문이다.
7 경전의 게송에서는 "법신은 허공과 같다."라고 하였다.
  * 법신은 허공과 같다 : 『大方廣佛華嚴經』권38「離世間品」(T9, 640b3)에는 "法身如虛空."이라 하였다.
8 등일等一이란 평등한 하나의 마음이다.

• 263

히 바라옵니다.

**山谷居士黃太史發願文**【太史黃庭堅, 字魯直, 號山谷居士. 初謁圓通秀禪師, 遂著發願文, 痛戒酒色, 日惟粥飯, 銳志叅求. 後依晦堂, 一日, 侍堂山行次, 聞木樨花香, 釋然了悟. 木樨花, 桂花也.】

"昔者師子王, 白淨法爲身, 勝義空谷中, 遷<sup>1)</sup>【振毛奮狀.】及哮<sup>2)</sup>吼, 念弓明利箭, 被以慈哀甲, 忍力【『阿含』: "有六種力: 小兒啼爲力, 女人嗔爲力, 國王憍爲力, 羅漢進爲力, 諸佛悲爲力, 比丘忍爲力."】不動搖, 直破魔王軍, 三昧常娛樂, 甘露爲美食, 解脫味爲漿, 遊<sup>3)</sup>戲於三乘, 安住一切智, 轉無上法輪."【上,『華嚴』「離世間品」偈, 有小異處.】我今稱揚, 稱性實語, 以身口意, 籌量觀察, 如實懺悔. 我從昔來, 因癡有愛, 飲酒食肉, 增長愛渴,【愛爲輪廻之本, 渴者情愛之至也.】入邪見林, 不得解脫. 今者對佛, 發大誓願, 願從今日, 盡未來世, 不復淫欲; 願從今日, 盡未來世, 不復飲酒; 願從今日, 盡未來世, 不復食肉. 設復淫欲, 當墮地獄, 住火坑中, 經無量劫, 一切衆生, 爲淫亂故, 應受苦報, 我皆代受. 設復飲酒, 當墮地獄, 飲洋銅汁, 經無量劫, 一切衆生, 爲酒顚倒, 應受苦報, 我皆代受. 設復食肉, 當墮地獄, 吞熱鐵丸, 經無量劫.<sup>4)</sup> 願我以此, 盡未來際, 忍事誓願, 根塵淸淨, 具足十忍, 不由他敎, 入一切智, 隨順如來, 於無盡衆生界中, 現作佛事. 恭惟十方洞徹, 萬德莊嚴, 於利利塵塵, 爲我作證. 設經歌羅邏身, 忘失本願,【『名義集』明胎五位: 初七日, 名歌羅邏, 此云凝滑, 又云薄酪, 狀如凝酥. 二七日, 名頞部曇, 此云疱, 狀如瘡疱. 三七日, 名蔽尸, 此云凝結, 狀如就血. 四七日, 名健南, 此云凝厚, 漸堅硬故. 五七日, 名鉢羅奢佉, 此云形位, 具諸形故.】惟垂加被, 開我迷雲. 稽首如空,【經偈云: "法身如虛空."】等一痛切.【等一者, 平等一心也.】

---

1) ㉤ '遷'는 '奮'으로 되어 있는 곳도 있다. 2) ㉤ '哮'는 '孝'로 되어 있는 곳도 있다. 3) ㉤ '遊'는 '游'로 되어 있는 곳도 있다. 4) ㉤ 經無量劫 다음에 『居士傳』26 「黃魯直」(X88, 230c4)에는 "一切衆生, 爲殺生故, 應受苦報, 我皆代受."가 이어져 나오는데, 내용의 흐름으로 보아 있는 것이 타당하므로 번역문에서는 이를 보충해서 넣었다.

# 주

i  일체중생이 살생을~대신 받겠습니다 : 저본에는 이 부분(一切衆生, 爲殺生故, 應受苦報, 我皆代受.)이 누락되었는데, 『居士傳』 26 「黃魯直」(X88, 230c4)을 참조해서 보충하였다.

# 운봉 문열 화상의 소참법문[1]

선사가 백장 화상의 시중법문을 들어 말하였다. "너희 한 무리 후학들은 경·율·논을 배웠는데도 전혀 알지 못하며, 대중에 들어가 참선하면서도 선禪을 알지 못하니, 납월 30일에(임종할 때에) 어떻게 죽음에 맞서겠는가?"

선사가 말하였다. "그렇다. 여러분들이여! 성인聖人이 계실 때와는 멀어져서 사람들의 인심이 각박하니 지금의 총림을 보건대 아무것도 되는 일이 없다. 있는 곳마다 3백 명, 5백 명의 무리들이 몰려 있으면서 그저 음식이 풍족하고 요사가 따뜻한 것으로 교화가 왕성하다고 여기니, 거기에 부지런히 도를 닦는 자가 몇이나 되는가? 설사 열 명이나 다섯 명이 있다 하더라도 위아래로 내달리며 반쯤 익어 미숙한데도 모두 '나는 깨달았다.'라고 말하면서 저마다 스스로 '신령스런 뱀의 보물을 쥐었다.'라고 여기니,[2] 그릇된 줄 누가 알겠는가?

편벽문編辟問과 애찰문挨拶問을 가지고 와서 묻는 자가[3] 만 명 중에 한 명도 없으니, 괴롭고 괴롭도다! 이른바 '반야의 총림은 해마다 시들어 가

---

1 호은사湖隱寺에 있는 돌에 새겨져 있다.* ○문열文悅 선사는 남창南昌 서씨徐氏의 자손으로 흥교 수지興敎守芝 선사의 법을 이었다.
　*호은사湖隱寺에~있다 : 이 주는 성화본『緇門警訓』에 그대로 나온다.
2 『搜神記』에서는 다음과 같이 말하였다. "수주현隋州縣의 자수溠水 근처에 단사구斷蛇丘가 있다. 옛날에 수주의 제후가 외출 나왔다가 큰 뱀이 목동에 의해 다친 것을 보고 그 신령스러움을 생각하여 약을 주었고, 뱀은 가 버렸다. 이 일로 인하여 그 언덕에 '단사구'라고 이름이 붙여진 것이다. 몇 해가 지나서 뱀이 구슬을 품고 와서 그에게 보답하였는데, 그 구슬은 지름이 한 마디이며 순백색이고 밤에는 빛을 내어 백 리까지도 밝혔으니, 이를 '수후주隋侯珠(수주 제후의 구슬)' 또는 '영사주靈蛇珠(신령스런 뱀의 구슬)'라고 하였다." 이는 심주心珠를 비유한 것이다.
3 선종의 18가지 물음 중에 편벽문과 애찰문이 있다.『祖庭事苑』에서는 "편벽은 핍박하여 다그치는 것이고, 애찰은 따져 물어 증험하는 것이다."*라고 하였다.
　*편벽은~것이다 :『祖庭事苑』권2(X64, 338a5~7)에는 다음과 같이 나온다. "編辟 : 辟, 當作逼, 迫也. 挨 : 乙諧切, 推也. 又背負也."

고, 무명의 거친 풀은 해마다 자라난다.'라고 하는 것이다. 특히 요즘의 후학들은 대중 속으로 들어오기만 하면 곧바로 단정히 손이나 모으고서 남의 공양을 받는데, 가는 곳마다 한 줄기의 나물도 뜯지 않고 한 묶음의 땔감도 나르지 않으며, 열 손가락에 물을 묻히지 않고 온갖 일에는 관심도 두지 않으니, 비록 한때는 즐거우나 삼악도에 몸이 매임을 어찌하랴!

어찌 보지 못했는가? 가르침에 '차라리 뜨거운 철을 몸에 감을지언정 신심 있는 신도의 옷을 받지 말고, 차라리 바닷물같이 많은 청동 녹인 물을 입에 부을지언정 신심 있는 신도의 밥을 받지 말라.'라고 하였으니, 그대들이여! 만약 이와 같이 할 수 있다면 설령 대지를 변화시켜 황금을 만들고, 장강을 저어 소락酥酪을 만들어 그대들에게 공양 올리더라도 분수를 벗어나지 않을 것이다. 만약 그렇지 못하다면 심지어 한 방울의 물과 한 올의 실을 받더라도 반드시 털과 뿔을 가진 축생으로 태어나 고삐 끌고 쟁기질하며 저 시주자들에게 갚아야만 할 것이다.

또 보지 못했는가? 조사가 '불도에 들어와서 이치를 통하지 못하면 몸을 바꾸어 신도들의 시주 빚을 갚아야 한다. 장자가 여든한 살이 되자 (그의 집) 나무에서 비로소 버섯이 나지 않았다.'라고 하였으니, 끝내 헛된 말이 아니다.

그대들이여! 세월을 아껴야 할지니, 시간은 사람을 기다려 주지 않는다. 하루아침에 안광이 떨어질 때를 기다리지 말라. 절 밭에 한 삼태기의 공도 없으면[4] 철위산에서 온갖 형벌의 고통 속으로 떨어질 테니, 그때 일러주지 않았다고 원망하지 말라. 몸조심하라."

---

[4] 『周書』에서는 "아홉 길의 산을 만드는 데 한 삼태기가 부족하다."라고 하였는데, 삼태기(簣)는 흙을 옮기는 데 쓰는 대그릇(土籠)이다.

**雲峰悅和尙小叅**[1]【湖隱石刻.[2] ○文悅禪師, 南昌徐氏子, 嗣興敎守芝禪師.】

師擧百丈和尙示衆云: "汝遮一隊後生, 經律論學, 故是不知也. 入衆叅禪, 禪又不會, 臘月三十日, 作麽生折合去?" 師云: "酌然. 諸上座! 去聖時遙, 人心淡薄, 看却今之叢林, 更是不得也. 所在之處, 聚徒三百五百, 浩浩地, 只以飮食豊厚, 寮舍溫暖, 便爲旺化, 其間孜孜爲道者, 能有幾人? 設有十箇五箇, 走上走下, 半靑半黃, 總道我會了也, 各各自謂握靈蛇之寶,【『搜神記』: "隋縣溠水側, 有斷蛇丘. 昔隋侯出見大蛇爲牧童所傷, 疑其靈, 以藥傅之, 蛇乃去, 因名其丘. 歲餘蛇含珠以報之, 其珠徑寸純白, 夜有光, 可以燭百里, 謂之隋侯珠, 亦曰靈蛇珠." 此比心珠.】孰肯知非? 及乎編辟·挨拶將來,【禪宗十八問中, 有編辟問·挨拶問. 『祖庭』云: "編辟, 逼迫也. 挨拶, 勘驗也."】直是萬中無一, 苦哉苦哉! 所謂'般若叢林歲歲凋, 無明*荒草年年長'. 就中今時後生纔入衆來, 便乃端然拱手, 受他[3]別人供養, 到處菜不擇一莖, 柴不般一束, 十指不沾水, 百事不干懷, 雖則一期快樂, 爭奈三塗累身! 豈不見? 敎中道: '寧以熱鐵纏身, 不受信心人衣; 寧以洋銅灌口, 不受信心人食.' 上座! 若是去, 直饒變大地作黃金, 攪長河爲酥酪, 供養上座, 不爲分外. 若也未是, 至於滴水寸絲, 便須披毛帶角, 牽犂拽把[4]償他始得. 又不見? 祖師云: '入道不通理, 復身還信施. 長者八十一, 其樹不生耳', 終不虛也. 諸上座! 光陰可惜, 時不待人. 莫待一朝眼光落地, 緇田無一簣之功,【『周書』: "爲山九仞, 功虧一簣." 簣, 土籠也.】鐵圍陷百刑之痛, 莫言不道. 珎重.

---

1) ㉤ '叅' 아래에 '語' 자가 있는 곳도 있다. 2) ㉤ 湖隱石刻: 이 글자들은 원문의 협주이다. 3) ㉤ '他'는 '它'로 되어 있는 곳도 있다. ㉥ '他'는 '它'와 통용된다. 4) ㉤ '把'는 '杷'로 되어 있는 곳도 있다.

# 주

i 불도에 들어와서~나지 않았다 : 『鎭州臨濟慧照禪師語錄』에 보이는 말이다.

## 월림 관 화상의 체도명

현묘한 도리를 참구하는 상근기 사람들이여! 세월을 헛되이 보내지 말라.
강을 건너려면 배가 필요하고 사람이 되려면 뜻이 있어야 한다.[1]
이름과 모습이 저마다 같지 않아 동일한 것도 둘인 것도 아니다.
불법은 애쓸 일이 많지 않으니 여기에는 특별한 기량이 필요 없다.
문빗장(關捩子)[i]을 움직이는 것은 스승의 자연스러운 지혜가 아니라 철저한 노파심일 뿐이니 부딪치는 사람을 피하지 말라.
찰토 경계의 한 터럭 끝도 여기에 이르러서는 회피할 곳이 없다.
덕산의 노래를 부를 뿐[2]이니 도인은 마땅히 이와 같아야 한다.
부처와 조사가 다시 나오더라도 소리를 삼키고 기운을 마셔야 하니 이러한 책략을 짓는 것은 예나 지금이나 차이가 없다.
혼돈하여 나뉘지 않았을 때에도 일찌감치 본본사(田契)가 있었듯이[3] 사람마다 본래 갖추고 있으니 머리를 돌려서 볼 필요가 없다.
개개인이 근본자리에 도달할지니 이름과 지위에 집착하지 말라.
과거의 모든 여래들도 이곳을 떠나지 않고 지금 말해 주고 있으며
현재의 모든 보살들도 순서에 따라 수기를 받는다.
지혜로운 자는 가만히 고개를 끄덕이며 마음을 비워서 친히 급제하거늘 어리석은 자는 믿고 받아 지니지 못하여 포기하고 스스로 도망가 버린다.

---

1 혜중산稽中山이 "사람으로서 뜻이 없으면 사람이 아니다."라고 하였다.
2 관남 도상關南道常 선사가 게송을 읊었다. "관남의 북을 치고 덕산의 노래를 부른다."
3 옛날에 나무를 깎아서 그 위에 글을 썼으니 이를 계契라고 하는데, '서계書契(글자로 사물을 나타내는 부호)'의 계와 같다. 전계는 '전지田地(논밭)를 명문화한 것'의 방언이니, 이를 본분사에 비유하였다.

슬프도다! 맹렬히 살펴야 눈앞에서 참다운 살림살이를 완성하여 여기에서 쓰임이 무궁할 것이니 이것이 종문의 제일의제第一義諦이다.

가는 곳마다 그 근원을 만날지니 저잣거리를 가더라도 떠나지 않을 것이다.

냉철한 머리와 이마를 가진 자라면 정신을 바짝 차릴 것이다.

원컨대 이 공덕이 일체중생에게 두루 미칠지어다.

**月林觀和尙體道銘**

上士叅玄人, 光陰莫虛棄.

渡江須用船, 爲人須有志.【秇中山曰: "人而無志, 非人也."】

名相各不同, 非一亦非二.

佛法苦無多, 於中無別伎.

動着關捩子, 非師自然智.

徹<sup>1)</sup>底老婆心, 觸人無忌諱.

刹境一毫端, 到此無廻<sup>2)</sup>避.

唱起德山歌,【關南道常禪師偈: "打動關南鼓, 唱起德山歌."】道者合如是.

佛祖出頭來, 吞聲須飮氣.

作略遮些兒, 古今無變異.

混沌未分時, 早有箇田契.【古者, 削木書於其上, 謂之契, 如書契之契也. 田契, 方言田地明文, 以比本分事.】

人人本具足, 不肯回頭視.

箇箇達本鄕, 切忌着名位.

過此<sup>3)</sup>諸如來, 不離而今咦.

現在諸菩薩, 轉次而受記.

智者暗點頭, 心空親及第.

愚人不信受, 拋家自逃逝.

哀哉猛省來, 現成眞活計.

箇裏用無窮, 宗門第一義.

左右逢其原, 亦不離行市.

銅頭鐵額兒, 腦門須着地.

願以此功德, 普及於一切.

---

1) ㉮ '徹'은 '澈'로 되어 있는 곳이 있다. 2) ㉯ '廻'는 '回'로 되어 있는 곳도 있다. 3) ㉰ '此'는 성화본『緇門警訓』에는 '去'로 되어 있다. 문맥상 '去'가 타당하다.

# 주

i 문빗장(關捩子) : 문의 개폐를 편리하게 하기 위해 설치한 문장부(널문 한쪽 끝의 상하로 상투같이 내민 부분으로 구멍으로 끼우게 되어 있음)와 문장부 구멍을 총칭한 말이다. 자신을 조정하는 기관으로 경계·화두를 뜻한다.

# 자수 회심 선사의 소참법문

　이 마음은 허공과 같이 청정하여 한 점의 모습도 없는데 마음을 일으켜 생각을 움직였다 하면 법체와 온전히 어그러진다. 물러나기만 하면 상응하지만 그저 물러나려고만 하지 말고, 내려놓기만 하면 안락하지만 그저 내려놓으려고만 하지 말라.
　대개 시작 없는 때로부터 (이 마음은) 익숙하게 완성되어 있었다. 옛사람들이 도를 배울 때에는 먼저 탐진치를 끊은 후에야 모든 곳을 냉랭하게 내려놓았으니, 마치 12월의 부채처럼 아무도 거들떠보는 이가 없었다. 명성과 이익을 잊고 담박함을 달게 여겨서 세간의 마음이 가볍고 적어지면 도 닦는 생각이 저절로 두터워지리라.
　변담산匾擔山 화상은 평생 동안 도토리를 주워서 삶아 먹었고, 영가永嘉 대사는 호미질한 채소는 먹지 않았으며, 고승 혜휴慧休는 30년간 한 켤레의 신을 백 번 천 번 기워 신으면서 부드러운 땅을 만나면 맨발로 다녔으니, 이는 아마도 저 신도들의 시줏물을 손상시킬까 두려워했기 때문이다. 신심 있는 자의 시줏물은 소화시키기 어려우니, 그것은 모두 처자의 입안에 들어갈 것을 줄여서 갖고 와서 너희들에게 공양 올렸으니 복을 구하고 죄를 참회하고자 한 것이다.
　너희가 하루 종일 갖가지로 받아서 쓰는 것이 모두 타인의 힘으로부터 나온 것인데 배가 고프지 않아도 먹고 춥지 않아도 따뜻하게 입으며, 때가 없는데도 목욕하고 피곤하지 않아도 잠을 자니, 도의 안목을 밝히지 못하고 마음의 번뇌를 없애지 못한다면 어떻게 이를 소화시킬 수 있겠는가? 그러므로 고덕(자은慈恩 법사)이 "도업을 이루기 위해 시줏물을 받는데, 도업을 이루지 못하면 어찌 시줏물을 소화시킬 수 있겠는가?"라고 하였다.
　산승이 여기에서 그대들과 죽과 밥을 먹으며 시간을 보낼 수 없다. 만약 앉아서 시줏물을 받는다면 여러 천신들이 기뻐하지 않을 것이니, 거친 차에 묽은 밥이라도 그것을 소화시키기는 어렵다. 요즘의 초학 비구들은 배불리 먹고 베개를 높이 베고 편안히 자며 마음대로 날을 보내면서도 오히려 만족스럽지 않다고 불평한다.

출가한 사람은 마치 칼 가는 한 덩어리의 돌과 같다. 모든 사람이 칼을 갈려고 하면 그대의 돌에 와서 가는데, 장씨 성의 세 사람이 와서 갈고 이씨 성의 네 사람이 와서 갈며, 오고가며 갈아서 그 사람들의 칼은 날카로워지지만 반면에 자신의 돌은 점점 닳게 된다. 어떤 사람은 타인이 자기 돌에 와서 갈지 않는다고 거듭 불평하는데, 무슨 편의로울 게 있겠는가? (도인은) 음식 먹기를 독 마시듯이 하며,[1] 시줏물 받기를 화살 받듯이 하니,[2] 두터운 폐물과 달콤한 말은[3] 도인이 두려워하는 것이다. 그대가 뚜렷이 불도와 상응하면 만냥의 황금이라도 받을 수 있다.

이 일은 말만 하고 마는 것이 아니니 반드시 이러한 경지에 실제로 도달하여야 한다. 잘난 척하며 떠벌리는 말은 남을 속이고 자신을 속이니 전혀 도움 될 게 없다. 요즘의 총림에서는 아무도 이러한 이야기를 하지 않는다. 내가 선禪을 말한 것이 근본이 전혀 없다고 하지 말라! 기억하고 기억할지어다! 부디 몸조심하거라.

### 慈受深禪師小叅

此心淸淨, 猶如虛空, 無一點相貌, 擧心動念, 全乖法體. 纔退步便相應, 只是不肯退步; 纔放下便安樂, 只是不肯放下. 大都是無始劫來, 慣習成了也. 古人學道, 先打當貪嗔癡, 然後放敎一切處, 冷啾啾地, 如臘月裏扇子相似, 直是無人覷着. 亡得名利, 甘得淡薄, 世間心輕微, 道念自然濃厚. 區

---

1 도안道眼을 잃을까 두려워함이다.
2 도과道果를 잃을까 두려워함이다.
3 『左傳』에서는 "폐물을 두텁게 하고 말을 달콤하게 해서 나를 유혹한다."라고 하였다.

擔¹⁾山和尙, 一生拾橡子煮喫; 永嘉大師, 不喫钁頭下菜; 高僧慧休, 三十年着一衲鞋, 百補千掇, 遇軟地行則赤脚, 恐損他信施. 信心物難消, 他摠是妻子口中減削將來, 供養你了, 便要邀福懺罪. 你十二時中, 種種受用, 盡出他人之力, 未飢而食, 未寒而衣, 未垢而浴, 未困而眠, 道眼未明,* 心漏未盡, 如何消得? 故古德云: "爲成道業施將來, 道業未成爭消得?" 山僧遮裏不可與你諸人, 打粥飯過日也. 若是坐消信施, 諸天不喜, 麄茶淡飯, 也難消他底. 如今初學比丘, 飽食高眠, 取性過日,²⁾ 猶嫌不稱意在. 出家人, 如一塊磨刀石, 一切人要刀快, 便來你石上磨, 張三也來磨, 李四也來磨, 磨來磨去, 別人刀快, 自家石漸消薄. 有底更嫌他人不來我石上磨, 有甚便宜處? 進食如進毒,【畏失道眼.】受施如受箭,【畏喪道果.】幣厚言甘,『左傳』: "幣重而言甘, 誘我也." 道人所畏. 你灼然與道相應, 萬兩黃金亦消得. 此事不是說了便休, 須是實到遮箇田地始得. 高談大論, 瞞人自瞞, 大不濟事. 如今叢林中, 無人說着遮般話也. 莫道焦山長老說禪, 全無孔竅! 記取記取! 伏惟珍重.

---

1) ㉔ '擔'은 '檐'으로 되어 있는 곳도 있다.　2) ㉔ '日'은 '目'으로 되어 있는 곳도 있다.

# 분주 대달 무업 국사의 상당법문[1]

어떤 승려가 물었다.

"십이분교十二分敎가 이 땅에 유입되어 도과道果를 얻은 이가 한둘이 아닌데 어째서 (달마)조사께서 동쪽으로 와서 교화하며 현묘한 종지를 별도로 주장하여 '사람의 마음을 곧장 가리켜서 성품을 보아 부처를 이룬다.'라고 하였습니까? 어찌 세존의 설법이 미진한 바가 있을 수 있단 말입니까? 다만 옛날의 대덕 고승들은 모두 구류九流[i]의 학문을 다 꿰뚫어서 삼장三藏을 통달하였으니, 도생道生・승조僧肇・도융道融・승예僧叡[ii]는 다 신출나며 간생間生[iii]한 이들인데 어찌 불법의 멀고 가까움을 알지 못하였겠습니까? 제가 어리석고 미혹하니 스님의 가르침을 원합니다."

국사가 대답했다.

"모든 부처가 일찍이 세상에 나온 적이 없으며 한 법도 사람에게 준 것이 없으니, 오직 병에 따라 처방전을 베푸셨기 때문에 마침내 십이분교가 있게 되었다. 이것은 마치 단 과일을 쓴 호로葫蘆와 바꾸듯, 너희들의 업의 뿌리를 씻어 낸 것이지 전혀 참다운 일은 아니다. 신통[2]변화[3]와 백천 가지 삼매의 문은 저 천마天魔와 외도를 교화하는 것이고,[4] 복덕과 지혜, 이 두 가지 장엄은 유有에 집착하고 공空에 막혀 있는 견해를 깨트리기 위한 것이다.[5] 만약 불도와 조사께서 온 뜻을 알지 못한다면 무슨 도생・승

---

1 상주商州 두씨杜氏의 자손으로 9세 때에 출가하였다. 오행을 다 갖추었으며 마조의 법을 이었다.
2 신령스러움(神)을 하늘의 마음(天心)이라 하고, 통달함(通)을 지혜의 성품(慧性)이라 한다. 타고난 지혜가 통철하게 비추어 걸림 없는 것을 신통이라 한다.
3 큰 것으로부터 작은 것이 되었다가 작은 것으로부터 큰 것이 되는 것 등이 변變이다. 있다가도 없고 없다가도 있는 것이 화化이다.
4 삼매는 천마를 교화하고, 신통은 외도를 항복시킨다.
5 복덕으로 장엄된 화신은 이승이 공空에 막힌 견해를 깨트리고, 지혜로 장엄된 법신은 범부가 유有에 집착하는 견해를 깨트린다.

조·도융·승예를 이야기하겠는가?

　지금 천하에 선을 알고 도를 안다는 이가 항하사 수만큼 많고 부처를 말하고 마음을 말하는 이도 무수히 많지만 미세한 번뇌를 없애지 못하여 윤회를 면치 못하고 망념을 잊지 못하여 모두가 악도惡道에 떨어지니, 이런 부류는 자기의 업과業果도 알지 못하면서 함부로 자리·이타를 말하고 스스로 상근기라 하며 저 선덕先德들에게 견주면서 '눈에 닿는 것마다 불사佛事 아닌 것이 없고 발 내딛는 곳마다 모두 도량이다.'라고 지껄인다. 그들이 익힌 것을 궁구해 보면 오계五戒와 십선十善을 지키는 일개 범부만도 못하고, 그들이 말하는 것을 살펴보면 저 이승이나 십지 보살들까지도 혐오한다. 제호醍醐의 뛰어난 맛이 세상에서 진귀한 것이기는 하지만 이런 사람을 만나면 도리어 독약이 된다.

　남산율사南山律師도 오히려 대승이라 불리는 것을 허락하지 않았는데, 말만 배우는 무리들이 입술과 혀 사이에서 칼끝을 겨루고 근거 없는 일을 소리 내어 따지면서 저 선덕들에게 견주니, 진실로 안타깝도다! 시골에 은거하는 고사高士들도 오히려 돌을 베개 삼고 시냇물로 양치질하면서 세상의 영화와 녹봉을 버릴 줄 알며, 나라를 편안하게 하고 백성을 다스리는 책략이 있어도 조정의 부름에 나아가지 않는데, 하물며 우리 선종禪宗은 가는 길이 또한 다름에 있어서랴!

　저 고덕과 도인들을 보건대, 뜻을 이룬 뒤에 띠집이나 석실石室에서 다리 부러진 솥에 밥을 지어 먹으면서 20~30년을 지내도록 명예나 이익을 구할 마음이 없고 재화나 보물을 생각하지 않으며, 인간 세상을 완전히 잊고 바위틈에 자취를 감추어 군왕이 불러도 나오지 않고 제후가 청해도 나아가지 않았으니, 어찌 요즘 무리들처럼 명리를 탐하고 세속에 물들어 마치 밑천 짧은 장사꾼처럼 작은 이익을 탐하다가 큰 결실을 잃는 것과 같겠는가?[6]

---

6　요즘의 선객들은 그저 구두선口頭禪만을 배울 뿐, 명성과 이익을 다투고 세속에 빠져서

십지十地에 오른 제현들이 어찌 불법의 이치를 통달하지 못했다고 일개의 박지범부博地凡夫ⁱᵛ만 못할 수 있겠는가? 진실로 그럴 리가 없다. 그들의 설법이 구름처럼 덮이고 비처럼 내린다 해도 오히려 부처님께서 내리신 '성품을 보는 것이 마치 비단 그물이 가린 것 같다.'라는 꾸지람을 받았으니,⁷ 다만 망정妄情에 성인의 깜냥이 남아 있고 소견에 인과가 있어서 성인이라는 망정을 초월하지 못하고 온갖 자취를 넘어서지 못했을 뿐이다.

옛 현인과 고덕, 학문이 뛰어난 이와 고명한 이들은 예와 지금의 일을 널리 통달하고 교법에 훤히 밝았지만 대개 학문을 알고 문장을 설명할 줄만 알 뿐, 물과 우유를 가리지 못하고⁸ 본분의 이치를 밝히지 못하면서 고요함을 생각하고 진리를 구했기 때문이다.

아아! 사람의 몸을 얻는 이는 손톱 위의 흙과 같고 사람의 몸을 잃는

---

깨달음에 바로 나아가지 못한다. 이는 마치 세간의 밑천 짧은 장사치들이 그저 콩·조·자·베만을 가지고 눈앞에서 이익을 취하는 것과 같으니, 여름에 가죽을 마련하고 겨울에 얇은 베를 마련하는 것이 더 큰 이익인 줄 알지 못한다.

7 『華嚴經』에서는 "십지에 오른 성인은 설법이 구름처럼 자욱하고 신통력이 비처럼 내리나 견성한 것이 마치 비단 그물에 가려진 것과 같아서 참된 불자佛子라 할 수 없다."라고 하였고, 『疏』에서는 "보살지菩薩智는 여래지如來智에 견주면 눈 밝은 사람이 얇은 비단을 가리고 뭇 형상과 색을 보는 것과 같다."*라고 하였으니, 이는 부처와 보살의 견성이 같지 않음을 말한 것이다.

  *보살지菩薩智는~같다 : 『大方廣佛華嚴經隨疏演義鈔』 권73(T36, 581a9~12)에는 다음과 같이 나온다. "如明眼人隔於輕縠, 觀衆色像, 一切安住到究竟地. 菩薩妙智於一切境, 當知亦爾. 如明眼人無所障隔覩衆色像, 如來妙智於一切法, 當知亦爾."

8 『正法念處經』에서는 "물과 우유가 섞여 한 곳에 있을 때 오직 아왕鵝王*이 와서 마시면 우유는 남김없이 없어지고 물만 남는다."**라고 하였다. 여기서는 언어와 문자에 집착하면 진眞·망妄을 구분하지 못함을 말한 것이다.

  *아왕鵝王 : 부처님의 손가락과 발가락 사이에 수족만망상手足縵網相이라는 얇은 막이 있는데 그 모습이 거위의 발과 같은 데서 유래한 말이다.

  **물과~남는다 : 『正法念處經』 권64(T17, 379c8~10)에는 다음과 같이 나온다. "譬如水乳同置一器, 鵝王飮之, 但飮乳汁, 其水猶存. 欝單越人亦復如是, 但聞衆香, 不聞臭氣."

이는 대지의 흙과 같으니,⁹ 참으로 애석하도다. 설사 이치를 깨달은 자라도 반쪽짜리 지해만 있어서 이것이 중도를 깨치는 법칙이고 진리에 들어가는 문인 줄 알지 못하면서 곧 말하기를, '영원히 세간의 이익을 벗어났다.'라고 하며 산천을 유랑하고 선배들을 업신여기다가 마침내 마음의 번뇌를 다 없애지 못하고 이치를 밝히지 못하게 되니, 헛되이 늙어 죽도록 아무것도 이룬 것 없이 허송세월을 보내고 만다.

또 총명으로는 업을 대적하지 못하고 간혜乾慧ᵛ로는 윤회의 고통을 면치 못한다. 가령 재주가 마명馬鳴과 같고¹⁰ 식견이 용수龍樹에 비견될지라

---

9 『涅槃經』에서는 다음과 같이 말하였다. "부처님이 땅의 흙을 조금 가져다가 손톱 위에 올려놓고 가섭에게 말씀하시기를, '이 흙이 많은가? 시방세계의 흙이 많은가?'라고 하자 가섭이 '손톱 위의 흙은 시방세계의 흙에 비교되지 못합니다.'라고 하였다. 부처님이 '선남자여! 사람이 몸을 버리고 다시 사람 몸을 얻는 것도 마치 손톱 위의 흙과 같다…….' 라고 하였다."*

*부처님이 땅의~하였다 : 『大般涅槃經』 권33(T12, 563a24~b1)에는 다음과 같이 나온다. "爾時世尊取地少土, 置之爪上, 告迦葉言: '是土多耶? 十方世界地土多乎?' 迦葉菩薩白佛言: '世尊爪上土者, 不比十方所有土也.' '善男子! 有人捨身, 還得人身; 捨三惡身, 得受人身, 諸根完具, 生於中國, 具足正信, 能修習道, 修習道已, 能得解脫, 得解脫已能入涅槃, 如爪上土.'"

10 『摩訶衍論』에서는 "이 (마명)보살은 그 근본을 들어가 보면 대광명불이고, 그 자취를 논해 보면 제8지보살이다. 과거에 윤타왕輪陀王에게 천 마리 백조가 있었는데, 모두 울음소리가 좋았다. 백조가 울면 왕의 덕이 쌓이고, 울지 않으면 왕의 덕이 줄었다. 이 백조들이 백마를 보면 울어서 왕이 백마를 구하였으나 얻지 못하고 다음과 같이 말하였다. '만약 외도가 이 백조를 울게 하면 모두 불법을 파괴할 것이고, 불제자가 이 백조를 울게 하면 모두 외도를 파괴할 것이다.' 그때 보살이 신통력으로 천 마리 백마를 출현시켜 천 마리 백조를 울게 하여 정법이 이어져 단절되지 않게 하였다. 그러므로 세존이 마명馬鳴이라 하였다."*라고 하였는데, 이러한 이야기가 한둘이 아니니 배우기를 좋아하는 자들은 반드시 검토해 보라.

*이 (마명)보살은~하였다 : 『釋摩訶衍論』 권1(T32, 594c24~595a6)에는 다음과 같이 나온다. "論曰: 馬鳴菩薩, 若剋其本, 大光明佛. 若論其因, 第八地內住位菩薩. 西天竺誕生, 盧伽爲父瞿那爲母, 同生利益. 過去世中有一大王, 名曰輪陀. 有千白鳥 皆悉好聲. 若鳥出聲, 大王增德. 若不出聲, 大王損德. 如是諸鳥若見白馬, 即出其聲. 若不見時, 常不出聲. 爾時大王遍求白馬終日不得, 作如是言: '若外道衆此鳥鳴者, 都破佛教獨尊獨信. 若佛弟子此鳥鳴者, 都破外道教獨尊獨信.' 爾時菩薩用神通力, 現千白馬鳴千白鳥, 紹隆正法令不斷絕, 是故世尊名曰馬鳴."

도¹¹ 단지 한두 생 동안 사람의 몸을 잃지 않고 육근과 생각이 숙세부터 맑아서 들으면 곧바로 아는 저 도생道生과 같은 이들을 어찌 부러워하리오? 불도와는 아주 멀다.

여러분과 함께 거짓을 말하지 않고 진실만을 말하자면 다만 이렇게 입으로 먹고 몸에 입는 것이 모두 성현을 기망해서 얻는 것이다. 타심통他心通이나 혜안慧眼으로 관찰하건대 피고름을 먹는 것과 같아서 모두 저들에게 갚아 주어야만 하니, 누가 도과道果가 있어 자연스레 오게 된 저 시줏물을 받지 않겠는가? 반야를 배우는 보살은 자만해서는 안 되니, 마치 빙판 위를 가고 칼날 위를 달리듯 해야 한다.

임종할 때에 한 터럭만큼이라도 '범부다 성인이다'라는 사량분별을 없애지 못하고 가는 티끌만큼의 사념이라도 잊지 못했다면, 사념 따라 내생을 받고¹² 오음五陰의 경중에 따라 나귀의 태나 말의 뱃속에 형질을 의탁하거나 지옥세계의 끓는 가마솥에 삶겨져서 한 차례 마치게 되니, 그런 후에 예전에 지녔던 기억이나 생각과 견해와 지혜를 모두 일시에 잃어버리고, 예전처럼 다시 개미떼가 되든지 아니면 처음부터 모기나 대모玳瑁가 될 것이다. 비록 원인은 좋았으나 나쁜 과보를 초래하니, 또 무엇을 도

---

11 (용수가) 태어날 때에 나무 아래에서 태어났고 용궁으로 들어가서 비로소 도를 이루었기 때문에 용수라 이름하였다. 천태가 "나무가 생신生身을 낳았고 용이 법신法身을 낳았으므로 용수라 부른다."라고 하였고, 『輔行』에서는 "용수가 학문을 널리 통달하여 천하에 대적할 이가 없는데, 불경을 비방하려고 스스로 법을 만들어 '나에게는 스승이 없다'라고 표방하였다. 대룡이 용수를 끌고 용궁으로 들어가서는 용수가 다만 일곱 개의 불경 목록을 외우고서 불법의 묘함을 알게 되었고, 이로 인하여 출가하여 국왕을 항복시키고 외도들을 제압하였다."*라고 하였다.
  *용수가~제압하였다 : 『止觀輔行傳弘決』권1(T46, 146b16~19).
12 『淨度三昧經』에서는 "한 생각에 한 몸을 받는데, 좋은 생각을 하면 천상의 몸 또는 인간의 몸을 받고, 악한 생각을 하면 삼악도의 몸을 받는다. 백 생각에 백 개의 몸을 받으며 천 생각에 천 개의 몸을 받으니, 하룻낮 하룻밤에 생사의 뿌리를 심어서 훗날 8억 5천만 개의 온갖 유형의 몸을 받게 될 것이다."*라고 하였다.
  *한 생각에~것이다 : 『淨度三昧經』권2(ZW7, 277a22~278a1).

모하겠는가? 여러분! 다만 탐욕이 성품을 이루어 이십오유二十五有ⁿⁱ가 발바닥에 붙어 있어서 마칠 기약이 없을 것이다.

(달마)조사께서 이 땅의 중생들에게 대승大乘의 근성이 있음을 살펴보시고 오직 심인心印을 전하여 미혹한 중생에게 가리켜 보이셨으니, 이를 얻은 자는 범부와 성인, 어리석은 이와 지혜로운 이를 가리지 않는다. 또 많은 허망이 적은 진실만 못하니, 대장부라면 지금 당장에 그쳐서 온갖 인연을 단박에 멈추어 생사의 흐름을 초월하고 일상의 격식을 멀리 벗어나야 할 것이다. 그러면 신령스런 광명이 홀로 비추어 외물外物의 매임에 구애받지 않고 우뚝하고 당당하게 삼계를 홀로 걸을 것이니, 어찌 반드시 키가 열여섯 자이고 자마금색紫磨金色으로 빛나며,¹³ 목에는 둥근 광채를 두르고 혀가 길고 넓어야만 하겠는가?¹⁴ 만일 모습으로 나를 본다면 삿된 도를 행하는 것이다.ⱽⁱⁱ 설사 권속과 장엄을 구하지 않아도 저절로 얻어지고 산하대지가 눈을 장애하지 않으며, 큰 총지摠持를 얻어 하나를 들으면 천을 깨닫게 되더라도 도무지 밥 한 술의 값어치도 바라지 않아야 한다.

그대들이 혹시라도 이렇지 못하다면 조사께서 이 땅에 오신 것이 일상적인 일이 아니어서 손해도 있고 이익도 있다. 이익이 있다는 것은 천만 인 중에 하나나 반을 건져 법기法器가 될 수 있게 한 것이고,¹⁵ 손해가 있

---

13 『類苑』에서는 "금이 뛰어난 것을 자마紫磨라 하니, 이는 사람에게 성인聖人이 있는 것과 같다."라고 하였다.
14 부처님이 『法華經』을 설할 때에는 광장설廣長舌을 내었는데 범천에 이르렀으며, 『彌陀經』을 설할 때에는 혀가 대천세계를 덮었다. 범부가 삼생三生 동안 망령된 말을 하지 않으면 혀가 코끝을 지나고 성인은 (혀가) 머리끝까지 이른다. 부처님이 일승一乘의 심지법문心地法門을 설할 때에는 혀가 범부와 성인 위를 초과하였으니, 이는 설하는 심법이 진실하여 중생에게 믿음을 일으키는 것을 나타냈기 때문이다.
15 부견符堅이 양양襄陽을 함락시키고 도안과 습착치를 얻고서는 기뻐하며 주변의 신하들에게 말하기를, "내가 십만 명의 군사로써 양양을 얻어서 한 사람과 반 사람을 얻었을 뿐이다."라고 하였다. 좌우에서 묻기를, "누구입니까?"라고 하자 대답하기를, "도안이 한 사람이고 습착치가 반 사람이다."라고 하였다.

다는 것은 앞에서 밝힌 것과 같다. 저 삼승의 교법에 의지해서 수행하여도 도리어 사과四果[viii]나 삼현三賢의 수행에 나아가는 몫을 얻는 데에 방해롭지 않다. 그러므로 고덕이 '깨달으면 업장이 본래 공하고, 깨닫지 못하면 묵은 빚을 갚아야만 한다.'[16]라고 하였다."

**汾州大達無業國師上堂**【商州杜氏子, 九歲出家, 五行俱下, 嗣馬祖.】
有僧問曰: "十二分教流于此土, 得道果者, 非止一二, 云何祖師東化, 別唱玄宗: '直指人心, 見性成佛'? 豈得世尊說法, 有所未盡? 只如上代諸德高僧, 並學貫九流, 洞明*三藏, 生·肇·融·叡, 盡是神異間生, 豈得不知佛法遠近? 某甲庸昧, 願師指示." 師曰: "諸佛不曾出世, 亦無一法與人, 但隨病施方, 遂有十二分教. 如將蜜果, 換苦葫蘆, 淘汝諸人業根, 都無實事. 神通【神名天心, 通名慧性. 天然之慧, 徹照無礙, 故曰神通.】變化【自大而小, 小而大等爲變. 自有而無, 無而有等爲化.】, 及百千三昧門, 化彼天魔外道,【三昧化天魔, 神通伏外道.】福智二嚴, 爲破執有滯空之見.【福德莊嚴化身, 破二乘滯空之見; 智慧莊嚴法身, 破凡夫執有之見.】若不會道及祖師來意, 論甚麼生·肇·融·叡? 如今天下解禪解道, 如河[1)]沙數, 說佛說心, 有百千萬億, 纖塵不去, 未免輪迴, 思念不亡, 盡從沉墜. 如斯之類, 尚不能自識業果, 妄言自利利他, 自謂上流, 並他先德, 但言: '觸目無非佛事, 擧足皆是道場.' 原其所習, 不如一箇五戒十善凡夫; 觀其發言, 嫌他二乘十地菩薩. 且醍醐上味, 爲世珍奇, 遇斯等人, 翻成毒藥. 南山尚自不許呼爲大乘, 學語之流, 爭鋒唇舌之間, 鼓論不形之事, 並他先德, 誠實苦哉! 只如野逸高士, 尚解枕石漱流, 棄其利祿, 亦有安國理民之謀, 徵而不赴, 況我禪宗, 途路且別! 看他古德道人, 得意之後, 茅茨石室, 向折脚鐺子裏煮飯喫, 過三十二十

---
16 『傳燈錄』에 나온다.*
  *『傳燈錄』에 나온다 : 이 주는 성화본 『緇門警訓』에 그대로 나온다.

年, 名利不干懷, 財寶不爲念, 大忘人世, 隱迹巖叢, 君王命而不來, 諸侯[2] 請而不赴, 豈同我輩貪名愛利, 汩沒世途, 如短販人, 有少希求, 而忘大果?【如今禪者, 只學口頭三昧, 競聲利汩世途, 而不能直進菩提, 如世短販者, 徒持斗粟尺布, 旋旋取利, 不知夏資皮冬資綈之大利也.】十地諸賢, 豈不通佛理, 可不如一箇博地凡夫? 實無此理. 他說法如雲如雨, 猶被佛詞云: '見性如隔羅縠.'【『華嚴』云: "十地聖人, 說法如雲, 神通如雨, 見性如隔羅縠, 不名眞佛子." 『疏』云: "菩薩智, 比如來智, 如明眼人隔輕縠, 覩衆像色." 此言佛與菩薩, 見性不同也.】只爲情存聖量, 見在果因, 未能逾越聖情, 過諸影迹. 先賢古德, 碩學高人, 博達古今, 洞明＊教網, 蓋爲識學詮文, 水乳難辨,【『正法念經』云: "水乳一處, 惟鵝王飮之, 乳盡水在." 此言執滯言詮文字者, 不分眞妄也.】不明＊自理, 念靜求眞. 嗟呼! 得人身者, 如瓜甲上土; 失人身者, 如大地土,【『涅槃』: "佛取地小土, 置之爪上, 告迦葉言: '是土多耶? 十方世界土多耶?' 迦葉言: '爪上土不比十方所有土.' '善男子! 有人捨身, 還得人身, 如爪上土云云.'"】良可傷哉! 設[3]有悟理之者, 有一知一解, 不知是悟中之則, 入理之門, 便謂'永出世利', 巡山傍澗, 輕忽上流, 致使心漏不盡, 理地不明, 空到老死無成, 虛延歲月. 且聰明＊不能敵業, 乾慧未免苦輪. 假使才並馬鳴,【『大乘論』云: "此菩薩, 若尅其本, 大光明佛; 若論其迹, 第八地菩薩. 過去輪陀王有千白鳥, 悉皆好聲. 若鳥出聲, 王則增德; 若不出聲, 大王損德. 如是諸鳥, 見白馬則鳴. 王求白馬不得, 作如是言: '若外道而令此鳥鳴, 都破佛法; 若佛弟子能令鳥鳴, 都破外道.' 菩薩以神力, 現千白馬, 鳴千白鳥, 紹隆正法, 令不斷絶. 是故世尊名曰馬鳴." 如此等緣非一, 好學須檢.】解齊龍樹,【始生之日, 在於樹下, 由入龍宮, 始得成道, 故名龍樹. 天台云: "樹生生身, 龍生法身, 故號龍樹." 『輔行』云: "龍樹爲學廣通, 天下無敵, 欲諦佛經, 而自作法表我無師. 大龍攝入龍宮, 但誦七佛經目, 知佛法妙. 因而出家, 降伏國王, 制諸外道."】只是一生兩生, 不失人身, 根思宿淨, 聞之卽解, 如彼生公, 何足爲羨! 與道全遠. 共兄弟, 論實不論虛, 只遮口食身衣, 盡是欺賢罔聖求得將來. 他心·慧眼觀之, 如喫膿血一般, 總須償他始得. 阿那箇有道果, 自然招得他信施來不受者? 學般若菩薩, 不得自謾, 如氷⁴⁾凌上行, 似釼⁵⁾刀上走. 臨終之時, 一毫凡聖情量不盡, 纖塵思念未忘, 隨念受生,【『淨度三昧經』云: "一念受一身, 善念生天上·人中身, 惡念受三惡途身, 百念受百身, 千念受千身, 一日一夜, 種生死根, 後當受八億五千萬雜類之身."】輕重五陰, 向驢胎馬腹裏託質, 泥犁鑊湯裏煑煠, 一徧了, 從前記持憶想, 見解智慧, 都盧一時失却, 依前再爲螻蟻, 從頭又作蚊虻. 雖是善因, 而遭惡果, 且圖甚麼? 兄弟!⁶⁾只爲貪欲成性, 二十五有, 向脚跟下繫着, 無成辨之期. 祖師觀此土⁷⁾衆生, 有大乘根性, 惟傳心印, 指示迷情, 得之者, 即不揀凡之與聖·愚之與智. 且多虛不如少實, 大丈夫兒, 如今直下便休歇去, 頓息萬緣, 越生死流, 逈出常格. 靈光獨照, 物累不拘, 巍巍堂堂, 三界獨步, 何必身長丈六, 紫磨金輝,【『類苑』云: "金之優者, 曰紫磨, 猶人之有聖也."】項佩圓光, 廣長舌相?【佛說『法華』時, 出廣長舌, 至梵天; 說『彌陀經』時, 舌覆大千世界. 凡夫人三生不妄語, 舌過鼻尖. 聖人至髮際. 佛說一乘心地法門時, 舌出過凡聖之上, 以表所說心法眞實, 起衆生信故.】若以色見我, 是行邪道. 設有眷屬莊嚴, 不求自得, 山河大地, 不礙眼光, 得大總持, 一聞千悟, 都不希求一餐之直. 汝等諸人, 儻不如是, 祖師來至此土, 非常, 有損有益. 有益者, 百千人中, 撈漉一箇半箇, 堪爲法器.【符堅攻陷襄陽, 得道安·習鑿齒而喜, 謂左右曰: "吾以十萬師取襄陽, 得一人半耳." 左右問: "爲誰?" 曰: "安公一人, 習鑿齒半人也."】有損者, 如前已明.*從他依三乘敎法修行, 不妨却得四果三賢, 有進修之分. 所以先德云: '了即業障本來空, 未了還須償宿債.'『傳燈』」⁸⁾"

---

1) ㉑'河'는 '何'로 되어 있는 곳도 있다.  2) ㉑'侯'는 '候'로 되어 있는 곳도 있다.
3) ㉑'設'은 '說'로 되어 있는 곳도 있다.  4) ㉑'氷'은 '冰'으로 되어 있는 곳도 있다.
5) ㉑'釼'은 '劒'으로 되어 있는 곳도 있다.  6) ㉑'弟'는 '第'로 되어 있는 곳도 있다.
7) ㉑'土'는 '士'로 되어 있는 곳도 있다.  8) ㉑ 傳燈: 이 글자들은 원문의 협주이다.

# 주

i 구류九流 : 아홉 가지 학파로 유가儒家·도가道家·음양가陰陽家·법가法家·명가名家·묵가墨家·종횡가縱橫家·잡가雜家·농가農家를 말한다.

ii 도생道生·승조僧肇·도융道融·승예僧叡 : 구마라집 문하의 뛰어난 제자들로 이 넷을 '사철四哲'이라 부른다.

iii 간생間生 : 보살간생菩薩間生이란 말이 있는데, 보살이나 위대한 성인은 자주 태어나는 것이 아니라 드물게 몇백 년 만에 한 번씩 탄생한다는 뜻이다.

iv 박지범부博地凡夫 : 박博은 비천하다는 뜻으로 하열下劣한 범부를 박지라 한다. 혹은 핍박의 뜻이니, 범부는 여러 가지 고통에 핍박되므로 박지라 하며 혹 십신十信 이하의 범부를 박지라고도 한다.

v 간혜乾慧 : 마른 지혜라는 뜻으로, 이 지위에서는 오정심·별상념처·총상념처의 관법을 닦아 지혜는 깊으나 아직도 온전한 진제眞諦의 이치를 깨닫지 못했으므로 간혜지乾慧地라 한다.

vi 이십오유二十五有 : 유有는 존재란 뜻이다. 중생이 나서 변경하고 죽어 변경하는 미迷의 존재를 25종으로 나눈 것이니, 사악취(지옥·아귀·축생·아수라)와 사주(동불바제·남섬부주·서구야니·북울단월)와 육욕천(사왕천·도리천·야마천·도솔천·화락천·타화자재천)과 색계(초선천·범왕천·제2선천·제3선천·제4선천·무상천·오나함천)와 무색계(공무변처천·식무변처천·무소유처천·비상비비상처천)이다.

vii 만일 모습으로~행하는 것이다 : 『金剛經』에는 다음과 같은 구절이 나온다. "만약에 색상으로써 나를 보거나 음성으로써 나를 구한다면, 이는 삿된 도를 행하는 사람이라 여래를 보지 못하리라.(若以色見我, 以音聲求我, 是人行邪道, 不能見如來.)"

viii 사과四果 : 소승 증과證果의 네 가지 계위로, 과果는 무루지無漏智가 생기는 지위이다. 수다원과·사다함과·아나함과·아라한과이다.

# 법창 의우 선사의 소참법문[1]

대저 참학하는 그대들이 도의 안목이 밝지 못하고 마음이 편안하지 못하다면 한 총림에 들어가며 한 보사保社에서 나와[2] 반드시 어진 벗과 훌륭한 벗을 가까이해서 하루 종일 부처님의 법을 일삼아서 곧바로 결택하여 마음과 안목을 정미하게 밝혀야 하니, 이것은 작은 일이 아니다. 시간은 잃기 쉽고 때는 사람을 기다려 주지 않으니 한 번 사람 몸을 잃으면 끝내 벗어날 길이 없다. 이렇게 시간을 허비하며 오늘 내일 미루면서 이곳에서 겨울을 나고 저곳에서 여름을 나지 말라! 한 단락 이야기에 배울 것과 알아야 할 것이 펼쳐져(路布) 있음을 기억해야 한다.[3]

가는 곳마다 사기꾼이 되어 입을 함부로 놀려 시끄럽게 떠들어 대며 "내가 선禪을 알고 도를 안다."라고 하며 남을 업신여기고 무간지옥의 업을 지으니, 이 일이 전혀 용이하지 않음을 알아야 한다. 훌륭한 수행자들도 여기에 이르러서는 근본을 찾을 수 없으니 함부로 입을 놀리지 말라! 이 늙은이는 인정도 없고 사람을 좋아하지도 않는다. 너희들을 어루만지며 칭찬하는 것도 모두 좋은 마음이 아니다.

하루아침에 바람 앞의 등불마냥 흩어져 눈빛이 땅에 떨어질 때 선·악업의 인연과 받게 되는 과보의 좋고 나쁨과 생사의 경계가 일시에 나타나는데, 그때에는 끓는 물에 떨어진 방게처럼 손과 발을 버둥거리며 이전에 배웠던 살림살이와 신통한 불법은 모두 쓸모없게 되고 업식만이 아득하여 본래 의지할 것이 없으니 후회한들 소용없다. 인연 따라 과보를 받을 뿐, 머리와 얼굴을 바꿔 어디로 태어날지 도무지 확정할 수 없다.

---

1 홍주洪州의 법창 의우法唱倚遇 선사는 장주漳州 임씨林氏의 자손으로 북선 지현北禪智賢 선사의 법을 이었다.
2 다섯 집이 보保가 되고, 다섯 보가 사社가 된다.
3 로路는 '로露'가 되어야 하니, 배울 것과 알아야 할 것이 드러나 있고 펼쳐져 있다.

어찌 보지 못했는가? 옛사람이 말하기를, "반야를 배우는 보살은 우선 자신을 속이지 말고 반드시 자세히 해야 한다. 가느다란 터럭만큼이라도 남아 있으면 윤회를 면하지 못하고, 실낱같은 망념이라도 잊지 못했다면 모두 윤회에 빠질 것이다."라고 하였다. 그대들은 털이 나고 뿔이 돋은 축생을 알고자 하는가? 그대가 평소에 어지럽게 주재主宰를 짓는 것이 바로 그것이다. 그대들은 발설지옥拔舌地獄을 알고자 하는가? 바로 남을 속이고 미혹시켜 길을 혼미하게 한 것이 그것이다. 그대들은 한빙지옥과 확탕지옥을 알고자 하는가? 바로 그대가 신도들의 시줏물을 함부로 받는 것이 그것이다. 삼악도와 팔난은 다 그대의 마음에서 스스로 지은 것이다. 다만 도의 안목이 밝지 못하기 때문에 비로소 이러한 것이니, 만약 확실하게 아는(諦當)[4] 사람이라면 어찌 이런 일이 있겠는가?

나의 이러한 이야기는 다 여러 성인들과 계합하는 것이지 그대들 서너 명만을 위한 것이 아니다. 아직 무생법인無生法忍을 얻지 못한 보살은 모두 이런 허물이 있는데 하물며 천·용·팔부중에 있어서랴? 이미 여기에 와서 겨울을 지나고 여름을 보냈으니, 용이하게 여기지 말라! 노승이 삽질하고[5] 걸식해서 그대들에게 공양 올리겠다. 이상 대략적인 출가 생활을 말했을 뿐, 남과 나를 짊어지거나(夯) 물리침을 받지 말라.[6] 일생을 헛되이 보내다가 하루아침에 사대가 흩어질 때엔 기량을 갖추려 해도 늦으리라!

어떤 사람은 누군가가 자기 흉중의 일을 거론하는 것을 들으면 성을 내면서 일어나 말하기를, "불법에 어찌 그러한 일이 있겠는가? 큰 깨달음은 작은 예절에 구애받지 않는데 다시 누구에게 묻겠는가?"라고 한다. 내가 너희들에게 묻겠다. 깨달은 것이 무엇인가? 촉루의 정식과 망상을 또

---

4 실상을 환히 아는 것을 체諦라 하고, 딱 맞는 것을 당當이라 한다.
5 불일화상佛日和尙이 차를 가지고 대중들이 일하는 곳에 가서 말하였다. "차 서너 잔을 달이는 뜻은 삽 끝에 있다."
6 항夯은 음이 향向이니 짊어지는 형세이다.

한 벗어났는가? 하루 중에 일이 오계·십선과 부합하는가? 영산회상에 일찍이 행업이 없는 부처가 있었던가? 망어를 하는 조사가 있었던가? 이는 소똥을 가지고 전단향에 비교하는 것과 흡사하니 무슨 상관이 있겠는가? 제호醍醐의 뛰어난 맛이 세상에서 진귀한 것이라 할 수 있으나 이러한 사람을 만나면 도리어 독약이 된다.

너희들이 훗날 깨닫고자 한다면 그저 오늘부터 모든 곳에서 고담枯淡[i]하게 하고 하루 종일 오욕과 팔풍을 대하여도 맹인이 사물을 보듯이 하여 모든 경계에 끄달리지 말아야 하며, 또한 모든 경계를 상관하지 않아 육근의 문을 단속하여 털끝만 한 허물도 없게 하여야 비로소 약간 나아간 것이다. 나의 이러한 이야기는 복용하여 명현瞑眩 증상이 있는 약과 같으니, 한 번은 입에 쓰지만 다른 때에 힘을 얻는 곳이 크게 있으리라. 그러므로 "가령 백천 겁이 지나더라도 지은 업은 없어지지 않으니 인연이 모였을 때에 과보를 스스로 받으리라."[ii]라고 하였으니, 아무도 대신해 줄 수가 없다. 각자 노력하라. 몸조심하라![7]

**法唱遇禪師小參**【洪州法唱倚遇禪師, 漳州林氏子, 嗣北禪智賢禪師.】

大凡參學兄弟, 道眼未明,* 心地未安, 入一叢林, 出一保社【五家爲保, 五保爲社.】, 須當親近良朋善友, 二六時中, 將佛法爲事, 直須決擇, 令心眼精明,* 遮箇不是小事. 光陰易失, 時不待人, 一失人身, 卒未有出頭處在. 莫只與麽打閑過時, 今日三明日四, 遮裏經冬, 那邊過夏! 記取一肚葛藤路布學解!【路, 當作露, 露現布散其所學所解也.】到處掠虛, 摩唇將觜, 漢語胡言, 道我解禪解道, 輕忽好人, 作無間業, 將知此事大不容易. 沒量大人到遮裏, 討頭鼻不着, 莫當等閑開大口! 法昌老漢, 無人情, 莫愛人, 摩將㑀, 讚

---

7 어록에 나온다.*

*어록에 나온다 : 이 주는 성화본 『緇門警訓』에 그대로 나온다.

歎你, 盡不是好心. 一朝風火解散, 眼光落地, 善惡業緣, 受報好醜, 生死境界, 一時現前, 那時便如落湯螃蟹, 手忙脚亂, 從前學得活計, 神通佛法, 總使不着, 業識茫茫, 無本可據, 追悔不及. 隨緣受報, 改頭換面, 都未可芝. 豈不見? 古者道: '學般若菩薩, 且莫自瞞, 切須子細! 纖毫不盡, 未免輪廻; 絲念未忘, 盡從沉墜.' 你要識披毛戴角底麼? 便是你尋常亂作主宰者是. 你要識拔舌地獄底麼? 便是誑惑迷途者是. 你要識寒氷鑊湯底麼? 便是你濫膺信施者是. 三塗八難盡是你心自作, 只爲道眼不明, 方乃如是, 若是諦當【審實曰諦, 中正曰當.】底人, 豈有遮般消息? 法昌與麼說話, 盡是契合諸聖, 不獨爲你三兄四弟, 但未得忍菩薩, 皆有此過, 豈況天龍八部? 旣來遮裏, 經冬過夏, 莫生容易! 老僧钁頭邊,【佛日和尙將茶, 去衆人作務處曰: "齩茶三五椀, 意在钁頭邊."】討飯供養你. 說些子出家話, 莫被人我夯却.【夯音向, 荷負之勢也.】一生空過, 一旦四大分張, 那時作伎倆遲了也! 有一般漢, 聞人擧着他肚裏事, 嗔心忿起便道: 佛法豈有與麼事? 大悟不拘小節, 更問阿誰? 我問你: 悟見箇甚麼? 還脫得髑髏識想也未? 十二時中, 且與五戒十善相應? 靈山會上, 還曾見有無行業底佛麼? 還有妄語底祖師麼? 大似將牛屎, 比栴檀, 有甚交涉? 可謂醍醐上味爲世所珍, 遇斯等人, 翻成毒藥. 你要得他日相應, 但從今日去, 一切處放敎枯淡, 二六時中, 對五欲八風, 如盲人視物, 不爲諸法管帶, 亦不管帶諸法, 六根門頭檢[1]點無絲毫過患, 方有少許趣向分. 法昌與麼說話, 如服瞑眩[2]底藥相似, 一期苦口, 他時大有得力處. 所以道: '假使百千劫, 所作業不亡. 因緣會遇時, 果報還自受.' 無人替代, 各自努力. 珍重!【語錄】[3]

---

1) 㘴 '檢'은 '撿'으로 되어 있는 곳도 있다. 2) 㘴 '瞑眩'은 '瞑眩'으로 되어 있는 곳도 있다. 3) 㘴 語錄 : 이 글자들은 원문의 협주이다.

**|** 주

i   고담枯淡 : 속되지 않고 아취가 있음을 표현한 말이다.
ii  가령 백천~스스로 받으리라 : 『大寶積經』 권57에 나오는 말이다.

## 고경 화상이 분양 태수에게 회답하다

남양 혜충 국사는 세 번의 황제 조서에도 끝내 나아가지 않아
마침내 당나라 숙종이 부처와 조사보다 더 귀하게 모셨습니다.
그러나 저를 남양과 비교하면 구름과 진흙처럼 비록 다른 길이지만
머리 돌려 고인을 생각하니 부끄러워 땀이 비 오듯 흘러내립니다.[1]
어찌하여 분양 태수께서는 저를 보기를 진흙땅으로 여겨
옥봉사玉峯寺로 희롱하며 공첩을 내어 주지로 살기를 권하십니까?
어찌 이 한 몸을 위해 불법 문중까지 함께 더럽힐 수 있겠습니까?
만고토록 흐르는 장강의 물로도 오명을 씻을 수 없습니다.
삼가 조심스레 공첩을 반납하오니 관찰사께서는 직접 거두어 주시고
저를 원숭이나 새처럼 놓아서 구름 덮인 산에서 그윽한 정취를 즐기도록 해 주소서.
다른 날에 달리 보답할 길은 없고 조석으로 향 한 심지 사루겠습니다.


**古鏡和尙回汾陽太守**

南陽忠國師, 三詔竟不赴.

遂使唐肅宗, 愈重於佛祖.

然我望南陽, 雲泥雖異路.

回首思古人, 愧[1]汗下如雨.【以我望於南陽, 雖似雲泥之逈隔, 然彼感皇王之詔, 余得太守之帖, 持今較古, 寧無愧汗之霡霂乎?】

如何汾陽侯, 視我如泥土.

戱以玉峯寺, 出帖請權住?

---

1 나를 남양에 견주어 보면 비록 구름과 진흙처럼 현격한 차이가 있으나 그는 황제의 조서를 받았고 나는 태수의 공첩(주지 임명장)을 받았으니, 지금을 옛날과 비교하면 어찌 부끄러워 가랑비처럼 흐르는 땀이 없겠는가?

豈可爲一身, 法門同受汚?

萬古長江水, 惡名洗不去.

謹謹納公帖, 觀使自收取.

放我如猿鳥, 雲山樂幽趣.

他年無以報, 朝夕香一炷.

1) ㉤ '愧'는 '媿'로 되어 있는 곳도 있다.

『치문경훈』중권을 마치다.

中卷終[1)]

1) ㉤ '中卷終'이 없는 곳도 있다.

# 찾아보기

가교家敎 / 189
가라라신歌羅邏身 / 263
가방화주街坊化主 / 156
간생間生 / 277
간혜乾慧 / 280
감원監院 / 155
『감통전感通傳』 / 18, 25
개당開堂 / 205
개선사 / 215
객실(過寮舍) / 256
객실(旦過寮) / 163
거름망 / 36
건명사乾明寺 / 200
결계結界 / 22
경구죄輕垢罪 / 51
계품戒品 / 61
계현논사 / 124
고경 화상 / 292
고두庫頭 / 156
고업苦業 / 108
고연苦緣 / 108
공안公案 / 247
광효사光孝寺 / 205
『교량공덕경校量功德經』 / 70
구두선口頭禪 / 246
구류九流 / 277
구화군救火軍 / 186
『귀경의歸敬儀』 / 65, 70

극빈尅賓 / 177
금비金鎞 / 97
금시조金翅鳥 / 79
기관機關 / 235
『기귀전寄歸傳』 / 50
길라吉羅 / 33

나암 도추 화상 / 97
남산율사南山律師 / 278
남악南嶽 / 15
남양 혜충 국사 / 292
『남해기귀내법전南海寄歸內法傳』 / 19
납월 30일 / 246, 266
냉담한 법문 / 186
네 가지 공양물 / 109
노두爐頭 / 156
노조魯祖 / 170
『능엄경』 / 97
능인能仁 / 90, 92
니사단尼師壇 / 25

다비茶毘 / 174
다섯 가지 삼귀 / 79
달마 / 242

달팽이 뿔 / 236
당주堂主 / 156
대매大梅 / 240
『대비경大悲經』 / 66
『대승론』 / 65
『대지도론』 / 18, 57, 105
『대집경』 / 114
대총지 / 124
도겸 선사 / 215
도생道生 / 277, 281
도선道宣 율사律師 / 108
도융道融 / 277
도해 선사 / 240
도휴道休 / 15
돌길라(吉) / 50
동강 영 법사 / 142
동산 양개 화상 / 145
동상삼보同相三寶 / 80
동진童眞 / 209
두타행 / 109

라훌라 / 97

마두磨頭 / 156
마득가摩得伽 / 33
마등가 / 83
마명馬鳴 / 280
망량魍魎 / 190

맹가 / 218
맹구우목盲龜遇木 / 121
멸성제滅聖諦 / 89
목련존자 / 152
무명초 / 258
무상조어無上調御 / 73
무생법인無生法忍 / 288
무업 국사 / 277
무연자비 / 124
무위거사 양걸 / 198
문빗장(關捩子) / 270
문원文遠 / 177
문중자文中子 / 218

박지범부博地凡夫 / 279
발설지옥拔舌地獄 / 288
방거사 / 216
백 시랑 / 228
백운산白雲山 / 201
백장 화상 / 170, 266
백호상 / 47
『범망경』 / 50
법기法器 / 282
법륜장 / 198
법신장엄法身莊嚴 / 158
법창 의우 선사 / 287
벙어리 염소(啞羊) / 256
변담산匾擔山 화상 / 274
변재 / 124
변지邊地 / 129
별상삼보別相三寶 / 89

『보량경寶梁經』 / 17
보사保社 / 287
보살대사菩薩大士 / 50
『보행기輔行記』 / 40
부용산 / 240
분소의糞掃衣 / 17
분양 태수 / 292
『불장경佛藏經』 / 47
『비내야』 / 32
『비니모론毘尼母論』 / 56

사과四果 / 283
사구게四句偈 / 100
사리舍利 / 66
사마온공 / 218
사무소외四無所畏 / 73
사무애해四無礙解 / 124
『사분율』 / 22, 29
『사분율산번보궐행사초四分律刪繁補闕行事鈔』 / 11, 22, 29, 36
『사분율행사초자지기四分律行事鈔資持記』 / 12, 15, 18, 22
사상四相 / 89
사생四生 / 230
사성四聖 / 97
사심 오신 선사 / 189
사연四緣 / 209
사원四怨 / 46
사은四恩 / 92
사은삼유四恩三有 / 139
사지四智 / 92

산곡거사 / 262
삼념처三念處 / 73
삼륜三輪 / 124
삼명三命 / 57
삼신三身 / 92
삼의三衣 / 22
삼학 / 107
삼현三賢 / 283
삼혜三慧 / 74
상당법문(陞堂) / 170
상비象鼻 / 25
서장書狀 / 156
서학로 / 251
석문사石門寺 / 200
『석문장복의釋門章服儀』 / 12
석상石霜 / 241
『선견론善見論』 / 29
『선계경善戒經』 / 57
선불장選佛場 / 236
『선생경善生經』 / 70
선서과善誓果 / 97
선책禪策 / 171
설통說通 / 257
성태聖胎 / 158, 201
세 가지 덕 / 159
세 가지 희생물 / 145
『소승론』 / 65
소옹 화상 / 184
소참법문(小衆) / 170
수두水頭 / 156
수수 선사 / 138
수전장로 / 204
수좌首座 / 155
『승기율』 / 22, 29

「승망편僧網篇」 / 46
승예僧叡 / 277
승조僧肇 / 277
시빗거리(雌黃) / 174
시자侍者 / 156
신독身毒 / 83
심심深心 / 74
심인心印 / 282
십력十力 / 73
십사十使 / 208
「십송률十誦律」 / 22, 29, 56
십이부경十二部經 / 73
십이분교十二分敎 / 277
십전十纏 / 208
십지十地 / 230
「십지품」 / 114
십팔불공법十八不共法 / 73
쌍림대사雙林大師 / 198

아난타 / 198
아사리 / 223
안회 / 218
「앙굴마라경」 / 11
앙산 / 221
애찰문挨拶問 / 266
야귀野鬼 / 246
야차夜叉 / 79
약석藥石 / 172, 185
「업소」 / 17
여섯 가지 맛 / 159
연수당延壽堂 / 190

「열반경」 / 11, 13, 39
열중悅衆 / 204
영가 선사 / 15, 128, 256, 274
영명永明 선사 / 105
영산회상靈山會上 / 161
영인令人 / 236
「오분율五分律」 / 22, 29, 32
오사五邪 / 39
오안五眼 / 73
오역죄五逆罪 / 146
오욕五欲 / 46
오음五陰 / 281
오주사분五周四分 / 138
오하五夏 / 61
옥봉사玉峯寺 / 292
옷 속의 보물 / 236
완공頑空 / 189
완중阮中大 / 221
요의了義 / 132
요주寮主 / 156
욕주浴主 / 156
용수龍樹 / 280
우바리 / 198
운봉 문열 화상 / 266
원두園頭 / 156
월굴 혜청 선사 / 255
월림 관 화상 / 270
「유가사지론」 / 32
유나維那 / 155
유정천 / 133
육난 / 121
육도 범부 / 97
육적六賊 / 234
육취六趣 / 66

육통六通 / 73
육화六和 / 157
은산隱山 / 240
응공應供 / 162
응기應器 / 29
응암 담화 선사 / 204
의정 삼장義淨三藏 / 18, 50
이성삼보理性三寶 / 84
이십오유二十五有 / 282
일음一音 / 128
일천제 / 118
일체종지一切種智 / 73

자수 회심 선사 / 170, 274
자운 / 257
자인慈忍 / 108
자조 온총 선사 / 200
장로長老 / 154
장주莊主 / 156
장주藏主 / 156
전단나무 / 161
전어轉語 / 189
전좌典座 / 155
정거선원淨居禪院 / 201
정두淨頭 / 156
정반성定盤星 / 236
정심淨心 / 114
정인淨人 / 156
제교 / 50
『제위경提謂經』/ 121
제일의제第一義諦 / 271

제호醍醐 / 278, 289
조주趙州 / 240
종색 선사 / 154
종통宗通 / 257
주지삼보 / 83
『중아함경』/ 29
중학법衆學法 / 25
『증일아함경增一阿含經』/ 66, 102
지객知客 / 156
지의 도자紙衣道者 / 241
『지지론地持論』/ 39
지차知差 / 56
직세直歲 / 155
직심直心 / 74
진 지승 / 215
진파계眞破戒 / 118
집물什物 / 157

찬패讚唄 / 132
천당穿堂 / 175
천태 지원 법사 / 234
천태 지자대사 / 97
청량 국사 / 98
청신사淸信士 / 79
청익請益 / 156
초제招提 / 162
총림叢林 / 154
총지摠持 / 282
축법란 / 83
측간(東司) / 161
칠정七情 / 234

칠중七衆 / 79
칠처구회七處九會 / 138

타심통他心通 / 281
탄두炭頭 / 156
투란偸蘭 / 50
투자投子 / 170, 241

팔난八難 / 209
팔예八穢 / 39
편벽문編辟問 / 266
편첨扁檐 / 240
포선산 / 198
풍륜 / 133

한신閑神 / 246
행익行益 / 224
향적세계 / 223

현겁賢劫 / 89
현태玄泰 상좌 / 241
형계荊谿 선사 / 15, 40
혜가慧可 / 255
혜공선원 / 198
혜과慧果 / 200
혜능慧能 / 255
혜안慧眼 / 281
혜휴慧休 / 274
화교 / 50
화상化相 / 77
화상삼보化相三寶 / 89
화신장엄化身莊嚴 / 158
『화엄경』 / 77, 114
황벽 선사 / 246
황태사 / 262
회광반조 / 101
회정상인懷淨上人 / 205
회집會集 / 56
『효경』 / 145
흰소 / 236


2조 혜가 / 242
32상 / 73
80종호 / 73

# 한글본 한국불교전서

## 조·선·출·간·본

**조선 1** 작법귀감
백파 긍선 | 김두재 옮김 | 신국판 | 336쪽 | 18,000원

**조선 2** 정토보서
백암 성총 | 김종진 옮김 | 4X6판 | 224쪽 | 12,000원

**조선 3** 백암정토찬
백암 성총 | 김종진 옮김 | 4X6판 | 156쪽 | 9,000원

**조선 4** 일본표해록
풍계 현정 | 김상현 옮김 | 4X6판 | 180쪽 | 10,000원

**조선 5** 기암집
기암 법견 | 이상현 옮김 | 신국판 | 320쪽 | 18,000원

**조선 6** 운봉선사심성론
운봉 대지 | 이종수 옮김 | 4X6판 | 200쪽 | 12,000원

**조선 7** 추파집·추파수간
추파 홍유 | 하혜정 옮김 | 신국판 | 340쪽 | 20,000원

**조선 8** 침굉집
침굉 현변 | 이상현 옮김 | 신국판 | 300쪽 | 17,000원

**조선 9** 염불보권문
명연 | 정우영·김종진 옮김 | 신국판 | 224쪽 | 13,000원

**조선 10** 천지명양수륙재의범음산보집
해동사문 지환 | 김두재 옮김 | 신국판 | 636쪽 | 28,000원

**조선 11** 삼봉집
화악 지탁 | 김재희 옮김 | 신국판 | 260쪽 | 15,000원

**조선 12** 선문수경
백파 긍선 | 신규탁 옮김 | 신국판 | 180쪽 | 12,000원

**조선 13** 선문사변만어
초의 의순 | 김명욱 옮김 | 4X6판 | 192쪽 | 11,000원

**조선 14** 부휴당대사집
부휴 선수 | 이상현 옮김 | 신국판 | 376쪽 | 22,000원

**조선 15** 무경집
무경 자수 | 김재희 옮김 | 신국판 | 516쪽 | 26,000원

**조선 16** 무경실중어록
무경 자수 | 성재헌 옮김 | 신국판 | 340쪽 | 20,000원

**조선 17** 불조진심선격초
무경 자수 | 성재헌 옮김 | 신국판 | 168쪽 | 11,000원

**조선 18** 선학입문
김대현 | 성재헌 옮김 | 신국판 | 240쪽 | 14,000원

**조선 19** 사명당대사집
사명 유정 | 이상현 옮김 | 신국판 | 508쪽 | 26,000원

**조선 20** 송운대사분충서난록
신유한 엮음 | 이상현 옮김 | 신국판 | 324쪽 | 20,000원

**조선 21** 의룡집
의룡 체훈 | 김석군 옮김 | 신국판 | 296쪽 | 17,000원

**조선 22** 응운공여대사유망록
응운 공여 | 이대형 옮김 | 신국판 | 350쪽 | 20,000원

**조선 23** 사경지험기
백암 성총 | 성재헌 옮김 | 신국판 | 248쪽 | 15,000원

**조선 24** 무용당유고
무용 수연 | 이상현 옮김 | 신국판 | 292쪽 | 17,000원

**조선 25** 설담집
설담 자우 | 윤찬호 옮김 | 신국판 | 200쪽 | 13,000원

**조선 26** 동사열전
범해 각안 | 김두재 옮김 | 신국판 | 652쪽 | 30,000원

**조선 27** 청허당집
청허 휴정 | 이상현 옮김 | 신국판 | 964쪽 | 47,000원

**조선 28** 대각등계집
백곡 처능 | 임재완 옮김 | 신국판 | 408쪽 | 23,000원

**조선 29** 반야바라밀다심경략소연주기회편
석실 명안 엮음 | 강찬국 옮김 | 신국판 | 296쪽 | 17,000원

| 조선 30 | 허정집
허정 법종 | 성재헌 옮김 | 신국판 | 488쪽 | 25,000원

| 조선 31 | 호은집
호은 유기 | 김종진 옮김 | 신국판 | 264쪽 | 16,000원

| 조선 32 | 월성집
월성 비은 | 이대형 옮김 | 4X6판 | 172쪽 | 11,000원

| 조선 33 | 아암유집
아암 혜장 | 김두재 옮김 | 신국판 | 208쪽 | 13,000원

| 조선 34 | 경허집
경허 성우 | 이상하 옮김 | 신국판 | 572쪽 | 28,000원

| 조선 35 | 송계대선사문집·상월대사시집
송계 나식·상월 새봉 | 김종진·박재금 옮김 | 신국판 | 440쪽 | 24,000원

| 조선 36 | 선문오종강요·환성시집
환성 지안 | 성재헌 옮김 | 신국판 | 296쪽 | 17,000원

| 조선 37 | 역산집
영허 선영 | 공근식 옮김 | 신국판 | 368쪽 | 22,000원

| 조선 38 | 함허당득통화상어록
득통 기화 | 박해당 옮김 | 신국판 | 300쪽 | 18,000원

| 조선 39 | 가산고
월하 계오 | 성재헌 옮김 | 신국판 | 446쪽 | 24,000원

| 조선 40 | 선원제전집도서과평
설암 추붕 | 이정희 옮김 | 신국판 | 338쪽 | 20,000원

| 조선 41 | 함홍당집
함홍 치능 | 성재헌 옮김 | 신국판 | 348쪽 | 21,000원

| 조선 42 | 백암집
백암 성총 | 유호선 옮김 | 신국판 | 544쪽 | 27,000원

| 조선 43 | 동계집
동계 경일 | 김승호 옮김 | 신국판 | 380쪽 | 22,000원

| 조선 44 | 용암당유고·괄허집
용암 체조·괄허 취여 | 김종진 옮김 | 신국판 | 404쪽 | 23,000원

| 조선 45 | 운곡집·허백집
운곡 충휘·허백 명조 | 김재희·김두재 옮김 | 신국판 | 514쪽 | 26,000원

| 조선 46 | 용담집·극암집
용담 조관·극암 사성 | 성재헌·이대형 옮김 | 신국판 | 520쪽 | 26,000원

| 조선 47 | 경암집
경암 응윤 | 김재희 옮김 | 신국판 | 300쪽 | 18,000원

| 조선 48 | 석문상의초 외
벽암 각성 외 | 김두재 옮김 | 신국판 | 338쪽 | 20,000원

| 조선 49 | 월파집·해붕집
월파 태율·해붕 전령 | 이상현·김두재 옮김 | 신국판 | 562쪽 | 28,000원

| 조선 50 | 몽암대사문집
몽암 기영 | 이상현 옮김 | 신국판 | 348쪽 | 21,000원

| 조선 51 | 징월대사시집
징월 정훈 | 김재희 옮김 | 신국판 | 272쪽 | 16,000원

| 조선 52 | 통록촬요
엮은이 미상 | 성재헌 옮김 | 신국판 | 508쪽 | 26,000원

| 조선 53 | 충허대사유집
충허 지책 | 성재헌 옮김 | 신국판 | 296쪽 | 18,000원

| 조선 54 | 백열록
금명 보정 | 김종진 옮김 | 신국판 | 364쪽 | 22,000원

| 조선 55 | 조계고승전
금명 보정 | 김용태·김호귀 옮김 | 신국판 | 384쪽 | 22,000원

| 조선 56 | 범해선사시집
범해 각안 | 김재희 옮김 | 신국판 | 402쪽 | 23,000원

| 조선 57 | 범해선사문집
범해 각안 | 김재희 옮김 | 신국판 | 208쪽 | 13,000원

| 조선 58 | 연담대사임하록
연담 유일 | 하혜정 옮김 | 신국판 | 772쪽 | 34,000원

| 조선 59 | 풍계집
풍계 명찰 | 김두재 옮김 | 신국판 | 438쪽 | 24,000원

| 조선 60 | 혼원집·초엄유고
혼원 세환·초엄 복초 | 윤찬호 옮김 | 신국판 | 332쪽 | 20,000원

| 조선 61 | 청주집
환공 치조 | 성재헌 옮김 | 신국판 | 416쪽 | 23,000원

| 조선 62 | 대동영선
금명 보정 | 이상하 옮김 | 신국판 | 556쪽 | 28,000원

| 조선 63 | 현정론·유석질의론
득통 기화·지은이 미상 | 박해당 옮김 | 신국판 | 288쪽 | 17,000원

| 조선 64 | 월봉집
월봉 책헌 | 이종수 옮김 | 신국판 | 232쪽 | 14,000원

| 조선 65 | 정토감주
허주 덕진 | 김석군 옮김 | 신국판 | 382쪽 | 22,000원

| 조선 66 | 다송문고
금명 보정 | 이대형 옮김 | 신국판 | 874쪽 | 41,000원

| 조선 67 | 소요당집·취미대사시집
소요 태능·취미 수초 | 이상현 옮김 | 신국판 | 500쪽 | 25,000원

| 조선 68 | 선원소류·선문재정록
설두 유형·진하 축원 | 조영미 옮김 | 신국판 | 284쪽 | 17,000원

## 신·라·출·간·본

| 신라 1 | 인왕경소
원측 | 백진순 옮김 | 신국판 | 800쪽 | 35,000원

| 신라 2 | 범망경술기
승장 | 한명숙 옮김 | 신국판 | 620쪽 | 28,000원

| 신라 3 | 대승기신론내의약탐기
태현 | 박인석 옮김 | 신국판 | 248쪽 | 15,000원

| 신라 4 | 해심밀경소 제1 서품
원측 | 백진순 옮김 | 신국판 | 448쪽 | 24,000원

| 신라 5 | 해심밀경소 제2 승의제상품
원측 | 백진순 옮김 | 신국판 | 508쪽 | 26,000원

| 신라 6 | 해심밀경소 제3 심의식상품 제4 일체법상품
원측 | 백진순 옮김 | 신국판 | 332쪽 | 20,000원

| 신라 7 | 해심밀경소 제5 무자성상품
원측 | 백진순 옮김 | 신국판 | 536쪽 | 27,000원

| 신라 12 | 무량수경연의술문찬
경흥 | 한명숙 옮김 | 신국판 | 800쪽 | 35,000원

| 신라 13 | 범망경보살계본사기 상권
원효 | 한명숙 옮김 | 신국판 | 272쪽 | 17,000원

| 신라 14 | 화엄일승성불묘의
견등 | 김천학 옮김 | 신국판 | 264쪽 | 15,000원

| 신라 15 | 범망경고적기
태현 | 한명숙 옮김 | 신국판 | 612쪽 | 28,000원

| 신라 16 | 금강삼매경론
원효 | 김호귀 옮김 | 신국판 | 666쪽 | 32,000원

| 신라 17 | 대승기신론소기회본
원효 | 은정희 옮김 | 신국판 | 536쪽 | 27,000원

| 신라 18 | 미륵상생경종요 외
원효 | 성재헌 외 옮김 | 신국판 | 420쪽 | 22,000원

| 신라 19 | 대혜도경종요 외
원효 | 성재헌 외 옮김 | 신국판 | 256쪽 | 15,000원

| 신라 20 | 열반종요
원효 | 이평래 옮김 | 신국판 | 272쪽 | 16,000원

| 신라 21 | 이장의
원효 | 안성두 옮김 | 신국판 | 256쪽 | 15,000원

| 신라 22 | 본업경소 하권 외
원효 | 최연섭·이정희 옮김 | 신국판 | 368쪽 | 22,000원

| 신라 23 | 중변분별론소 제3권 외
원효 | 박인성 외 옮김 | 신국판 | 288쪽 | 17,000원

| 신라 24 | 지범요기조람집
원효·진원 | 한명숙 옮김 | 신국판 | 310쪽 | 19,000원

| 신라 25 | 집일 금광명경소
원효 | 한명숙 옮김 | 신국판 | 636쪽 | 31,000원

| 신라 26 | 복원본 무량수경술의기
의적 | 한명숙 옮김 | 신국판 | 500쪽 | 25,000원

## 고·려·출·간·본

**고려 1** 일승법계도원통기
균여 | 최연식 옮김 | 신국판 | 216쪽 | 12,000원

**고려 2** 원감국사집
충지 | 이상현 옮김 | 신국판 | 480쪽 | 25,000원

**고려 3** 자비도량참법집해
조구 | 성재헌 옮김 | 신국판 | 696쪽 | 30,000원

**고려 4** 천태사교의
제관 | 최기표 옮김 | 4X6판 | 168쪽 | 10,000원

**고려 5** 대각국사집
의천 | 이상현 옮김 | 신국판 | 752쪽 | 32,000원

**고려 6** 법계도기총수록
저자 미상 | 해주 옮김 | 신국판 | 628쪽 | 30,000원

**고려 7** 보제존자삼종가
고봉 법장 | 하혜정 옮김 | 4X6판 | 216쪽 | 12,000원

**고려 8** 석가여래행적송·천태말학운묵화상경책
운묵 무기 | 김성옥·박인석 옮김 | 신국판 | 424쪽 | 24,000원

**고려 9** 법화영험전
요원 | 오지연 옮김 | 신국판 | 264쪽 | 17,000원

**고려 10** 남명천화상송증도가사실
□련 | 성재헌 옮김 | 신국판 | 418쪽 | 23,000원

**고려 11** 백운화상어록
백운 경한 | 조영미 옮김 | 신국판 | 348쪽 | 21,000원

**고려 12** 선문염송 염송설화 회본 1
혜심·각운 | 김영욱 옮김 | 신국판 | 724쪽 | 33,000원

※ 한글본 한국불교전서는 계속 출간됩니다.

## 백암 성총栢庵性聰
(1631~1700)

1631년(인조 9)에 전라도 남원에서 태어나 13세에 순창 취암사에서 출가하였고, 16세에 법계를 받았다. 지리산 취미 수초翠微守初에게 9년간 수학하여 법을 전수받고, 30세부터 송광사, 징광사, 쌍계사 등지에서 강석을 펴 후학들을 지도하였다. 백암 성총은 부휴浮休 문파의 제3대 제자로서 부휴 선수浮休善修(1543~1615)→벽암 각성碧巖覺性(1575~1660)→취미 수초(1590~1668)로 이어지는 법맥을 이었다. 1700년(숙종 26)에 세수 70세, 법랍 54세로 입적하였다. 1681년(숙종 7)에 신안 임자도에 좌초한 배에 실려 있던 불서를 수습하여 이후 1695년(숙종 21)까지 약 15년 동안 12종류 197권의 불서를 간행하였다. 성총은 이 과정에서 이력 과목을 간행하여 조선 후기 이력 과정의 확립에 큰 기여를 했으며, 『화엄경수소연의초』를 간행하여 화엄학의 유행에 큰 역할을 하였다. 대표 저술로는 『치문경훈주緇門警訓註』, 『정토보서淨土寶書』, 『백암정토찬栢庵淨土讚』, 『대승기신론소필삭기회편大乘起信論疏筆削記會編』 등이 있으며, 문집으로는 『백암집栢庵集』이 있다.

## 옮긴이 선암

성균관대학교 법학과를 졸업하고 해인사 약수암으로 출가하였다. 청암사 강원과 봉선사 능엄학림을 거쳐 한국고전번역원 연수부를 수료하고, 봉선사 조실인 월운月雲 강백으로부터 전강받았다. 동국대학교 한문불전번역학과에서 「조선후기 華嚴 私記의 연구와 往復序회편 역주」로 박사학위를 받았다. 현재 대한불교조계종 교육아사리이며, 동국대학교 불교학술원 전임연구원이다. 조선 후기 사기私記 탈초 작업을 하였으며, 문화재청 중요기록유산 국역사업에 참여하여 『인천안목』, 『불조역대통재』 등을 공동 번역하였다.

## 증의
대진(동국대학교 불교학술원 일반연구원)